La voie Hakomi

Conscience & guérison

Le legs de Ron Kurtz

La voie Hakomi
Conscience & guérison

Le legs de Ron Kurtz

Auteur :

Ron Kurtz

1934-2011

Contributrices :

Donna Martin & Georgia Marvin

Éditrices :

Georgia Marvin, Caroline Braham,
Sophie Cattier, Trudy Johnston

Dépôt légal – Bibliothèque et Archives Canada 2024

Droits d'auteur © - Ron Kurtz 2024

ISBN 13 : 978-1-998569-10-6 – livre broché
ISBN 13 : 978-1-998569-11-3 – livre numérique

Contributrices : Donna Martin & Georgia Marvin

Éditrices : Georgia Marvin, Caroline Braham, Sophie Cattier,
        Trudy Johnston

Traduction : Roland Bérard, Farida Osmani

Vérification : Nelly Marcadet, Nicole Amyot

Couverture : Sue Reynolds

Mise en page intérieure : Roland Bérard

Image de la couverture : Vector art de bigstockphoto.com

Artiste :Denis Krivoy

Publication : Stone's Throw Publication Services
13240 Mast Road
Port Perry, ON L9L 1B5, Canada
www.stonesthrowps.ca

Ron Kurtz Hakomi Educational Materials — www.hakomi.com

« *Un bon thérapeute[1] reste ouvert à tout ce qui est présent — parfois il approfondit l'action qui se déroule, parfois il attend en silence que l'autre fasse un travail intérieur, voguant avec grâce sur les changements d'amplitudes de l'intimité.* »

~ *Ron Kurtz*

---

[1]Dans le présent document, les termes employés pour désigner des personnes sont pris au sens générique ; ils ont à la fois valeur d'un féminin ou d'un masculin.

À mon épouse bien-aimée, Terry Toth

Pour qu'un être humain puisse en aimer un autre,
c'est peut-être la plus difficile de toutes nos tâches,
l'ultime et dernière épreuve, et la preuve
— le travail pour lequel tout autre travail
n'est que préparation.

~ Rainer Maria Rilke

Avec toi, mon amour, c'était facile.

Avant-propos

Ron Kurtz est décédé le 4 janvier 2011. Pour beaucoup d'entre nous, il était l'autorité première — le garant principal du Hakomi. Il a laissé en héritage des enseignements, du matériel écrit, des disques durs et des vidéos. Comme beaucoup d'entre vous le savent, il a distribué généreusement et gracieusement son matériel afin que le plus grand nombre de personnes possible ait accès au Hakomi. En 2017, son épouse, Terry Toth, a lancé un ambitieux projet d'archivage pour sauvegarder et, somme toute, conserver ses collections d'écrits, de fichiers numériques, d'enregistrements audio et vidéo. Un jour, l'ensemble de son travail sera mis à la disposition des étudiants, des enseignants et des formateurs de la méthode Hakomi, ainsi qu'aux chercheurs universitaires de ce domaine.

Avant de mourir, il avait écrit un manuel de formation pour ses étudiants, et de nombreuses versions courtes de ce manuel ont été distribuées aux participants des ateliers dans le monde entier. La dernière version du manuel de formation pour la méthode Hakomi affinée a été publiée en 2011 et rendue disponible sur son site web www.hakomi.com. Ma tentative de révision de cette publication a été limitée à la fois par mon désir de ne pas interférer dans sa transmission ou son message, ainsi que par la complexité du projet. Je n'étais pas prête à développer son point de vue à partir de ses notes sur la guérison ou la théorie de la complexité ni à proposer une version de ses idées sans son autorisation. Pour ceux d'entre vous qui ont été ses élèves, vous vous souvenez qu'il parlait d'amour, d'étoiles et d'éternité. Il est difficile d'immortaliser l'étendue de sa réflexion et certainement impossible de la résumer.

Cela fait maintenant six ans qu'il est décédé et ses formateurs demandent une meilleure version du manuel, une version qui conserve la vitalité et l'authenticité de sa voix, tout en correspondant aussi à la pédagogie et au curriculum des équipes de formation du HEN — (Hakomi Education Network [Réseau d'éducation du Hakomi]). Cette version tente de rassembler ses pensées et ses écrits dans un seul manuel, en partageant ses derniers mots sur le Hakomi, ainsi que la façon dont il voulait que la méthode soit enseignée et pratiquée après sa disparition.

Comme Ron n'a pu publier ses dernières réflexions sur le Hakomi avant sa mort, nous avons tenté de rassembler ses réflexions sur le sujet sous le titre de : *La voie Hakomi - Conscience et guérison, 2018*. Ces écrits sont une compilation de plusieurs transcriptions d'exposés effectués devant des groupes de formation internationaux, de ses idées précédemment publiées sur divers sujets, du développement de ses notes sous forme de prose, ainsi que d'élaborations de certaines de ses pensées.

L'équipe qui a collaboré à ce projet est composée de quatre de ses formateurs internationaux : Georgia Marvin, Caroline Braham, Sophie Cattier et Trudy Johnston. Je tiens à les remercier pour les innombrables heures qu'elles ont passées à lire et à réviser le travail de Ron et à en discuter. Le projet est né d'une réunion du HEN au début du printemps 2016 à Puerto Morelos, au Mexique. Nous espérons qu'il contribuera à maintenir la voix de Ron vivante pour ceux qui sont en train d'apprendre et servira l'héritage qu'il nous a laissé.

Georgia Marvin
Colombie-Britannique, Canada

Préface

Cela fait plus de trente-six ans que j'ai commencé à développer la méthode Hakomi. Actuellement, elle est enseignée par des dizaines de personnes dans quinze pays différents. Au fil des années, le travail a beaucoup évolué. Quelques changements majeurs ont été effectués ainsi que beaucoup d'autres de moindre importance. Ce document décrit le travail tel que je l'enseigne aujourd'hui, en 2011. La version la plus actuelle est un affinement significatif de l'original. Certaines choses importantes ont été ajoutées, d'autres qui semblent désormais inutiles ont été supprimées.

Dès le début, le travail était expérimental, centré sur le moment présent et utilisait les réactions évoquées par de petites expérimentations [2] avec une personne en état de pleine conscience. Ces expérimentations restent au cœur de la méthode.

Il y a seize ans, j'ai introduit l'idée de la présence bienveillante comme étant l'état d'esprit approprié pour le praticien. J'en ai fait la première et la plus importante des tâches. Ce changement à lui seul a fait une énorme différence dans l'efficacité de la méthode.

Plus récemment, et d'une importance égale, j'en suis venu à considérer le travail comme une étude de soi accompagnée.

Ce point de vue est très différent de celui de la psychothérapie traditionnelle. Je le vois maintenant comme une *étude de soi accompagnée, basée sur la pleine conscience.*

---

[2] Dans cet ouvrage, le terme « expérimentation » est utilisée pour désigner une expérience de nature scientifique telle qu'utilisée en Hakomi et de bien distinguer entre ce genre d'expérience et une expérience vécue pour laquelle nous utilisons le mot « expérience » tout court.

Voir le travail sous cet angle le lie étroitement aux principes bouddhistes et taoïstes qui ont été parmi mes inspirations initiales. En tant qu'étude de soi accompagnée, le travail se différencie fondamentalement des thérapies qui trouvent leurs origines dans la médecine et se placent dans ce même paradigme. Cette méthode peut s'intégrer à n'importe quelle méthode de psychothérapie. Mais elle est bien plus que cela. Elle est à la base de toutes relations humaines. Chercher à se comprendre fait partie de l'effort naturel et universel de l'homme, pour se libérer de la souffrance inévitable qui découle de l'ignorance de qui nous sommes et de « la façon dont le monde se tient ensemble ». C'est la voie empruntée par tous ceux qui s'efforcent de dépasser les blessures à moitié oubliées et les croyances infructueuses qui s'attardent dans l'esprit et le corps, ces blessures qui agissent en nous selon des habitudes et des réactions à peine conscientes. Ce travail fait partie de ce labeur héroïque, cousin de la méditation assise, des vibrations des bols tibétains et du chant des moines.

Quiconque est capable de s'accorder quelques instants de calme n'aura aucun mal à poursuivre l'étude de soi en utilisant cette méthode. Et, accompagner ce processus, ce qui est tout aussi passionnant, est à la portée de toute personne intelligente et au grand cœur qui prend le temps d'apprendre la méthode.

Une pensée particulière de gratitude. Pendant toutes ces années de pratique, d'apprentissage et d'enseignement, j'ai grandement bénéficié des personnes que j'ai accompagnées, des collègues avec lesquels j'ai travaillé et de tous les étudiants brillants et bienveillants qui ont occupé une grande partie de ma vie. Je les remercie tous du fond du cœur !

Ron Kurtz
Ashland, Oregon - Janvier 2010

Introduction

Comme lien narratif pour guider les lecteurs, nous avons précédé chaque section d'une brève explication concernant sa source ou sa relation à l'ensemble. Vous remarquerez qu'une partie de l'écriture est la voix de Ron, au présent, comme s'il était encore en vie. Une partie de l'écriture a été développée par l'équipe et nous faisons alors référence à lui au passé. Nous espérons que sa voix et sa pensée resteront vivantes pour tous ses lecteurs et étudiants.

Un peu d'histoire

J'aimerais dissiper une partie de la confusion concernant la méthode Hakomi et ce que cela signifie de l'enseigner. Hakomi est un mot qui est venu en rêve à l'un de mes premiers étudiants, David Winter. Dans ce rêve, je lui donnais un morceau de papier sur lequel figuraient les mots « thérapie Hakomi ». À l'époque, certains d'entre nous cherchaient un nom pour le travail que j'avais développé. Nous avons découvert que le mot Hakomi signifiait « Comment vous situez-vous par rapport à ces nombreuses réalités » ou « Qui êtes-vous ? » dans la langue amérindienne hopi. Il semblait très approprié et, parce qu'il est venu en rêve à quelqu'un qui n'avait aucune idée de sa signification, nous l'avons adopté.

Au début des années 70, j'ai commencé à créer les techniques et les idées qui ont finalement donné naissance à la méthode Hakomi. J'ai développé de petites expérimentations faites avec le client dans un état de pleine conscience, des expérimentations notamment verbales. Celles-ci étaient faites pour évoquer des réactions informatives et des processus de guérison émotionnelle. Les expérimentations verbales étaient parmi ces types d'expérimentations.[3] J'ai également commencé à soutenir les comportements de gestion spontanée en « prenant en charge » le contrôle des tensions, des voix, des

---

[3] Ron utilisait l'expression « sonde ». Nous l'avons depuis changé à l'expression « expérimentation verbale » dans cette version.

retenues et d'autres réactions spontanées. Le suivi [étroit] et le contact ont également été développés à cette époque.

Au cours des années 70, j'ai commencé par décrire le processus linéaire. Au début des années 80, les principes ont été développés avec l'aide d'étudiants et d'autres enseignants. Cet ensemble d'idées et de techniques est devenu la méthode Hakomi originale. C'est ainsi que moi et d'autres l'avons enseignée de cette manière tout au long des années 80. Vers la fin de cette décennie, j'ai découvert le concept de la présence bienveillante et ai commencé à l'enseigner comme une partie importante de la méthode. J'ai quitté l'Institut Hakomi à la fin des années 80 et ai continué à enseigner en tant qu'entité distincte dénommée Ron Kurtz Trainings Inc. Depuis cette époque, ma vision de la méthode n'a cessé d'évoluer.

Dans mon approche, la méthode a toujours été malléable et génératrice de nouvelles idées. Au début, quand quelqu'un dans une formation demandait « Comment "faites-vous" le Hakomi ? » je répondais : « Je n'essaie pas de "faire" Hakomi ; le Hakomi essaie de me faire ». Il y a des années de cela et à l'époque c'était la vérité. L'œuvre qui a été appelée Hakomi était presque entièrement ma création.

Pendant toutes ces années, je n'ai jamais considéré le Hakomi comme étant quelque chose de fixe et de rigide. J'ai toujours et seulement fait ce qui m'inspirait, en ajoutant de nouvelles idées qui surgissaient fréquemment. J'ai toujours et seulement essayé d'exprimer ce qui enchantait mon esprit et touchait mon cœur. Heureusement, j'ai eu la chance d'être fréquemment inspiré. J'ai beaucoup lu et j'ai travaillé avec de nombreuses personnes, dans différents pays. J'ai apprécié la compagnie de poètes, d'enseignants spirituels et de scientifiques. J'ai connu et eu le soutien de nombreuses personnes bienveillantes, brillantes et généreuses. Toutes ont contribué à ma vie et au développement de la méthode.

Une fois, pendant la période des échanges après une conférence, une femme m'a demandé comment j'avais développé la méthode Hakomi. Rappelant qu'Isaac Newton avait dit : « Si j'ai vu un peu plus loin, c'est en me tenant sur les épaules de géants. ». J'ai répondu : « Je me tiens debout, avec mes mains dans les poches de géants ». C'était une blague et en même temps, c'était vrai. Plus que toute autre chose, je me suis inspiré de ce que j'ai trouvé dans les poches de Lao Tzu et de Bouddha, de Meher Baba, de Milton Erickson, d'Al Pesso, de John Pierrakos et de Fritz Perls, de Ben Webster, de Bill Evans, d'Edward Hopper et de Robert Frost. Chaque fois que j'enseigne ou que je fais une séance, je puise dans ces poches.

J'ai développé ma propre méthode selon cette inspiration, en utilisant les milliers d'opportunités qui se sont présentées, les ateliers, les formations, les centaines de séances. Bien que j'aie vu travailler de grands psychothérapeutes, je n'ai pas étudié la psychothérapie de manière formelle. J'ai élaboré une nouvelle façon d'aider les gens, une façon qui est une expression unique et personnelle de « qui je suis et d'où je viens ». Quand je « fais » le Hakomi, ce n'est pas simplement une méthode qui est appliquée, c'est un esprit qui est mis en œuvre.

Au fil des ans, cet esprit a inspiré d'autres personnes. Certains de mes tout premiers étudiants sont maintenant des enseignants et des formateurs. Ils ont suffisamment aimé ce travail pour en faire leur profession à vie. Cela me rend heureux. Ils ont développé leurs propres façons de « faire », alors que je continuais à grandir, à apprendre et à faire évoluer le travail à ma façon, comme ils l'ont fait à la leur. Depuis lors, nous avons tous orienté la méthode originale dans des directions différentes.

La version originale qui a commencé avec moi continue d'être le fondement de toutes les versions. L'utilisation de la pleine conscience et des expérimentations est toujours essentielle à toutes les versions. Les différences se situent maintenant dans le contenu des formations et le style d'enseignement. J'ai laissé tomber beaucoup d'éléments que je pensais ne plus être nécessaires, comme la théorie des structures de caractère et le cycle de la sensibilité. Je n'enseigne plus la méthode uniquement comme une psychothérapie. Je mets l'accent sur l'apprentissage des compétences par l'expérience, la pratique et le retour d'information, plutôt que par la participation à des cours magistraux formels.

Mon enseignement se caractérise par des démonstrations et des exercices expérientiels. Cette méthode est un moyen d'aider les gens à prendre conscience de leurs croyances et habitudes implicites. Ma méthode est celle de la découverte de soi accompagnée. Elle s'adresse aux personnes qui ont le courage et la capacité de découvrir comment elles sont devenues ce qu'elles sont. Pour que le Hakomi soit efficace, un praticien doit être plus qu'une personne qui connaît une méthode. Il doit être quelqu'un dont la présence même peut être guérissante, une personne qui a toutes les qualités nécessaires pour soutenir la guérison émotionnelle d'un autre. Ma formation reflète et incarne cette propension.

Je mets l'accent sur la présence, la chaleur et la gentillesse plus que sur le maintien d'un comportement professionnel. Des recherches récentes confirment l'importance accordée aux qualités personnelles du thérapeute. Chögyam Trungpa l'a appelée « être humain à part entière » et a décrit les qualités

10

essentielles comme la chaleur et l'éveil (comme cité dans Wellwood, 1983). Ce sont les qualités que je recherche chez les étudiants et les enseignants potentiels. Je crois que toute personne intelligente et chaleureuse peut apprendre cette méthode. J'accepte des personnes dans mes formations, quel que soit leur parcours académique. J'ai enseigné à des lycéens et à des personnes âgées, à des thérapeutes corporels et à des étudiants en bouddhisme, ainsi qu'à des médecins, des psychologues, des psychiatres et d'autres professionnels en relation d'aide. Il leur suffit d'être motivés pour poursuivre de tout cœur le difficile travail de compréhension de soi et pour aider les autres à en faire de même. Ce travail se fait de manière conviviale dans le cadre des relations chaleureuses et affectueuses que les formations favorisent.

C'est la façon d'être du praticien qui permet à la méthode de fonctionner. De la même manière, c'est la façon d'enseigner d'un formateur qui détermine le succès des formations. Les modifications que j'ai apportées à la méthode sont directement issues de mon impulsion à pouvoir mobiliser la plus grande chaleur humaine et le plus grand éveil que je puisse atteindre. L'esprit que je donne au travail est le mien. En grandissant en tant que praticien et enseignant, ce même esprit a affiné la méthode et l'enseignement, et jusqu'à maintenant, ils forment une seule et même entité. Voilà de façon plus détaillée comment mon travail a évolué de sa forme originale des années 80 à la méthode affinée que j'enseigne actuellement en 2008.

Quelques aspects essentiels de la méthode

Je suis relativement sûr que ce que je fais est similaire à ce que font les autres thérapeutes Hakomi. Pourtant, j'ai commencé à développer et à enseigner ce travail il y a plus de trente ans. Certains de mes premiers étudiants l'enseignent eux-mêmes depuis vingt-cinq ans ou plus. Chacun d'entre eux a modifié le travail d'une manière ou d'une autre. C'est certainement le cas pour moi. Cependant, les éléments les plus essentiels ont peu changé. Ce sont ces éléments qui sont l'objet de ce document.

Bien qu'elle soit basée sur les meilleures données scientifiques disponibles, la méthode n'est pas uniquement scientifique. Les échanges intimes et délicats que le travail laisse émerger peuvent être aussi beaux que la poésie ou la chanson. Les compétences nécessaires sont autant celles du cœur que de la tête. Tout comme la science, la méthode est la raison, les règles et les outils. L'utilisation de ceux-ci, cependant, est un art. Comme dans tout art, il y a à la fois liberté et contrainte. Je suis reconnaissant aux deux. Elles m'ont conduit à la compréhension dont je jouis aujourd'hui. Elles m'ont permis de maintenir mon intérêt et ma productivité. Elles sont une bénédiction. J'apprécie également la créativité et la compréhension des autres contributeurs à ce travail. Et, bien que j'honore leur indépendance et leur créativité, je ne peux écrire qu'avec assurance en ma propre vision et sur la façon dont je la mets en œuvre.

Pour moi, la méthode est une chose vivante. Depuis plus de trente ans, ma vision du travail a continuellement évolué, se déplaçant lentement, comme des plaques tectoniques portant l'ensemble de l'œuvre. Parfois, une idée perturbante modifie radicalement ma compréhension.

Trois de ces idées étaient :

1. la prise de conscience de l'importance de l'état d'esprit du thérapeute ;

2. la compréhension de la méthode, non pas comme travail de guérison d'une maladie, mais comme accompagnement pour une autre personne dans sa recherche de connaissance de soi (La méthode peut être décrite succinctement comme : *l'étude de soi accompagnée*) ;

1. Une compréhension de l'inconscient comme étant adaptatif (Wilson, 2002), c'est-à-dire intelligent, conscient, travaillant au profit de l'ensemble et sans que nous le sachions, gérant automatiquement la plupart de nos actions quotidiennes.

« Quelle que soit la théorie à laquelle nous souscrivons, nous nous accordons tous à dire que les attentes à l'égard d'autrui et la manière dont il se comportera sont inscrites dans le cerveau en dehors de la conscience, dans la période de l'enfance, et qu'elles sous-tendent notre comportement dans les relations tout au long de la vie. Nous ne sommes pas conscients de nos propres suppositions, mais elles sont là, basées sur ces premières expériences. »

(Gerhardt, 2004)

L'inconscient adaptatif fonctionne sur la base d'hypothèses, d'attentes, d'habitudes et de croyances implicites sur nous-mêmes, les autres et le monde dont nous faisons partie. Ces suppositions ont été créées par nos premières et plus fortes expériences formatrices. Elles ne sont pas accessibles à la conscience par le biais des processus habituels de récupération des souvenirs. Il faut y accéder en utilisant des techniques spéciales. Pour y parvenir, la méthode

Hakomi utilise des techniques uniques, développées depuis plus de trente ans.

Dans un sens très réel, nous commençons en ignorant qui nous sommes. La compréhension et le contrôle nécessitent des efforts délibérés. L'étude de soi est un puissant chemin de transformation et il se révèle d'autant plus puissant lorsque nous pouvons découvrir nos hypothèses inconscientes, que nous ne pouvons les examiner qu'avec un esprit plus mature, plus expérimenté et plus raisonné. Le monde entier n'est pas le même que celui, limité, dans lequel nous avons passé notre enfance à apprendre à vivre. Agir comme si c'était le cas entraine généralement de la souffrance. Les types d'hypothèses qui causent une telle souffrance sont inexacts, généralement trop généralisés et chargés d'émotion. De ce fait, la souffrance qu'elles provoquent est, en principe, inutile. Elle peut être atténuée, voire complètement éliminée, en modifiant les hypothèses.

Ces expériences formatrices ne causent pas toutes de la souffrance. Les expériences positives d'amour, de protection, de soins et de plaisir peuvent également être formatrices. Et, parmi les expériences négatives, certaines ne sont pas accessibles parce qu'elles se sont produites trop tôt dans la vie. Certaines sont simplement survenues lorsque la personne était vulnérable. Elles ont submergé le système nerveux. La personne n'avait tout simplement pas les ressources intérieures et le soutien extérieur nécessaires pour les intégrer. Les expériences ont été « encapsulées » et réprimées (Rossi, 1996). La méthode Hakomi est conçue pour accéder à ces expériences « non digérées » et aux habitudes qui les maintiennent en dehors de la conscience. Nous faisons prendre conscience de ces expériences et nous trouvons des moyens de les intégrer. Et, bien que le processus soit parfois émotionnellement douloureux, il accède constamment à l'inconscient adaptatif. Ce faisant, il rend possibles la complétion et la transformation. Et cela réduit la souffrance inutile.

Ces idées ont remodelé ma vision et ma façon de travailler. Et bien qu'il y ait eu des changements radicaux, certaines choses n'ont pas changé du tout ou du moins pas beaucoup. Bien que de nouvelles techniques aient été ajoutées, les anciennes restent centrales. Les principes originaux sous-jacents — unité, organicité, pleine conscience, globalité corps-esprit et non-violence — demeurent également, bien que ma compréhension et mon appréciation de ces principes se soient approfondies.

Le cœur de la méthode n'a pas changé. Son essence et son caractère unique restent une simple combinaison de deux choses : l'état d'esprit du client (la pleine conscience) et la capacité du thérapeute à créer des expérimentations qui déclenchent des réactions lorsque le client est dans cet état d'esprit. Ces réactions sont des indicateurs de suppositions inconscientes. Celles-ci ne sont pas verbales, mais sont implicites dans les habitudes qui les expriment.

Le thérapeute recherche et écoute les signes de ces suppositions et tente de discerner la nature des expériences nourrissantes émotionnellement que ces suppositions empêchent. Le thérapeute émet une hypothèse à ce sujet et l'utilise pour créer une expérimentation qui déclenchera une réaction. L'expérimentation offre simplement une action potentiellement nourrissante sur le plan émotionnel, ce qui, selon le thérapeute, sera automatiquement rejeté. L'expérimentation est réalisée alors que le client est dans un état de pleine conscience. Le client remarque la réaction. Lorsqu'on la laisse se dérouler dans un processus d'intégration, elle donne l'occasion d'accéder et d'examiner les opérations et les suppositions de l'inconscient adaptatif qui l'a produite. Elle permet de compléter, de manière positive, les expériences anciennes et douloureuses qui ont conduit à ces suppositions au départ.

Ce processus simple est au cœur de la méthode. Plusieurs autres éléments importants de la méthode soutiennent ce processus central. Il s'agit notamment des éléments suivants :

1. l'engagement du client et sa capacité à plonger dans le processus de manière consciente et volontaire ;

2. la capacité du thérapeute à être présent et compatissant ;

3. la compréhension des expressions non verbales comme des signes de l'expérience du moment présent ;

4. l'observation et la compréhension des comportements non conscients et habituels du client en tant qu'indicateurs de croyances implicites et d'expériences formatrices ;

5. la création des expérimentations qui déclencheront des réactions pouvant conduire à la libération émotionnelle et à la compréhension de soi ;

6. permettre des expériences émotionnelles positives jusqu'alors rares ou totalement absentes.

La présence bienveillante
et les principes du Hakomi

La présence bienveillante intègre en un seul concept une grande partie de ce que le Hakomi avait l'habitude de présenter en termes de « principes ». Si nous passons brièvement en revue les principes en fonction de la façon dont chacun se traduit par des manières spécifiques d'être avec le client, nous voyons ceci...

L'organicité fait référence au fait que les systèmes vivants complexes, tels que les êtres humains, s'organisent et s'orientent eux-mêmes. Dans le monde psychothérapeutique, cette poussée intérieure a été désignée par Carl Rogers comme la tendance d'actualisation. Elle s'apparente à ce que A. H. Almaas appelle la « poussée d'optimisation dynamique de l'être ».

Cela signifie que, en tant que praticiens, nous pouvons supposer qu'il existe à l'œuvre chez le client une énergie et une intelligence positives pour la vie, autodirigées et autoguérisseuses. Notre tâche consiste simplement à créer le cadre, le climat émotionnel qui facilite l'émergence de cette impulsion naturelle vers la santé et vers le souvenir de l'intégralité.

Le principe de *la pleine conscience* fait référence à la compréhension du changement réel qui se produit par la prise de conscience, et non par l'effort. Lorsque nous sommes vraiment conscients de notre expérience, lorsque nous avons ce que Gendlin en Focusing appelle le « sens corporel ressenti » de celle-ci, notre expérience révèle naturellement sa signification inhérente, et elle continue à évoluer dans une direction autonome, positive pour la vie.

En tant que praticiens, nous sommes convaincus que si nous pouvons aider le client dans son expérience somatique du moment présent, alors sa propre conscience facilitera le changement ou l'étape suivante qui doit avoir lieu.

La non-violence, c'est être conscient du principe et de la présence de l'organicité. C'est reconnaître qu'il y a une façon naturelle dont la vie se déroule, et s'aligner sur ce processus organique et intelligent. En tant que praticiens, cela signifie que nous n'avons pas de programmes ou d'intentions propres que nous ne sommes pas prêts à abandonner immédiatement s'ils entrent en conflit d'une manière ou d'une autre avec ce qui émerge du client. Cela signifie que nous soutenons — ce qu'on appelle les défenses du client (ses « façons de gérer ses comportements »), que nous n'offrons pas de conseils ou d'interprétations et que nous ne posons pas de questions à moins que cela ne serve le client.

L'holisme fait référence à la complexité et à l'interdépendance des systèmes organiques, y compris les êtres humains, avec notre esprit et notre corps, notre cœur et notre âme. C'est ce qui nous permet de lire de manière holographique l'histoire de la vie d'une personne dans sa posture ou son ton de voix, de déduire toute une enfance à partir d'un seul souvenir, de soupçonner certaines croyances fondamentales et organisatrices à partir de simples gestes ou mots répétitifs.

L'unité nous rappelle l'interdépendance de toutes choses, de toute la vie, de tous les événements. C'est l'holisme à l'échelle universelle. En tant que praticiens, l'unité nous rappelle une image toujours plus grande, le fait que nous sommes intimement liés les uns aux autres et à notre culture, à notre environnement, à notre monde.

En apprenant la méthode Hakomi et en adoptant ces cinq principes comme fondement, un style, un sentiment et une façon d'être particuliers avec les autres émergent naturellement comme façon de travailler avec les clients.

Hakomi est le produit d'un mode de vie, de penser et de ressentir selon les principes, en alignement avec ceux-ci. De la même façon, nous pouvons dire que nous n'avons pas à essayer d'apprendre à être dans un état de présence bienveillante. Celle-ci est plutôt une attitude qui va naturellement émerger en nous lorsque nous en viendrons à comprendre profondément ces principes spirituels universels, principes qui sont, en fait, les véritables fondements théoriques du Hakomi.

La Méthode

Un bref aperçu

Le bon thérapeute partage le contrôle avec tout ce qui est présent, parfois en s'engageant profondément dans l'action qui se déroule, parfois en attendant silencieusement alors que l'autre fait un travail intérieur, surfant avec grâce sur les amplitudes changeantes de l'intimité.

Le Hakomi s'intéresse à l'organisation de l'expérience. Pour les personnes qui vivent des expériences — c'est-à-dire vous, moi et tous les autres — une expérience se produit tout simplement, de manière complète et immédiate. Nous voyons ce que nous voyons sans ressentir ou sentir comment le cerveau crée des images (Frith, 2010). Nous voyons les formes et les couleurs, nous prononçons des mots et des phrases, nous faisons des centaines de mouvements avec nos yeux, tout cela sans ressentir comment notre cerveau fait ces choses. Toute expérience est le résultat de processus d'organisation complexes du cerveau, des processus qui se déroulent en dehors de la conscience.

Il existe une cinquantaine de centres différents dans le cerveau qui contribuent à l'expérience visuelle finale (Crick & Koch, 1995). À la question « *Sommes-nous conscients de l'activité neuronale dans le cortex visuel primaire ?* » La réponse serait que ces centres gèrent des choses comme la couleur, la profondeur et la séquence. Leurs fonctions ne deviennent évidentes que lorsqu'ils cessent de fonctionner normalement.

Il existe des organisateurs inconscients qui exercent une très forte influence sur toute notre façon d'être. Ce sont ces organisateurs qui nous intéressent en tant que thérapeutes Hakomi. Les émotions, les croyances, les attitudes, l'apprentissage précoce, les adaptations et les souvenirs constituent les organisateurs. Nous les qualifions de matériaux fondamentaux. Souvent, ils sont aussi inaccessibles à la conscience ordinaire que les circuits du cerveau qui créent la vision.

Cependant, grâce à cette méthode, certains d'entre eux peuvent être rendus conscients. La méthode permet de rendre le matériau fondamental conscient. Certains matériaux fondamentaux causent des souffrances inutiles que la méthode permet de réduire. Certaines souffrances sont inutiles parce que le matériau fondamental qui les organise n'est plus applicable. Certaines croyances, adaptations, etc. développées dans les premières années de la vie ne sont plus pertinentes, mais sont toujours actives. Bien que la situation actuelle ait changé, les anciennes adaptations sont toujours appliquées automatiquement. Dépassées ou non, elles continuent à organiser l'expérience, causant des problèmes et de la souffrance inutile. Bien entendu, certaines souffrances sont normales et peut-être même nécessaires. Le deuil à la suite d'un décès peut en être un exemple. Nous nous efforçons donc de faire prendre conscience du matériau fondamental. Ce faisant, nous offrons à la personne une chance de réduire ce type de souffrance. Une fois en conscience, le matériau fondamental peut être examiné et révisé, et son influence éliminée ou grandement diminuée. La façon dont nous procédons est unique.

Nous faisons quelque chose qu'aucune autre thérapie que je connaisse ne fait. Nous faisons des « expérimentations » avec nos clients lorsqu'ils sont dans un état de pleine conscience. Ces expérimentations sont brèves et évocatrices. Elles sont créées sur la base de ce que nous avons observé sur l'individu et elles sont conçues pour évoquer des réactions qui conduiront directement à une libération émotionnelle et/ou à une prise de conscience. Et l'état de pleine conscience est essentiel. Lorsqu'un client est dans l'état de pleine conscience, l'attention se porte sur le flux de l'expérience momentanée. La personne en état de pleine conscience laisse les choses se produire sans essayer de les contrôler. La qualité de l'attention est très différente de l'attention ordinaire. L'attention est tournée vers l'intérieur et se contente d'observer. Dans cet état d'être, les mécanismes habituels qui empêchent certaines pensées et émotions sont suspendus. Des interventions évocatrices à ces moments-là peuvent produire des réactions fortes et significatives.

En voici un exemple : une personne qui parle habituellement rapidement tout en observant attentivement son interlocuteur peut être influencée par une croyance fondamentale selon laquelle les gens n'ont pas de temps à lui consacrer. Le fait de parler rapidement est souvent un indicateur d'une telle croyance. Une expérimentation que le praticien pourrait faire — avec la personne en état de pleine conscience — serait de dire quelque chose comme ceci : « *Observez ce qui se passe quand vous m'entendez dire : "J'ai du temps pour vous."* ». Ce genre de contact pourrait susciter une réaction, comme la pensée immédiate « *Personne n'en a jamais !* ». Ou encore, la réaction pourrait être un sentiment soudain de tristesse. Il peut s'agir d'un souvenir de ne pas avoir été entendu par une personne significative. Toute une scène de ce genre peut apparaître. Il n'y a pas que la croyance qui soit claire. Pour la personne qui remarque la réaction, les sentiments et les souvenirs qui surgissent lui font prendre conscience que ce problème est toujours une source de douleur émotionnelle.

À ce stade du processus, il y a des choses à faire pour atténuer la douleur et modifier le matériau fondamental ainsi que les comportements qu'il organise. Les expérimentations dans un état de pleine conscience sont conçues pour arriver à ce but.

Les expérimentations en état de pleine conscience ne sont pas réalisées avant que plusieurs autres choses importantes ne se soient produites. Au début de la séance, le praticien se met dans un état bienveillant. La présence bienveillante est créée en se concentrant sur les qualités de l'autre personne, qui inspirent et soutiennent cette présence. C'est une forme d'attention. Au fur et à mesure que nous pratiquons la méthode, cette façon de prêter attention devient une habitude. La présence bienveillante déterminant l'humeur générale, la personne y répond généralement, consciemment ou inconsciemment, en se sentant plus en sécurité et plus calme. Le praticien commence alors à recueillir un certain type d'informations. Ces informations proviennent de l'observation des comportements non verbaux de la personne, ces comportements sur lesquels on ne se concentre généralement pas.

> « *La réalité de l'autre personne n'est pas ce qu'il vous révèle, mais ce qu'il ne peut pas vous révéler* ».
>
> *(Gibran)*

Les informations nécessaires aux expérimentations ne sont normalement pas révélées en posant des questions ou en discutant. Elles le sont en observant le comportement. À ce stade précoce, les comportements que nous recherchons tout particulièrement sont les signes de l'expérience du moment présent de la personne. Ces signes se trouvent dans la posture, les gestes, les expressions du visage et le ton de la voix, des choses comme un haussement d'épaules ou une légère rougeur qui commence dans les narines. Porter une attention constante à ces signes exige une sorte de conscience du présent qui nécessite autant de pratique qu'une présence bienveillante.

De telles informations permettent au praticien de faire savoir au client qu'il est attentif et conscient de ce qu'il ressent. Elles permettent au praticien de répondre aux humeurs et aux besoins de la personne avant qu'elle n'en parle ou même qu'elle ne les remarque elle-même. Connaître ces choses et y répondre sans avoir à les demander semble être la meilleure façon d'établir une intimité et une sécurité.

Une fois que ces éléments sont établis — et cela peut se produire en quelques minutes — le praticien se concentre sur la recherche et l'écoute, non seulement des signes de l'expérience présente, mais aussi des comportements non verbaux habituels qui peuvent être les expressions extérieures du matériau fondamental, comme le fait de parler rapidement ou une expression faciale constante d'incrédulité. Nous appelons ce genre d'habitudes des indicateurs. Ceux-ci sont généralement non conscients, ce qui signifie qu'ils se produisent automatiquement inconsciemment. Ce sont les sujets d'expérimentation les plus fructueux. Les thérapeutes Hakomi sont formés de manière approfondie à « scruter » les comportements non verbaux afin d'observer de tels indicateurs.

Lorsque le praticien trouve un indicateur avec lequel il peut travailler, il attire l'attention de la personne sur celui-ci et, ensemble, ils mettent en place et réalisent une expérimentation destinée à révéler l'organisateur non conscient de cet indicateur. Le praticien fait quelque chose pour susciter une réaction de la personne alors qu'elle est en pleine conscience. Ce processus rapproche le matériau inconscient de la conscience ou l'amène à celle-ci. Si le praticien a choisi une bonne expérimentation et qu'elle est réalisée avec soin, avec l'entière coopération de la personne, il en résulte une réaction révélatrice. La réaction elle-même est consciente parce que la personne est en pleine conscience. Elle est révélatrice parce qu'elle est immédiate, expérientielle et que son lien avec le matériau fondamental est suggéré ou totalement évident.

Les expérimentations en pleine conscience suscitent souvent des émotions. Lorsque celles-ci ne sont pas interrompues, elles ont le pouvoir de remonter à la conscience les souvenirs et autres associations qui leur donnent un sens (Damasio, 2008). Une fois que le matériau de base est en conscience, le travail favorise l'expression des émotions, ce qui laisse du temps pour l'intégration spontanée qui suit généralement, et crée de nouvelles expériences et habitudes plus réalistes et satisfaisantes autour du matériau révisé. C'est plus facile qu'il n'y paraît.

Pour devenir compétents dans ce travail, les étudiants et les praticiens ont des choses importantes à pratiquer. Nous devons apprendre à cultiver la présence bienveillante. Nous devons nous entraîner à être bienveillants. Nous devons entraîner notre attention afin d'être continuellement concentrés sur le moment présent. Nous devons apprendre à reconnaître les indicateurs du matériau fondamental. Nous devons devenir de bons expérimentateurs. Nous devons donc apprendre à bien deviner ce que les différents indicateurs indiquent. Et nous devons créer des expérimentations qui testeront nos suppositions et feront prendre conscience du matériau fondamental. Enfin, nous devons être capables d'aider les gens à traverser les moments douloureux qui surviennent après les expérimentations, et à découvrir de nouvelles et meilleures façons d'organiser leurs expériences.

Donna Martin est une formatrice de longue date du
Hakomi et elle était l'une des plus proches collègues
de Ron.

La voie Hakomi

Donna Martin

La méthode de psychothérapie Hakomi a été décrite par
son créateur, Ron Kurtz, comme une méthode de découverte
de soi accompagnée, basée sur la pleine conscience. Le
Hakomi s'intéresse à l'organisation de l'expérience.

L'expérience est organisée par les habitudes, dont la plupart sont en dehors de la conscience. Certaines de ces habitudes d'organisation créent des expériences de souffrance, une souffrance qui est souvent inutile. Pour tout changement réel dans la façon dont nous vivons la vie de manière stressante ou inutilement douloureuse, ces habitudes d'organisation et les croyances sur lesquelles elles sont fondées doivent devenir conscientes et être examinées.

Pour ce faire, Hakomi utilise la pleine conscience — une façon silencieuse et non interventionniste de prêter attention à l'expérience du moment présent — ainsi que de petites expérimentations qui peuvent révéler des habitudes et des croyances et les amener à la conscience. Selon Hakomi, l'attention est portée sur l'expérience du moment présent, car nous savons qu'elle révèle les habitudes et les idées organisationnelles qui doivent être étudiées.

Le praticien Hakomi est formé pour prêter attention à deux choses sur l'expérience du moment présent : premièrement, ce qu'elle est, c'est-à-dire ce qui se passe maintenant ; et deuxièmement, comment elle est organisée. C'est ce que nous appelons le suivi de l'attention. Tout d'abord, nous recherchons des signes de l'expérience actuelle du client, particulièrement lorsqu'il souffre. Ensuite, nous recherchons des indicateurs de la façon dont l'expérience est organisée par les habitudes et les croyances, par la façon dont le passé est rappelé.

Nous pouvons aider à soulager le type de souffrance qui est normal, comme le deuil de la perte d'un être cher. Si l'expérience actuelle du client est douloureuse en raison d'événements difficiles qui se vivent présentement, nous pouvons lui offrir compassion et réconfort.

Nous offrons également du réconfort lorsque le client éprouve une douleur émotionnelle liée à une expérience passée dont il a pris conscience grâce au travail thérapeutique. Nous sommes surtout intéressés à aider le client à s'éveiller au moment présent et à prendre conscience de la possibilité qu'une sorte d'expérience nourrissante, auparavant absente ou inaccessible, soit disponible et possible maintenant.

Ainsi, avec Hakomi, nous ne travaillons pas en tant que tels sur l'histoire de la personne. Après tout, nous sommes seulement capables de deviner l'histoire de quelqu'un. Même la mémoire n'est pas une source fiable d'informations sur son histoire réelle. La mémoire, cependant, est une expérience du moment présent et, en tant que telle, elle peut révéler comment quelqu'un organise son expérience. C'est cette organisation de l'expérience que nous voulons découvrir et explorer, car c'est ce qui cause des souffrances inutiles, tant dans la manière de se souvenir de l'histoire que du vécu dans le moment présent.

La voie Hakomi est ancrée dans la compréhension spirituelle du taoïsme et du bouddhisme. Le taoïsme nous enseigne que ce qui arrive est ce qui arrive. Ce qui arrive ou est arrivé dans le passé n'a rien avoir avec « ça devrait ou ne devrait pas se passer comme cela ». Nous apprenons à nous reposer sur les choses telles qu'elles sont et telles qu'elles se déroulent.

Le bouddhisme nous enseigne la sagesse et la compassion. Comme dans le bouddhisme, nous comprenons que la seule réalité est le présent. Le passé est un rêve. L'avenir est un rêve. Ce n'est que dans le moment présent que nous pouvons faire l'expérience de ce qui est réel. Cette réalisation est la sagesse. Cependant, beaucoup d'entre nous continuent à vivre l'expérience du présent comme si nous étions dans un rêve. Nous ne sommes pas pleinement éveillés à la vie telle qu'elle est. Cette ignorance et cette illusion provoquent des souffrances inutiles.

L'expérience du présent est organisée par de vieilles habitudes et idées. Lorsque les idées qui organisent l'expérience d'une personne opèrent en dehors de la conscience, nous les appelons des croyances implicites. Lorsque ses actions sont organisées par des comportements qui sont automatiques, en dehors de la conscience, nous les appelons des réactions.

Avec le Hakomi, nous voulons aider les clients à étudier leur expérience actuelle afin de trouver des indices concernant leurs croyances implicites et les réactions habituelles qui influencent la façon dont ils organisent leurs expériences de vie. Nous voulons aider les clients à découvrir de nouvelles réponses créatives aux situations de la vie, et à découvrir des expériences nourrissantes qu'ils ne vivent pas en ce moment, principalement en raison de la façon dont ils organisent leur expérience.

Il y a un certain malentendu à propos de ce qui est entendu par « expérience manquante » en Hakomi. Permettez-moi d'essayer de clarifier les choses.

Puisque le Hakomi est une méthode qui se concentre sur l'expérience présente, même ce que nous entendons par l'expérience manquante est quelque chose qui se produit (ou ne se produit pas) dans le moment présent. Cela peut être lié aux expériences de l'enfance, mais celles-ci sont en dehors de notre sphère d'influence (à moins que nous ne travaillions avec un enfant). Le seul temps sur lequel nous pouvons intervenir de manière réaliste est le temps présent.

Lorsque le client adulte semble se souvenir d'une expérience d'enfance ou accéder à ce que nous pourrions appeler sa partie juvénile, nous nous concentrons toujours sur l'expérience du moment présent. Qu'est-ce que la personne vit maintenant, suite au rappel de ce souvenir ? Comment la personne semble-t-elle organiser son expérience sur la base de comportements ou d'idées qui sont en dehors de la conscience ? Et quelle expérience positive ou nourrissante manque à la personne, à ce moment, à cause de la façon dont elle organise son expérience ? C'est ce que nous voulons l'aider à étudier et explorer.

La mémoire est une source d'information sur la façon dont une personne organise son expérience. Le comportement non verbal est peut-être une source plus précise. La mémoire est une source très peu fiable d'informations précises sur le passé, mais elle peut être une source utile d'informations sur les croyances, particulièrement lorsque nous prêtons attention au comportement de la personne pour trouver des indicateurs des habitudes et des croyances liées au récit suscité par la mémoire.

Le Hakomi a été initialement appelé *psychothérapie centrée sur le corps* parce que les informations sur l'expérience présente d'une personne et sur la façon dont elle organise son expérience sont beaucoup plus disponibles à partir de l'expression non verbale qu'à partir de ce que la personne peut dire ou dit en paroles. Nous suivons donc principalement des signes non verbaux de l'expérience présente et des indicateurs de la façon dont l'expérience incarnée de la personne est organisée par des habitudes inconscientes et des croyances implicites.

Avec le Hakomi, nous observons et contactons l'expérience du moment présent pour faire savoir aux clients que nous les suivons, ainsi que pour attirer leur attention sur leur expérience actuelle vécue dans le corps. Nous les aidons à s'étudier en faisant de petites expérimentations avec ces indicateurs afin d'amener à la conscience les habitudes et les croyances qui organisent leur expérience.

Avec le Hakomi, nous disons souvent que le praticien suit. Certains des éléments que nous suivons constamment sont des signes de l'expérience du client au moment présent. Nous accompagnons le client dans un voyage vers la découverte de soi, la liberté et la guérison.

Parfois, nous nous laissons guider par le client et parfois nous le guidons (sur invitation, nous invitons le client à remarquer ou à étudier quelque chose). Mais nous suivons constamment les signes de son expérience actuelle et la façon dont le déroulement semble vouloir se produire. Nous suivons l'énergie de guérison de ce voyage.

La voie Hakomi a quatre caractéristiques distinctives en tant que méthode de thérapie. Deux d'entre elles sont présentes dans la méthode depuis le début ; deux autres ont évolué plus tard. Dès le début, l'accent a été mis sur l'expérience du moment présent et sur l'utilisation de petites expérimentations en pleine conscience dans le but de la découverte de soi.

Ce qui a évolué, c'est un mouvement vers une plus grande emphase concernant l'expérience manquante nourrissante. Cette évolution a été double : d'abord, il y a maintenant une meilleure compréhension de l'expérience manquante en tant qu'expérience du moment présent. Bien que l'expérience manquante puisse être liée à l'histoire réelle ou mémorisée de la personne, ses souvenirs n'ont pas besoin d'être précis pour être utiles.

En tant que sources d'information, les souvenirs rapportés, ainsi que le comportement non verbal, peuvent en révéler beaucoup sur la façon dont une personne organise inconsciemment son expérience, et comment cette manière d'organiser les choses la limite ou lui cause une souffrance inutile. Nous cherchons des indicateurs du type d'expérience nourrissante dont la personne a besoin maintenant et à laquelle elle est prête, une expérience qui manque à cause de ses propres habitudes et croyances, et non parce que l'expérience nourrissante n'est pas disponible.

Deuxièmement, nous comprenons mieux maintenant l'importance de l'expérience dans la formation du cerveau. La nouvelle expérience nourrissante influence de manière significative la façon dont le cerveau perçoit et répond à la vie. Nous voulons donc consacrer plus de temps à la création de l'expérience nourrissante et moins à l'ancienne expérience douloureuse. Les émotions douloureuses sont évoquées le temps de nous fournir des informations sur le type d'expérience nourrissante nécessaire. L'attention et le temps consacrés à une séance de Hakomi sont axés sur la découverte et, espérons-le, sur la perspective d'offrir l'expérience nourrissante dont la personne a besoin afin de s'assurer qu'elle soit prise en compte, intégrée et incarnée.

Une façon de le faire, tout au long de la séance de thérapie, est liée à la composante clé du Hakomi tel qu'il a évolué. Il y a toujours eu une prise de conscience de l'importance de ce que nous appelons la relation de guérison. Nous réalisons maintenant que la clé de la relation de guérison est l'état d'esprit du thérapeute. Nous appelons l'état d'esprit particulier qui crée la meilleure possibilité d'une relation de guérison *la présence bienveillante*. Il est maintenant reconnu que c'est la clé de toute la méthode.

Auparavant, dans la psychothérapie en général, le thérapeute était censé être dans un état neutre, quelque peu détaché émotionnellement du client. Aujourd'hui, les recherches montrent que le thérapeute qui réussit doit être bienveillant, émotionnellement connecté avec le client, plein de compassion (sans sympathie) et habilement réceptif au client d'une manière qui soit ressentie par celui-ci comme attentionnée.

En Hakomi, nous appelons cette façon d'être *la présence bienveillante*. Cela signifie, avant tout, que nous considérons le client comme une source d'inspiration et de ce qui est nourrissant pour nous. Nous recevons le client comme un cadeau, comme une source nourrissante pour nous. Une idée radicale ! Cet état de réceptivité et d'appréciation n'est pas seulement nourrissant pour nous en tant que thérapeutes, mais il est également ressenti par le client comme un rappel puissant de sa propre force, beauté et globalité.

En tant que praticiens Hakomi, nous nous considérons, non pas comme des experts professionnels qui cherchent à guérir le client, mais comme des amis spirituels habiles qui accompagnent les clients sur leur chemin de guérison. La qualité de la relation créée par cet état d'esprit est tangible à la fois pour le client et pour tout observateur. C'est l'expression évoluée des principes Hakomi d'unité, d'organicité, de pleine conscience, de globalité et de non-violence. La méthode ressemble alors de moins en moins à une méthode mécanique, de plus en plus à une relation entre humains. Le praticien est en relation avec le client comme une personne avec une autre. C'est la clé de la majorité des expériences manquantes pour la plupart des gens — cette façon aimable et affectueuse d'être vu par l'autre personne et en relation avec elle.

Les quatre caractéristiques principales de la méthode Hakomi sont donc les suivantes :

1. la pratique de la présence bienveillante et tout ce que cela implique ;

2. une attention constante à l'expérience du moment présent (à la fois le quoi et le comment, en utilisant l'expression non verbale, l'émotion, la mémoire, etc. comme sources d'information à propos de l'expérience présente et les indicateurs d'habitudes) ;

3. l'utilisation de petites expérimentations en pleine conscience pour l'étude de soi accompagnée ;

4. l'acheminement le plus tôt possible vers l'expérience manquante et nourrissante vécue dans le corps.

La Nature de l'esprit
et du cerveau

Les états de conscience

Les expressions « état d'esprit » ou « état de conscience » ont une signification beaucoup plus précise aujourd'hui qu'il y a quelques décennies. La recherche neurologique a révélé beaucoup plus précisément dans quels états le cerveau peut se trouver lorsque les gens interagissent. De nombreux livres ont été écrits sur l'interaction entre les soignants et les nourrissons dont ils s'occupent. Les adultes en relation ont également une influence sur l'état d'esprit de chacun. Pour la relation très intime entre un thérapeute et son client, l'état de conscience du thérapeute et le contrôle délibéré de son état d'esprit sont essentiels. L'effet de l'état d'esprit du thérapeute sur le processus de cette méthode est sans aucun doute le facteur le plus important de son succès. Il convient de noter que, sous cet aspect, la méthode est solidement alignée sur les enseignements spirituels les plus universels : l'agape dans le christianisme, la compassion et la pleine conscience dans le bouddhisme, la non-violence et la non-séparation dans les deux.

Ron énumère les états de conscience possibles du thérapeute :

- une façon ordinaire de converser avec quelqu'un — c'est exactement la manière dont les gens parlent normalement ;
- une présence bienveillante, un état à la fois de présence et de compassion ;
- empathique — « Nous ne pouvons rien ressentir de ce qui se passe en dehors de nous, mais en fusionnant

inconsciemment le moi et l'autre, les expériences de l'autre résonnent en nous. Nous les ressentons comme si elles étaient les nôtres ». (de Waal, 2011)

- le silence, un état dans lequel nous sommes en attente, détendus et tranquilles, offrant de l'espace quand le client en a besoin. Dans ses dernières années d'enseignement, Ron Kurtz a enseigné à ses étudiants « l'utilisation judicieuse du silence » ;
- l'observation-recherche, une prise de conscience habituelle des aspects non verbaux du comportement du client. En Hakomi, cela s'appelle « *le suivi étroit (tracking)* » ;
- la modélisation-conception, la capacité à penser et à planifier, à se faire une idée de l'histoire et des croyances du client à partir de l'observation d'indicateurs et de la création d'expérimentations basées sur ces observations ;
- réconfortant, « Le contact corporel réconfortant fait partie de la biologie des mammifères. Il remonte à l'allaitement maternel, à la tenue dans les bras, ce qui explique pourquoi nous le recherchons et le donnons dans des circonstances stressantes. Les gens se touchent et s'étreignent lors des funérailles, dans les hôpitaux autour des proches malades ou blessés, pendant les guerres et les tremblements de terre et après une défaite sportive. » (de Waal, 2011)

Ron énumère également les états de conscience qu'un client pourrait vivre et dont le thérapeute doit être conscient, à l'écoute et avec lesquels il doit être habile.

- conversationnel ;
- anxieux ou nerveux, ce qui est fréquent lors des premières séances ou au début d'une séance ;

- conscient ou hypnogène. Cet état possède la qualité d'un accès facile à l'inconscient, où les barrières entre l'esprit et le corps sont relâchées. *« Ce que l'esprit pense, le corps l'exécute. Ce que le corps ressent, l'esprit l'absorbe. »* (Ford, 1989) ;
- émotionnel, mais non traumatisant ;
- traumatique (pris en otage). Il s'agit d'un état particulier dans lequel le corps et l'esprit sont envahis par un état de peur irrésistible. (Voir Levine ou Ogden) ;
- enfantin, se sentir comme l'enfant qu'on était autrefois, généralement dans une situation dont on se souvient vivement ;
- état de guérison où une séquence spontanée d'événements nous ramène à la plénitude par l'émotion, la prise de conscience et l'intégration, contrôlé principalement par l'inconscient adaptatif.

La conscience comme choix

Quelques citations sur la conscience comme choix :

« *Vous ne pouvez pas faire ce que vous voulez, tant que vous ne savez pas ce que vous faites.* »

(Feldenkrais tel que cité dans Kaetz, 2007)

« *Les sensations qui sont chargées de qualia offrent le luxe du choix. Nous avons donc identifié deux caractéristiques fonctionnelles de la qualia : l'irrévocabilité du côté de l'entrée et la flexibilité du côté de la sortie [...] Il existe une troisième caractéristique importante de la qualia. Afin de prendre des décisions sur la base d'une représentation chargée de qualia, la représentation doit exister suffisamment longtemps pour que vous puissiez travailler avec elle* ».

(Ramachandran, 1988)

De même que l'intelligence a été décrite comme « *ce que vous utilisez lorsque vous ne savez pas quoi faire* » *lorsqu'aucune réponse standard ne suffit, la conscience est également très présente lorsque la situation présente une ambiguïté ou exige des réponses créatives, qui ne peuvent être traitées par un arbre de décision. De nombreuses activités mentales peuvent être gérées par des sous-programmes ; la conscience aide à gérer les*

44

restes (et à créer de nouveaux sous-programmes pour la prochaine fois) ».

(Calvin, 1998)

Les commentaires de Ron sur les citations :

Il n'y a pas que les activités mentales qui peuvent être gérées par des sous-programmes ; beaucoup d'actes physiques peuvent également être des sous-programmes. Certains sont hérités, comme la déglutition. On les appelle des schémas d'action fixes. Ils forment des structures plus complexes appelées schémas d'action généraux.

Les sous-programmes, mentaux ou physiques, ou les combinaisons mentales-physiques, forment des routines plus complexes. Ainsi, à tous les niveaux, si l'on se souvient de Ken Wilber (1995), toute chose est à la fois une partie d'un ensemble plus grand et un ensemble composé de parties plus petites. Ce sont des parties et des ensembles qui s'agencent à part entière. Ce sont aussi des routines et des sous-programmes qui s'opèrent tout au long de la vie. Chaque opération est une sous-routine d'opérations plus importantes et une routine faite de sous-routines plus petites.

Lorsqu'une activité mentale est « gérée par des sous-programmes », il est plus que probable qu'elle soit effectuée sans attention consciente, en dehors de la conscience. Bargh et Chartrand (1999) utilisent le mot « non conscient ». Dans leur article « *The Unbearable Automaticity of Being* », ils décrivent plusieurs expérimentations sur les comportements automatiques. Un livre entier consacré à ce sujet est **Strangers to Ourselves** (Wilson, 2002).[4]

---

[4] Les titres des livres sont écrits en anglais ou en français selon leur disponibilité.

La conscience est limitée

> « *La conscience est limitée parce que le mode de fonctionnement global du système nerveux [...] tente à tout moment d'augmenter son efficacité de calcul tout en réduisant ses efforts généraux de calcul* »...
>
> *(Llinás, 2002)*

La conscience ne peut supporter qu'un certain nombre de charges ou de traitements de l'information. Ce concept est examiné par Sweller sous le nom *Cognitive Load Theory* (la théorie de la charge cognitive) (Sweller 2003). La conscience est sujette à l'épuisement de l'ego. Comme nous l'avons vu plus haut dans la citation de Ramachandran (2002), la conscience a besoin de temps, car des choix alternatifs sont envisagés.

Notre objectif général est de rendre conscientes certaines choses qui étaient inconscientes, d'envisager des choix alternatifs là où il n'y avait que des sous-programmes automatiques.

> « *Vous ne pouvez pas être conscient de ce dont vous n'êtes pas conscient.* »
>
> *(Jaynes. 1994)*

C'est là qu'intervient la pleine conscience.

*« Qu'est-ce qu'on obtient quand on devient
amoureux ?
Vous avez un autre risque d'attraper une
pneumonie.
Et   quand   vous   l'attrapez,
Il   ne   vous   téléphonera   jamais
Je   ne   tomberai   plus   jamais   amoureux.
Je ne tomberai plus jamais amoureux ».*

*(Traduction libre de la chanson de Hal David,
"What do you get when you fall in love ? 1968)*

Quoi penser de cette façon d'interpréter une situation ? On
peut imaginer qu'une personne qui croit à ce concept mental
pourrait héberger un souvenir inconscient d'une expérience
amoureuse et que cette expérience n'a jamais été intégrée et
résolue. L'expérience n'a jamais perdu son influence sur la
personne. L'inconscient adaptatif s'est organisé pour « ne plus
jamais tomber amoureux ». Sans effort délibéré ni expérience
positive corrective pour le contrer, l'expérience longtemps
oubliée reste influente et, comme le dit Pierre Janet (1921),
reste « une irritation ».

Selon la théorie de Janet, certaines expériences dépassent
la capacité d'une personne à synthétiser la réalité en un tout
significatif.

*« Pendant ces périodes de diminution, a constaté
Janet, notre psyché semble perdre une partie de sa
capacité à synthétiser la réalité en un tout
significatif. Si nous sommes confrontés à un
événement traumatique ou émotionnel fort
pendant ces périodes, l'esprit est privé de sa
capacité habituelle à lui donner un sens et à
l'intégrer correctement dans un tout significatif et*

sûr (comme cité dans Ellenberger, 1970, et Rossi & Smith, 1990). Pendant cette diminution, nous avons tendance à être émotionnellement vulnérables et facilement dépassés ; nous pouvons enregistrer les expériences de la vie, mais nous ne pouvons pas les "digérer" correctement. L'expérience émotionnelle flotte dans notre inconscient, non assimilée ; en fait, elle brouille l'engrenage de l'esprit. Janet a émis l'hypothèse que de telles expériences non assimilées pourraient devenir le germe de maladies psychologiques ou psychosomatiques, de schémas de pensée obsessionnels, de phobies — toutes sortes de problèmes de comportement. De nombreux problèmes chroniques, pensait-il, étaient le résultat d'un effort continu et frustré de l'esprit et du corps pour donner un sens à l'expérience perturbante initiale.

Janet pensait qu'il y avait une source physiologique sous-jacente à ces diminutions pendant la journée qui était en quelque sorte associée au stress et à l'épuisement. Un historien médical de cette époque a résumé le point de vue de Janet : "Nous ne connaissons pas la nature exacte des forces psychologiques." Janet n'a jamais douté de la nature physiologique de ces forces et semble avoir cru que le jour viendrait où elles pourraient être mesurées. Il considérait que ces forces étaient, dans une large mesure, liées à l'état du cerveau et des organes [...] et qu'elles diffèrent d'un individu à l'autre. Ces forces peuvent être reconstituées d'une manière ou d'une autre. "Je ne sais pas ce que sont ces réserves, mais je sais qu'elles existent", a déclaré Janet. L'une des principales sources de cette reconstitution est le sommeil ; d'où l'importance

> *pour le thérapeute d'apprendre à son client la*
> *meilleure façon de se préparer au sommeil. On*
> *pourrait en dire autant des différentes techniques*
> *de repos et de détente, de la répartition des pauses*
> *dans la journée, des jours de repos dans le mois,*
> *des vacances dans l'année... »*

(Tel que cité dans Ellenberger, 1970)

Un événement émotionnel fort qui reste non assimilé nécessite un soutien très spécifique pour finalement s'assimiler et que l'individu puisse retrouver un fonctionnement normal. Tout d'abord, l'événement doit être ramené à la conscience. Les procédures initiales de la méthode Hakomi — l'engagement du client, la pleine conscience, les expérimentations — sont conçues pour cela. Une fois que l'événement et les sentiments qui y sont associés ont été activés, les procédures se concentrent sur son intégration, ce qui signifie l'affronter, lui donner un sens et l'assimiler.

Souvent, la présence d'une personne sympathique et attentionnée qui soutient la personne dans la douleur et la confusion de l'événement est un élément important d'un événement émotionnel qui est assimilé ; pour un enfant, il s'agit généralement d'un parent, d'un gardien ou d'un frère ou d'une sœur plus âgés, et pour le client, c'est le thérapeute ou, lorsque je travaille, cela peut être mes assistants.

Lorsque vous soutenez un client pendant la période d'expression et d'intégration émotionnelles, vous pourriez fournir exactement ce qui manquait lors de l'événement initial. Peut-être que les personnes présentes à ce moment étaient à l'origine du problème et de la douleur. Ou bien ils étaient eux-mêmes trop perturbés pour pouvoir offrir ce dont l'enfant avait besoin. Peut-être que personne n'était là pour apporter du réconfort ou — comme Al Pesso me l'a dit un jour — être simplement présent. Il faut toujours que quelqu'un soit là. Lorsqu'une personne (ex. un petit enfant) n'a pas la « capacité de synthétiser la réalité en un tout significatif », elle a besoin de quelqu'un pour l'aider, une personne calme, sympathique, patiente et compréhensive, quelqu'un pour s'occuper d'une âme en souffrance. Lorsqu'un client revit un ancien événement douloureux, votre présence silencieuse et votre gentillesse peuvent lui apporter le soutien nécessaire à sa guérison.

Il a déjà été soutenu que certaines expériences restent « incomplètes » et que les compléter a une valeur thérapeutique. Fritz Perls les a qualifiées « d'affaires incomplètes ». L'idée est là depuis un certain temps. La méthode d'autodécouverte est un processus qui fonctionne avec de telles expériences pour les compléter.

Je vais essayer, dans ce bref article, de donner une description très générale de ce processus. Mais d'abord, deux autres idées qui sont importantes pour notre discussion.

> *« La psychothérapie, comme d'autres formes d'intervention médicale, est maintenant censée être "fondée sur des preuves", et les preuves ne soutiennent pas l'idée que parler des expériences de l'enfance a une valeur thérapeutique. Les recherches montrent que les formes efficaces de psychothérapie sont celles qui se concentrent sur les problèmes actuels des gens, plutôt que sur leur histoire ancienne. »*
>
> *(Rich Harris, 2006)*

Je vais essayer de réconcilier ces deux points de vue — l'idée d'expériences d'enfance non digérées et les données scientifiques démontrant que parler de l'enfance n'aide pas. Mais je voudrais d'abord vous présenter une de mes propres idées concernant les expériences manquantes. Je propose que, lorsque des expériences douloureuses ne se complètent pas, c'est qu'il manquait quelque chose de très général, à savoir le soutien nécessaire à leur complétion. Je m'interroge donc concernant les conditions et les actions qui soutiennent la complétion des expériences douloureuses. Selon moi, les principaux soutiens sont : la sécurité, le temps, la présence d'une personne compétente et compatissante, ainsi que le réconfort physique nécessaire pour contenir l'ensemble du processus de complétion.

La sécurité est nécessaire pour permettre à l'esprit débordé de se replier sur lui-même et de travailler à compléter l'expérience. Ce processus s'appelle l'intégration. Le temps est nécessaire, car l'intégration prend du temps. Ce que nous faisons en Hakomi consiste à démarrer le processus d'intégration de manière à ce qu'il ait de fortes chances d'aboutir ; nous ne complétons pas toujours les expériences non intégrées de longue date en une seule fois. Néanmoins, il suffit parfois d'une bonne séance de thérapie pour lancer un processus qui mène naturellement à une réussite.

Une personne compétente et compatissante est nécessaire, car l'effort initial pour compléter le processus comprend l'effort pour amener l'expérience non intégrée à la conscience, ainsi que celui permettant de contenir les émotions libérées par cette conscience. La méthode Hakomi procède de cette manière.

L'inconscient : Les états du soi

Tout d'abord, un extrait :

> « On peut [...] comparer l'esprit d'un homme à un théâtre d'une profondeur indéfinie dont l'avant-scène est très étroite, mais dont la scène devient plus large en s'éloignant de l'avant-scène. Sur cette avant-scène éclairée, il n'y a de place que pour un seul acteur. Il entre, fait un geste pendant un instant, et sort ; un autre arrive, puis un autre, et ainsi de suite [...] Dans le décor et dans les coulisses arrière, il y a des multitudes de formes obscures qu'une convocation peut amener sur scène [...] et des évolutions inconnues ont lieu sans cesse parmi cette foule d'acteurs ».

(Taine, 1878)

L'analogie est ici faite entre les acteurs qui ne peuvent apparaître qu'un à la fois et les différents états de soi qui sont nombreux, mais qui n'apparaissent également qu'un à la fois. Il se passe beaucoup de choses dans les « coulisses » des états de soi dont on n'a pas conscience. Garder les acteurs dans les coulisses est, selon les termes de Bromberg (2006), une fonction de « dissociation normale ». En cas de traumatisme, la dissociation n'est pas la même, elle entraîne une perte de fonction.

Le client ou le thérapeute, ou les deux peuvent changer d'état et ce changement modifiera la relation interpersonnelle. La transition entre les états de soi ou les états d'esprit est donc un événement important dans la relation thérapeutique et mérite l'attention et la discussion au cours de la séance où elle se produit.

On peut comparer le concept d'états de soi à des schémas adaptatifs unifiés, chacun étant fondé sur et évoqué dans un contexte ou une situation perçue, sans attention consciente aux « permutations » qui se produisent entre les schémas changeants. La psychologie a proposé un certain nombre d'ensembles de sous-personnalités. Ce qui est commun, c'est le concept de la multiplicité du soi ; cependant, dans la plupart des théories, les sous-soi sont en conflit. Selon Philip Bromberg (1998), ils sont juste normalement dissociés, de sorte que nous pouvons jouer nos différents rôles sans confusion. L'écart entre les "acteurs" ou les états de soi qui passent de l'extérieur de la scène à la scène est décrit dans ***Standing in the Spaces : Essays on Clinical Process, Trauma, and Dissociation*** (Bromberg, 1998).

En tant que thérapeutes, nous constatons ces changements et ces écarts lorsque les clients entrent dans des états émotionnels, par exemple à la suite d'une expérimentation. Nous voyons également des acteurs en conflit lorsqu'une affirmation nourrissante, proposée au cours d'une expérimentation, est rejetée. Nous pouvons supposer, dans de tels cas, qu'il existe un schéma d'adaptation qui empêche d'accepter ce type de nourrissement. Nous pouvons également supposer que ce modèle adaptatif a évolué à des fins de protection affective dans une situation qui nécessitait de telles mesures à l'époque.

Voici l'idée de Bromberg sur le traumatisme :

> *"Le traumatisme psychologique peut être considéré de différentes façons. Je le vois comme la perturbation précipitée de la continuité de soi par l'invalidation des schémas de signification qui définissent l'expérience de 'qui on est'."*
>
> *(Bromberg, 1998)*

Remarquer les transitions est une autre façon de suivre le déroulement du processus d'un client. Cela est surtout important lorsque l'on travaille avec les résultats d'une expérimentation. Un changement "d'acteurs" (états de soi) chez le client peut évoquer un changement correspondant chez le thérapeute. Par exemple, lorsqu'une émotion forte se manifeste chez le client, la compassion peut se manifester chez le thérapeute. Lorsque la tristesse survient, on peut y répondre avec une main sur l'épaule. Il faut également répondre à un changement du client vers un état d'enfant en devenant doux et en utilisant des mots qu'un enfant comprendrait. Les émotions et l'état d'enfant ne sont que quelques états de soi parmi tant d'autres. Dans le processus, nous répondons aux changements en contactant la nouvelle expérience du moment présent du client. Bromberg, qui pratique une méthode relationnelle, peut répondre par sa propre expérience ; par exemple, *"Je peux voir à quel point tu es devenu triste et je ressens moi-même une certaine tristesse, rien qu'en le voyant"*. Ce n'est pas une mauvaise approche, je pense.

En s'exerçant à prêter attention à des états de soi changeants, on peut se faire une idée des principes d'organisation plus profonds qui influencent le changement. Par exemple, le sentiment qu'une séance se termine ou que le thérapeute s'ennuie peut inciter un client à poser une question après l'autre ou à devenir très émotionnel ou démonstratif d'une autre manière. Le principe d'organisation pourrait être le suivant : maintenir les gens engagés à tout prix.

Le cas étonnant de notre inconscience

Le Hakomi traite de l'organisation de l'expérience. Pour les personnes qui vivent des expériences — c'est-à-dire vous, moi et tous les autres — cela se produit tout simplement, de manière complète et immédiate. Nous voyons ce que nous voyons sans ressentir ou sentir comment le cerveau crée des images. Nous voyons les formes et les couleurs, nous prononçons des mots et des phrases, nous faisons des centaines de mouvements avec nos yeux, tout cela sans ressentir comment notre cerveau fait ces choses. Toute expérience est le résultat de processus d'organisation complexes du cerveau, des processus qui se déroulent en dehors de la conscience.

1. Tiré de *Who's Minding the Mind* (Carey, 2007)

> *« Les nouvelles études révèlent un cerveau subconscient beaucoup plus actif, déterminé et indépendant que ce que l'on connaissait jusqu'à présent. Les buts, que ce soit manger, s'accoupler ou dévorer un café au lait glacé, sont comme des logiciels neuronaux qui ne peuvent être exécutés qu'un à la fois, et l'inconscient est parfaitement capable d'exécuter le programme qu'il choisit.*
>
> *Nous découvrons que nous avons ces systèmes de guidage comportemental inconscient qui fournissent continuellement des suggestions tout au long de la journée sur ce qu'il faut faire ensuite, et le cerveau y réfléchit et agit souvent, tout cela avant la prise de conscience consciente. »*

Le Dr Bargh a ajouté : « Parfois, ces objectifs sont en accord avec nos intentions et nos buts conscients, et parfois ils ne le sont pas. »

Le Dr Schaller a déclaré « "Parfois, les effets non conscients peuvent être plus importants que les effets conscients parce que nous ne pouvons pas modérer les choses auxquelles nous n'avons pas accès consciemment, et l'objectif reste actif. Le cerveau semble utiliser les mêmes circuits neuronaux pour exécuter un acte inconscient que pour un acte conscient. "

2. Du livre **Strangers to Ourselves** (Wilson, 2004)

« ... la vision moderne de l'inconscient adaptatif est que beaucoup de choses intéressantes sur l'esprit humain — jugements, sentiments, motifs — se produisent en dehors de la conscience pour des raisons d'efficacité, et non de répression. Tout comme l'architecture de l'esprit empêche les processus de bas niveau (par exemple les processus perceptifs) d'atteindre la conscience, de nombreux processus et états psychologiques d'ordre supérieur sont également inaccessibles ».

3. Extrait du livre Comment le cerveau crée notre univers mental (Frith, 2010)

« Nous ne percevons pas l'objet qui se trouve devant nos yeux tant que le cerveau n'a pas fait d'inférences inconscientes sur ce que cet objet peut être. Nous ne sommes pas conscients de l'action que nous allons effectuer tant que le cerveau n'a pas fait un choix inconscient sur ce que cette action devrait être. »

4. Tiré de The Itch (Gawande, 2008)

« De telles découvertes ouvrent une perspective fascinante : peut-être que de nombreux patients que

les médecins traitent comme ayant une lésion nerveuse ou une maladie ont, au contraire, ce que l'on pourrait appeler des syndromes des capteurs. Lorsque le voyant du tableau de bord de votre voiture vous indique qu'il y a une panne de moteur, mais que les mécaniciens ne trouvent rien d'anormal, c'est peut-être le capteur lui-même qui pose problème. Cela n'est pas moins vrai pour les êtres humains. Nos sensations de douleur, de démangeaison, de nausée et de fatigue sont normalement protectrices. Cependant, si elles ne sont pas ancrées dans la réalité physique, elles peuvent devenir un cauchemar. »

5. De l'article The Unbearable Automaticity of Being (Bargh & Chartrand, 1999)

« ... aucun ne l'a dit de façon aussi vivante que le philosophe A. N. Whitehead : 'C'est une vérité profondément erronée, répétée par tous les livres et par d'éminentes personnalités qui font des discours, sur le fait que nous devrions cultiver l'habitude de penser à ce que nous faisons. C'est exactement le contraire. La civilisation progresse en étendant le nombre d'opérations que nous pouvons effectuer sans y penser. Les opérations de la pensée sont comme les charges de cavalerie dans une bataille — elles sont strictement limitées en nombre, elles nécessitent des chevaux frais et ne doivent être effectuées qu'aux moments décisifs. ».

6. Du livre I of the vortex (Llinas, 2002)

« ... le mode de fonctionnement global du système nerveux [...] tente à tout moment d'augmenter son efficacité de calcul tout en réduisant ses frais

> *généraux de calcul [...] Réconfortant ou dérangeant,*
> *le fait est que nous sommes essentiellement des*
> *machines de rêves qui construisent des modèles*
> *virtuels du monde réel. C'est probablement tout ce*
> *que nous pouvons faire avec seulement un kilo et*
> *demi de masse et une faible consommation d'énergie*
> *de 14 watts. »*

7. Extrait de Spinoza avait raison : joie et tristesse, le cerveau des émotions (Damasio, 2008)

> *« Tous les organismes vivants, de l'humble amibe à*
> *l'humain, naissent avec des dispositifs conçus pour*
> *résoudre automatiquement, sans raisonnement*
> *adéquat, les problèmes fondamentaux de la vie. »*

Commentaire sur les références précédentes :

Dans **Who's Minding the Mind** (Carey, 2007), Carey déclare, *« [un cerveau subconscient est] plus actif, plus déterminé et plus indépendant qu'on ne le pensait auparavant. »* Citant le Dr Mark Schaller, psychologue à l'Université de Colombie-Britannique, *« Parfois, les effets non conscients peuvent être plus importants que les effets conscients parce que nous ne pouvons pas modérer les choses auxquelles nous n'avons pas accès de manière consciente, et le but reste actif »*. Les choses durent et durent. L'inconscient adaptatif est actif et normalement inaccessible. Wilson le dit aussi dans **Strangers To Ourselves** (Wilson, 2002). Bien sûr, de nombreuses pratiques spirituelles et méthodes de psychothérapie tentent de surmonter cet état de fait trop normal et d'accéder à l'inconscient adaptatif. Les différences résident dans la manière dont des méthodes variées y parviennent. En Hakomi, nous le faisons en créant et en mettant en œuvre des expérimentations brèves et concises pendant que le client est dans un état de pleine conscience.

Dans **Strangers To Ourselves** (Wilson, 2002), Wilson nous dit que « *les jugements, les sentiments, les motifs se produisent en dehors de la conscience pour des raisons d'efficacité et non de répression* ». La répression se produit, mais ce n'est pas la fonction première de l'inconscient. La fonction première de l'inconscient adaptatif est de conserver la conscience, de la réserver pour des choses qui nécessitent une concentration et une délibération prolongées, des situations pour lesquelles il n'y a pas de réactions habituelles. Lorsque nous essayons de faire prendre conscience de l'activité de l'inconscient adaptatif, nous le faisons en remarquant les comportements habituels et en travaillant à aider le client à les remarquer.

Dans son livre **Comment le cerveau crée notre univers mental** (Frith, 2010) — Frith est l'un des pionniers de l'imagerie neuronale. Il a étudié l'activité du cerveau au moment où les décisions sont prises. Il a découvert que ce que nous faisons n'est généralement pas décidé par une délibération consciente ; le cerveau commence à mettre en œuvre la plupart des comportements avant que nous soyons conscients de ce qui se passe. L'activité momentanée de notre vie quotidienne, dont nous pouvons croire être responsables, est réalisée par des acteurs subconscients sans que nous n'ayons accès à leurs motifs et antécédents. Pensez, si vous voulez, à toutes ces habitudes dont il est difficile de se défaire !

Quand avez-vous pensé pour la dernière fois : « Je crois que je vais me ronger les ongles maintenant ».

Dans **The Itch** (Gawande, 2008), Gawande nous donne le terme de « *syndrome du capteur'* » Nos sensations, dit-il, peuvent devenir « *désamarrées de la réalité physique* ». Il n'y a pas que nos idées qui peuvent être « désamarrées », nos sensations le peuvent aussi ! Nos expériences elles-mêmes. Lorsque cela se produit, elles nous semblent totalement réelles, mais ne sont en fait qu'une sorte de rêve du cerveau.

Comme l'écrit Llinás dans *I of the vortex* (Llinás, 2002), « le cerveau est une machine de réalité virtuelle [...] Considérez que l'état d'éveil est un état onirique (dans le même sens que le rêve est un état semblable à l'état d'éveil) ».

Dans *Spinoza avait raison* (Damasio, 2008), Damasio nomme l'automaticité de la vie elle-même, « *de l'humble amibe à l'humain* » .

Bien sûr, il devait en être ainsi. Le processus d'évolution a résolu « les problèmes fondamentaux de la vie » des milliards d'années avant l'apparition de la conscience. Pensez aux fleurs qui se tournent vers le soleil ! Des solutions biologiques, chimiques, comme l'ADN, qui fonctionnent sans réfléchir, ont été utilisées constamment pendant des milliards d'années. L'évolution est la gardienne de ce qui fonctionne. Lorsqu'elle résout un problème, la solution est utilisée de manière répétée dans des variations et de nouvelles espèces. Nous pouvons nous attendre à ce que même la conscience ait déjà été utilisée auparavant, mais sans doute seulement de la manière très limitée dont nous sommes capables de l'utiliser.

L'inconscient adaptatif

> *« Tous les hommes ont deux raisons pour tout ce qu'ils font : une bonne raison et la vraie raison. »*
>
> *Anonyme*

> *« Une image a émergé d'un ensemble de processus mentaux omniprésents, adaptatifs et sophistiqués qui se produisent largement hors de vue. En effet, certains chercheurs sont allés jusqu'à suggérer que l'esprit inconscient fait pratiquement tout le travail et que la volonté consciente peut être une illusion ».*
>
> *(Wilson, 2004)*

Le livre de Wilson met en lumière le fait que nous sommes beaucoup moins conscients ou consciemment en contrôle que nous le supposons habituellement. Ce qui est nouveau ici, c'est que l'inconscient, l'inconscient adaptatif, n'est pas l'inconscient freudien avec ses forces répressives et ses puissantes et irrationnelles pulsions. Wilson déclare que :

> *« ... la vision moderne de l'inconscient adaptatif est que beaucoup de choses intéressantes sur l'esprit humain — les jugements, les sentiments, les motifs — se produisent en dehors de la conscience pour des raisons d'efficacité, et non pas à cause de la répression. Tout comme*

61

> *l'architecture de l'esprit empêche les processus de niveau inférieur (par exemple, les processus perceptifs) d'atteindre la conscience, de nombreux processus et états psychologiques d'ordre supérieur sont inaccessibles ».*

(Wilson. 2002)

Le livre de Wilson aborde deux questions principales : pourquoi les gens ne se connaissent souvent pas très bien (par exemple, leurs propres personnages, les raisons de leurs sentiments, ou même les sentiments eux-mêmes) ? Et comment peuvent-ils approfondir leur connaissance de soi ?

Comme le Hakomi est une méthode pour acquérir la connaissance de soi, ces deux questions que pose Wilson sont tout à fait pertinentes pour notre travail. Le cœur de notre travail, comme beaucoup de psychothérapies psychodynamiques, est exactement cela : rendre conscients les processus mentaux inconscients. Nous faisons aussi d'autres choses, mais cela est justement le cœur de notre travail.

La description de l'inconscient adaptatif mentionnée ci-dessus : *« des processus mentaux omniprésents, adaptatifs et sophistiqués qui se produisent en grande partie hors du champ de vision »* (Wilson, 2004), fait ressortir une différence significative entre cette vision récente et la vision psychanalytique antérieure. Je pense qu'il s'agit d'une image de l'inconscient très différente des images antérieures. Bien que cela ait commencé à changer avec la prise de conscience par Jung des aspects vastes et positifs de l'inconscient, ce n'est que maintenant que l'on se rend compte qu'il s'agit d'un façonneur d'action et d'expérience omniprésente et automatique. Nous commençons seulement à saisir ce que les traditions contemplatives et méditatives ont toujours su : nous sommes en grande partie automatiques et inconscients. Par exemple, dans son bestseller **Intuition : comment réfléchir sans y penser** (Gladwell, 2005*)*, Gladwell parle de Wilson et de Bargh. Ce fait a toujours été connu dans ces disciplines spirituelles où la méditation et la pleine conscience sont des pratiques centrales. Sans une telle pratique, la vérité de notre automaticité est difficile à réaliser.

Voici comment un maître spirituel décrit la réalisation :

« Quelque part dans ce processus (la méditation), vous vous retrouverez face à face avec la réalisation soudaine et choquante que vous êtes complètement fou. Votre esprit est une maison de fous sur roues, hurlant et baragouinant, qui dévale la colline, totalement incontrôlable et sans espoir. Pas de problème. Vous n'êtes pas plus fou que vous ne l'étiez hier. Il en a toujours été ainsi, et vous ne l'avez jamais remarqué. Vous n'êtes pas non plus plus fou que quiconque autour de vous. La vraie différence, c'est que vous avez fait face à la situation, pas eux. Ils se sentent donc encore relativement à l'aise. Cela ne signifie pas qu'ils sont mieux lotis. L'ignorance est peut-être une béatitude, mais elle ne conduit pas à la libération. Alors, ne laissez pas cette prise de conscience vous déstabiliser. C'est une étape importante en fait, un signe de progrès réel. Le fait même que vous ayez regardé le problème droit dans les yeux signifie que vous êtes sur la bonne voie pour vous en sortir ».

(Gunaratana, 2014)

« L'inconscient n'est pas non plus une entité unique dotée d'un esprit et d'une volonté propres. L'homme possède plutôt un ensemble de modules qui ont évolué au fil du temps et fonctionnent en dehors de la conscience ».

Wilson (2002)

Pour moi (Kurtz), c'est la deuxième grande réalisation. Nous sommes « modulaires ». Un exemple simple est le système visuel. Il comporte plus de cinquante circuits neuronaux séparés, chacun ayant un rôle particulier dans la création de ce qui apparaît dans la conscience comme une image visuelle unifiée, intégrée et stable. La quantité de traitement nécessaire pour créer cette image est prodigieuse et extrêmement complexe. Pourtant, nous ne sommes normalement conscients de rien d'autre que du résultat.

Un autre exemple est donné par les théories de la personnalité qui parlent de sous-personnalités ou de « parties ». (Schwarz, 1995). Plusieurs livres examinent ce que certains troubles neurologiques révèlent sur la modularité du cerveau et du système nerveux. Deux d'entre eux sont *Le fantôme intérieur* (V. S. Ramachandran, 2002) et *Altered Egos : How the Brain Creates the Self* (Todd E. Feinberg 2001).

L'automaticité est nécessaire et c'est pourquoi tant de choses se passent en dehors de la conscience.

> « *La conscience est un système à capacité limitée, et pour survivre dans le monde, les gens doivent être capables de traiter un grand nombre d'informations en dehors de la conscience.*
>
> *... beaucoup de choses intéressantes à propos de l'esprit humain — jugements, sentiments, motifs — se produisent en dehors de la conscience pour des raisons d'efficacité, et non pas à cause de la répression* ».
>
> *(Wilson, 2002)*

L'inconscience est le résultat de notre besoin de conserver la conscience. Wilson déclare également que « *de nombreux processus et états psychologiques d'ordre supérieur sont inaccessibles »*. Bien sûr, c'est vrai et le système visuel en est un bon exemple. Mais pour notre objectif, qui est d'amener le matériau inconscient à la conscience, nous devons être plus précis sur ce qui est accessible et ce qui ne l'est pas. Lorsque nous évoquons une réaction en faisant une expérimentation avec le client en pleine conscience, le résultat est généralement une réaction dont le client se rend compte. Cette réaction n'est ni délibérée ni intentionnelle. Lorsqu'elle est remarquée, c'est un cas d'observation automatique. Elle a néanmoins un but. Il s'agit d'une action entreprise par l'inconscient adaptatif. C'est l'adaptation en action. Et il peut très bien s'agir d'une adaptation à une situation de vie beaucoup plus ancienne, une situation avec peu ou pas de réalité actuelle.

Si une émotion est ressentie, elle peut être active bien que le client n'en soit pas conscient.

Nous pouvons alors dire que nous avons accédé à l'inconscient adaptatif ou, du moins, que nous avons observé son activité (voir Damasio, 2008). Si la réaction est une pensée ou un souvenir qui a façonné l'expérience du client sans que celui-ci en soit conscient, alors là encore, nous avons accédé à l'inconscient adaptatif. Nous évoquons souvent des souvenirs longtemps enfouis et des pensées surprenantes, qui ont été actifs en dehors de la conscience et qui ont façonné à la fois les actions et les expériences. L'histoire du client le confirme souvent. De cette façon, nous accédons à l'inconscient adaptatif. Une partie de ce à quoi nous accédons apparaît de manière immédiate et temporaire. D'autres sont des structures mentales et des habitudes plus envahissantes qui ont façonné des vies entières. Je pense que Wilson pourrait en être convaincu, s'il était témoin du travail que nous faisons. La puissance de ce travail est exactement ceci : un accès rapide et précis.

> *« La répression n'est peut-être pas, cependant, la raison la plus importante pour laquelle les gens n'ont pas un accès conscient aux pensées, aux sentiments ou aux motifs. Les implications de ce constat pour accéder à l'inconscient ne peuvent pas être sous-estimées et elles sont un sujet majeur de ce livre. »*
>
> *(Wilson, 2004)*

L'inconscient n'est pas là uniquement pour réprimer (même s'il peut le faire et le fera parfois !). Le résultat est le suivant : il devrait être beaucoup plus facile d'accéder à l'inconscient que ne le laisse entendre la théorie de la répression. Si la raison principale de l'inconscient adaptatif est la conservation de la conscience, avec les conditions appropriées — comme la concentration intérieure et passive de la pleine conscience — il devrait être alors relativement facile d'accéder au matériau fondamental. C'est exactement ce que nous trouvons.

> *« ... une bonne partie de la perception, de la mémoire et de l'action humaine se produit sans délibération ou volonté consciente... »*
>
> *(Wilson, 2004)*

La délibération, selon Ramachandran (2002), consiste à faire un choix parmi un ensemble d'options et c'est la principale fonction de la conscience.

> *« Les gens développent des "tendances de pensée" habituelles qui sont inconscientes ».*
>
> *(Wilson, 2004)*

C'est ce que j'appelle des croyances implicites. Ce sont des éléments importants du matériau de base.

« L'inconscient adaptatif est donc plus qu'un simple portier, qui décide quelles informations à admettre dans la conscience. C'est aussi un "doreur d'image" qui interprète les informations en dehors de la conscience [...] les événements dans l'environnement peuvent déclencher des objectifs et orienter notre comportement complètement en dehors de la conscience [...] L'inconscient adaptatif joue donc un rôle exécutif majeur dans notre vie mentale ».

Wilson (2004)

L'inconscient adaptatif dirige. C'est un grand exécutant. Il est actif et peut être tout à fait indépendant de l'intention consciente. Pensez au syndrome de la main étrangère.

« Notre inconscient développe des façons chroniques d'interpréter les informations de notre environnement. »

(Wilson, 2004)

On saute d'abord et on pense « serpent » après. Presque immédiatement après, nous réalisons : « Oh, ce n'est qu'un morceau de corde. » Mais nous avons déjà sauté et nous avons eu une poussée de peur. Nous ne nous sommes pas du tout arrêtés pour réfléchir. Tout s'est passé sans délibération ni décision consciente. Alors, qui a dit que c'était un serpent ? C'est l'inconscient adaptatif qui l'a dit. Savait-il que c'était un serpent ? Non ! Il ne pouvait pas le savoir ; ce n'était pas un serpent. Il a interprété l'image perçue comme un serpent et il a immédiatement décidé de s'écarter du chemin. Il l'a fait sans savoir consciemment que l'interprétation ou la décision était prise. Le sauteur devient conscient à mi-chemin du saut, peut-être même plus tard.

Pourtant, dans la plupart des cas, il est préférable de penser qu'une corde est un serpent plutôt que de penser qu'un serpent est une corde. Bien sûr, il n'y a pas de réflexion du tout si l'inconscient adaptatif le manipule et c'est là le problème. Vous pensez que vous allez juste faire votre promenade du soir et vous vous surprenez à vous retrouver chez votre ancienne petite amie. Blaise Pascal l'a dit de façon poétique : « *Le cœur a ses raisons que la raison ignore.* » Ou bien vous avez une longue conversation interne avec quelqu'un avec qui vous êtes vraiment en colère [...] pendant que vous conduisez pour aller au travail. Qui fait attention aux feux de circulation et aux voitures qui vous entourent ? Qui conduit ? Ce n'est pas cette personne consciente et délibérée que vous considérez comme vous-même. Maintenant, je suis sûr que vous le savez. Ce sont vos habitudes de conduite, bonnes ou mauvaises.

Le matériau fondamental tel que les émotions, les souvenirs et les croyances implicites ont certainement une influence sur les interprétations non conscientes. Une façon simple de travailler avec les interprétations est de proposer une déclaration pendant que le client est conscient et de lui demander de remarquer comment il interprète ce que vous dites. « *Qu'est-ce que je semble dire quand je vous dis...* » et ensuite faire la déclaration.

> « *Les jugements et les interprétations des gens sont souvent guidés par une préoccupation tout à fait différente, à savoir le désir de voir le monde de la manière qui leur donne le plus de plaisir — ce que l'on pourrait appeler le critère du "bien se sentir" [...] les gens se donnent beaucoup de mal pour voir le monde d'une manière qui leur procure un sentiment de bien-être [...] Quand il s'agit de maintenir un sentiment*

de bien-être, chacun d'entre nous est l'ultime
"doreur d'image". »

(Wilson, 2004)

Dans son livre primé, **The Logic of Failure** (Dörner, 2007), Dietrich Dörner décrit les recherches démontrant qu'une des raisons importantes pour lesquelles les gens ne parviennent pas à résoudre des problèmes complexes est la forte tendance à maintenir un sentiment de compétence. En raison de cette tendance à protéger et à procurer un sentiment de bien-être, une grande partie de ce qui cause des souffrances inutiles est, paradoxalement, motivée à faire le contraire. En travaillant avec des « parties » ou des sous-parties du soi, nous pouvons supposer qu'ils agissent tous dans ce qu'ils croient être le meilleur intérêt du client. Le comportement de ces parties implique certaines croyances (tout comme le fait de sauter implique une croyance en un serpent). Un exemple qui se présente en thérapie serait une personne réagissant avec incrédulité lorsque quelqu'un lui offre de l'amour. Cette réaction est une protection contre une éventuelle blessure, si cet amour est faux ou s'il est perdu. Et la croyance implicite est la suivante : accepter l'amour est dangereux pour cette raison, cela pourrait entraîner une blessure. Et vous pouvez parier qu'il y a un ou deux souvenirs de ce qui s'est passé exactement.

> *« Ce qui nous fait nous sentir bien dépend de notre culture, de notre personnalité et de notre niveau d'estime de soi, mais le désir de se sentir bien, et la capacité de répondre à ce désir sans y réfléchir consciemment sont probablement universels...*
>
> *... Avant d'envisager la meilleure façon d'obtenir la connaissance de soi, nous devons au moins explorer si le fait de se connaitre fait une différence. La connaissance de soi (la prise de*

69

conscience de choses auparavant inconnues sur soi-même) change-t-elle quelque chose ? La personne qui a une connaissance limitée des raisons de ses actes, par exemple, se comporte-t-elle différemment de celle qui a une grande connaissance de soi ? »

(Wilson, 2004)

Bien sûr, la perspicacité fait la différence. Les gens changent. Ils changent ce qu'ils peuvent vivre et ils changent le sens qu'ils donnent aux événements. Ces changements, lorsqu'ils sont mis en œuvre avec succès, deviennent les nouvelles opérations de l'inconscient adaptatif. Ce sont les changements que nous nous efforçons d'initier et de renforcer.

« Peut-être que le meilleur usage de la conscience est de nous mettre dans des situations où notre inconscient adaptatif peut fonctionner sans heurts. Le meilleur moyen d'y parvenir est de reconnaître nos besoins et nos traits de caractère non conscients et de planifier en conséquence ».

(Wilson, 2004)

Cela semble faire partie d'un nouveau mouvement en psychologie, appelé « psychologie positive ». Martin Seligman a écrit un livre intitulé ***Authentic Happiness*** (2002). Sa thèse est que nous avons des forces personnelles et des gammes limitées de ce que nous pouvons être. Le bonheur consiste à utiliser nos forces et à « gérer » nos limites. D'autres livres qui traitent de ce sujet sont ***The Biology of Belief*** (Lipton, 2005), ***Genuine Happiness***, ***Meditation as the Path to Fulfillment*** (B. Alan Wallace) et ***Sa Sainteté le Dalaï Lama*** (2005).

« La pensée automatique a cinq caractéristiques qui la définissent : elle est non consciente, rapide, non intentionnelle, incontrôlable et sans effort [...] nous pouvons définir l'automaticité comme une

pensée qui satisfait à tous ces critères ou à la plupart d'entre eux ».

(Wilson, 2004)

Il est bon de se souvenir de ces cinq caractéristiques. Lorsque nous regardons si les clients réagissent et que nous les écoutons nous faire part de leurs réactions, nous pouvons garder ces cinq caractéristiques à l'esprit.

- Non conscient. Souvent, nous pouvons voir des signes physiques de réactions que le client ne remarque pas :
- Rapide. Nous recherchons ce qui se passe immédiatement. Lorsque nous faisons une expérimentation, nous disons : « Veuillez me dire votre réaction immédiate lorsque… » ;
- Non intentionnelle. Les clients sont souvent surpris de leurs réactions. C'est un bon signe ;
- Incontrôlable. Des émotions douloureuses peuvent survenir spontanément et la répétition d'une expérience entraîne souvent exactement la même réaction ;
- Sans effort. Il est plus probable que l'on déploie des efforts pour essayer de contrôler la réaction après qu'elle ait commencé à se produire. Ces réactions ne comportent pas l'expérience de ce que l'on peut appeler la volonté consciente.

« ... Une fois qu'une corrélation est apprise, le système non conscient a tendance à la voir là où elle n'existe pas, devenant ainsi plus convaincue que la corrélation est vraie [...] L'esprit non conscient peut sauter assez rapidement aux conclusions ».

(Wilson, 2004)

L'inconscient adaptatif est construit pour la vitesse, celle qui fonctionne dans la jungle (où les serpents ne sont pas des cordes) et vous sauve les fesses.

« Selon Mischel, la personnalité est mieux conçue comme un ensemble de variables cognitives et affectives uniques qui déterminent la façon dont les gens interprètent la situation. Les gens ont des façons chroniques d'interpréter et d'évaluer différentes situations, et ce sont ces interprétations qui influencent leur comportement ».

(Tel que cité dans Wilson, 2004)

Je préfère maintenant cette façon de penser à propos des gens. Je n'utilise plus beaucoup le système des structures de caractères. Je trouve que l'observation du comportement actuel et la supposition de croyances implicites à partir de ces observations sont plus variées, plus précises et plus utiles. Je pense que Mischel (1968) a raison : c'est en fait comme cela que la personnalité fonctionne dans le monde réel. Un bon livre à lire est **Why They Kill** (Rhodes, 1999). Ils tuent, dit-il, parce qu'ils interprètent la situation comme nécessitant de tuer. On leur a appris à interpréter certaines situations de cette façon. Ma thèse centrale est que la personnalité humaine réside à deux endroits : dans l'inconscient adaptatif et dans les interprétations conscientes du moi. L'inconscient adaptatif répond à la définition de la personnalité d'Allport (1954) : *« L'organisation dynamique, au sein de l'individu, des systèmes psychophysiques qui déterminent son comportement et sa pensée caractéristiques ».* L'inconscient adaptatif a des manières caractéristiques et distinctes d'interpréter l'environnement social, ainsi que des motifs stables qui guident le comportement des gens [...] Ces dispositions et ces motifs sont mesurables par des techniques indirectes plutôt que par des questionnaires d'autoévaluation.

« Mais le moi conscient répond également à la définition d'Allport. Parce que les gens n'ont pas d'accès direct à leurs dispositions et motifs non conscients, ils doivent construire un moi conscient à partir d'autres sources. Le moi construit est constitué d'histoires de vie, de moi possible, de motifs explicites, de théories sur soi-même et de croyances sur ses sentiments et ses comportements. Curieusement, ces deux moi semblent être relativement indépendants. Il est de plus en plus évident que le moi interprété des gens ne correspond guère au moi non conscient ».

(Wilson, 2004)

Premièrement, vous pouvez voir pourquoi les questions ne sont pas le moyen d'atteindre l'inconscient. Posez une question, vous obtiendrez une réponse « interprétée ». Vous voulez utiliser des expérimentations — qui est juste une meilleure façon de poser des questions — si vous voulez parler à l'inconscient adaptatif. Deuxièmement, il existe deux types de moi, conscient et non conscient. Dans ce travail, nous communiquons intentionnellement avec l'inconscient adaptatif, par le ton de notre voix et en contactant les expériences et les actions qui sont contrôlées par lui.

La nature de la croyance

1. Le cerveau est une machine de réalité virtuelle

« *Considérez que l'état d'éveil est un état onirique (au même sens que le rêve est un état d'éveil) guidé et façonné par les sens, alors que le rêve régulier n'implique pas du tout les sens. Bien que le cerveau puisse utiliser les sens pour appréhender la richesse du monde, il n'est pas limité par ces sens ; il est capable de faire ce qu'il fait sans aucune intervention sensorielle. La nature du cerveau et ce qu'il fait font du système nerveux un type d'entité très différent du reste de l'univers. Il est, comme on l'a dit à plusieurs reprises, un émulateur de réalité...*

... Réconfortant ou dérangeant, le fait est que nous sommes essentiellement des machines de rêves qui construisent des modèles virtuels du monde réel. C'est probablement tout ce que nous pouvons faire avec seulement un kilo et demi de masse et une "faible" consommation d'énergie de 14 watts ».

(Llinás, 2002)

2. Expériences sur l'hypnose

Ernst Hilgard a fait de nombreuses expériences sur l'hypnose, dont une avec une personne aveugle. Hilgard a induit une surdité hypnotique chez cet homme et a procédé à un test d'efficacité en faisant des bruits forts et soudains. Il a également observé et mesuré ses réactions. Avec tous ces stimuli, il n'y a pas eu de réactions notables.

Dans la deuxième partie de l'expérience, Hilgard a dit au même sujet hypnotisé : « *Peut-être y a-t-il une partie de toi qui entend ma voix et traite l'information. Si c'est le cas, je voudrais que l'index de ta main droite se lève pour indiquer que c'est le cas »* (Hilgard, 1977, p. 186). L'index droit s'est immédiatement levé. Au réveil de l'état d'hypnose, Hilgard a demandé au sujet si quelque chose d'inhabituel s'était produit. L'homme a répondu que la seule chose qu'il avait remarquée était qu'à un moment donné, son index s'était levé de façon inattendue et spontanée. Hilgard a émis la théorie que cela indiquait qu'il existait un observateur caché, opérant en dehors de la conscience. C'est une preuve crédible de la réalité de l'inconscient adaptatif.

3. Le système de socialisation selon Judith Rich Harris

Les trois systèmes de personnalité, selon Harris, sont les systèmes de développement, de socialisation et de statut. Elle montre, à l'aide de recherches, comment la personnalité (ce qui signifie pour nous les habitudes et les croyances qui régissent le comportement automatique) est principalement le résultat de deux facteurs, la génétique et la socialisation (ce qui signifie principalement l'influence de son groupe de pairs). Nombre des croyances qui régissent notre comportement sont enseignées par la culture et soutenues par nos pairs. Je recommande vivement son livre ***No Two Alike*** (Harris, 2006) ainsi que ***The Blank Slate : The Modern Denial of Human Nature*** (Pinker, 2002).

4. Réalité implicite : Croyances implicites en action

> *« La mémoire implicite [parfois appelée mémoire procédurale, parfois mémoire émotionnelle] implique des parties du cerveau qui ne nécessitent pas de traitement conscient lors de l'encodage ou de la récupération. Lorsque la mémoire implicite est récupérée, les profils du réseau neuronal qui sont réactivés impliquent des circuits dans le cerveau qui sont une partie fondamentale de notre*

> *expérience quotidienne de la vie : les comportements, les émotions et les images. Ces éléments implicites font partie du fondement de notre perception subjective de nous-mêmes : nous agissons, nous ressentons et nous imaginons sans reconnaître l'influence de l'expérience passée sur notre réalité présente ».*

(Siegel, 1999)

J'ai remarqué que les grands moments d'une thérapie sont ceux où le client réalise une croyance importante sur lui-même et sur son monde qu'il ne savait pas qu'il avait. Ces croyances sont souvent implicites et reflètent une réaction à une expérience fondamentale. Ces réactions se transforment en habitudes pour faire face à toutes les situations similaires. Étant implicite, la croyance n'est normalement pas accessible à la conscience. En fait, il s'agit d'une idée incontestée sur la nature de la réalité. J'ai parlé de ces croyances comme étant des croyances fondamentales, si bien que l'habitude qu'elles ont prise n'est jamais remise en question. Elles opèrent en dehors de la conscience. Elles constituent le monde que nous assumons, sans savoir que nous l'assumons. Elles sont le cadre de référence que nous avons adopté il y a longtemps et dans lequel nous sommes encore immergés. Au mieux, nous avons seulement un vague pressentiment que nous avons quelque chose à voir avec leur création.

Le travail d'autodécouverte accompagnée consiste à rendre conscientes ces croyances et réalités normalement implicites. Lorsque les croyances implicites sont erronées ou très négatives — provoquant des pensées négatives et des émotions douloureuses — elles entraînent inévitablement de la souffrance. Parce que les croyances sont erronées, lorsque la vérité est plus positive, la souffrance est inutile. Étant implicites, elles sont également difficiles à réaliser, à remettre en question ou à changer. Ces croyances définissent qui nous sommes. Pour un thérapeute Hakomi, les croyances implicites doivent être supposées à partir du comportement, des gestes, des expressions faciales et d'autres signes d'organisation, signes que l'on appelle des indicateurs.

Nous sommes des machines à rêveries et ces croyances sont ce que nous rêvons que nous sommes. Les clients, dans les moments les plus importants de leur travail thérapeutique, découvrent qui ils rêvent d'être et le monde dans lequel ils rêvent vivre. Ils sont surpris de découvrir que ces rêves peuvent être révisés. Le travail que nous faisons aide les gens à changer leurs réalités implicites. Bien sûr, une fois qu'elles sont conscientes, elles ne sont plus implicites, et étant conscientes, elles peuvent être remises en question et renégociées. La réalité d'une personne, pour qui chaque instant inconscient semble être le sol même sur lequel elle se tient, s'avère n'être qu'une plate-forme et non la vraie, la bonne terre. De telles découvertes font tournoyer l'esprit. L'intégration est le processus par lequel le tournoiement s'arrête et nous nous tenons fermement sur un nouveau terrain.

Ainsi, nous pouvons demander à nos clients : « *Quelles sont vos réalités implicites ? Dans quels mondes vivez-vous ? Et, qui êtes-vous dans ces mondes ?* » La découverte de soi apporte des réponses à ces questions.

Les croyances implicites et les règles

> *« Les enfants apprennent une grammaire mentale en écoutant une langue (les enfants sourds en observant la langue des signes). Ils acquièrent des associations ainsi que des mots nouveaux, et un ensemble d'associations fantaisistes constitue la grammaire mentale d'une langue particulière. Dès l'âge de dix-huit mois environ, les enfants commencent à comprendre les règles locales et finissent par les utiliser dans leurs propres phrases. Ils peuvent ne pas être capables de décrire les parties du discours ou de schématiser une phrase, mais leur "machine à langage" semble tout connaître de ces questions après un an d'expérience ».*

> *(Calvin, 2000)*

Un enfant ordinaire développe très tôt des habitudes de langage basées sur les schémas de la langue qui lui est parlée ou qu'il entend dans son entourage. Plus tard, l'enfant peut aussi apprendre, sous forme de faits, les noms des règles de grammaire qui décrivent ces schémas. Il peut même avoir une réflexion critique sur ces règles. Dans ce cas, il utilise une partie différente de son cerveau que celle utilisée pour apprendre les schémas au départ. Même s'il n'apprend pas les règles de grammaire comme des faits et n'est pas capable d'y réfléchir, il est toujours capable de parler la langue qui les utilise. Il les connaît implicitement. Il existe deux très différents types d'apprentissages, l'un où les modèles sont reconnus et les habitudes sont développées sans pensée ni mémoire verbale, et un second type qui pense sous forme de mots aux choses et s'en souvient comme des faits. Toute personne qui étudie les gens et les autres animaux ne peut pas passer à côté de ces différences.

Chaque enfant apprend également les schémas de relations dans lesquels il est intégré. Sans y penser avec des mots, il apprend à s'attendre à tout ce qui fait partie de son monde. Il apprend à gérer son monde du mieux qu'il peut et ses façons de faire deviennent les habitudes de base qui donnent la forme que prend sa vie et sa personne.

Ce modelage commence avant même sa naissance. Les conditions dans l'utérus, les émotions de la mère qui le porte, tout cela a un effet. Plus tard dans la vie, il peut aussi apprendre à décrire ces choses comme des faits, en mots et en phrases. S'il fait l'effort, peut-être par la méditation ou par une psychothérapie, il peut aussi en arriver à découvrir et à comprendre consciemment les règles et les convictions implicites qui organisent qui il est et ce qu'il peut vivre. Grâce à ce processus de découverte et à tout le travail qu'il implique, il peut être en mesure de changer profondément, de manière à s'ouvrir à un nouveau monde plus nourrissant, un monde qui a toujours été là, mais dont ses schémas fondamentaux l'ont empêché de faire partie. S'il ne découvre pas les règles, il y a peu de chances qu'il change beaucoup.

J'ai vu un vieil ami récemment, après quarante ans d'absence de contact. Nous sommes maintenant dans la soixantaine. Sa façon de communiquer n'avait pas du tout changé. Il était la même personne que celle avec qui j'allais à la maternelle, à l'école publique et au lycée. Ce n'est pas que j'aurais voulu qu'il soit différent, c'est juste que je pouvais voir à quel point « l'habitude de qui il est » avait été stable.

La tâche principale de la psychothérapie expérientielle est la découverte de soi. Nous travaillons pour aider les gens à prendre conscience et à comprendre les habitudes qui contrôlent leur expérience. Ces habitudes peuvent également être considérées comme des règles implicites. Les amener à la conscience signifie que non seulement nous remarquons les actions et les émotions qu'elles engendrent, mais que nous apprenons aussi à en parler avec des mots. Nous leur donnons un nom. Nous le faisons dans le cadre du processus de leurs transformations, d'un changement des règles. Lorsque celles-ci changent, l'expérience que les gens ont d'eux-mêmes, des autres et du monde dans lequel ils vivent change également. C'est ce que signifie la croissance personnelle et spirituelle. D'autres tâches font partie de la thérapie, mais la découverte est la plus essentielle.

On peut parler d'habitude comme d'une règle, et la règle peut être décrite comme une croyance ou une conviction. Une habitude d'être amical ou de rechercher les autres, avec tous les sentiments qui l'accompagnent, pourrait impliquer une règle comme : « éviter d'être seul ». La croyance qu'elle implique pourrait être : « la proximité est agréable ». Elle devient une conviction lorsqu'elle est maintenue fermement. Pour nous, cela signifie simplement qu'elle est associée à des émotions fortes.

Ces habitudes, règles et convictions fonctionnent normalement en dehors de la conscience. Elles agissent comme des principes d'organisation et des idées motivantes. Tous ces termes — principes, règles, croyances convictions — expriment une sorte de conscience qui n'existe généralement pas. La pensée délibérée et consciente n'est pas là. Ce sont toutes des structures profondes de l'esprit, apprises par l'expérience, conservées dans une mémoire implicite. Comme les règles de grammaire, elles agissent rapidement, sans y penser. Les habitudes sont nécessaires à la fois à notre sens de l'identité et à notre fonctionnement normal. Les réactions sont nécessaires dans le monde réel, où le temps est compté et où la pensée peut être un obstacle. Glisser sur la glace n'est pas un problème philosophique.

Ces structures profondes de l'esprit ne sont pas des croyances explicites ; ce sont des croyances « comme si tel était le cas ». Comme elles ont été acquises par des expériences émotionnellement significatives, nous pouvons les appeler des convictions. Les croyances peuvent ou non être associées à des émotions. Les convictions sont toujours associées à des émotions. Si nous écoutons et recherchons les expressions non verbales des convictions, nous pouvons utiliser ces expressions pour évoquer les émotions et les convictions qui y sont associées. En observant les gens, nous pourrions dire qu'ils agissent comme s'ils avaient diverses convictions, malgré qu'ils ne sont pas toujours capables de les exprimer en mots. Le comportement de la personne, cependant, peut suggérer quelles sont ces convictions ou même les rendre apparentes pour un observateur averti.

Par exemple, certaines personnes ne s'attendent presque jamais à ce que les autres les aident. Dans la plupart des cas, c'est parce qu'elles sont convaincues — encore une fois, sans le savoir — que les autres ne les aideront pas — elles s'attendent à ce que vous soyez fort et que vous le fassiez vous-même. En thérapie, cette conviction se manifeste lorsque le client travaille sans demander grand-chose au thérapeute. Le client réfléchit en silence et fait très peu de commentaires sur son expérience. C'est comme si le client ne s'attendait pas à ce que le thérapeute s'intéresse ou se soucie de lui. En observant un client présentant ce schéma, on peut avoir diverses hypothèses : *il ne s'attend pas à être aidé, il croit qu'il doit tout faire seul, il est fondamentalement seul, les autres le décevront toujours, il n'est pas bon d'être redevable aux autres, avoir des besoins est un signe de faiblesse, il est un fardeau pour les autres.* Les gens ont ce genre de convictions !

Il peut s'agir de n'importe laquelle de ces convictions ou d'une combinaison de plusieurs d'entre elles. Un thérapeute expérimenté peut détecter de telles convictions.

La plupart des gens ont des comportements qui sont régis par des règles dont ils ne sont pas conscients, auxquelles ils n'ont pas pensé et qu'ils ne comprennent pas. Un observateur intéressé, cependant, peut facilement avoir des idées sur les règles qui sous-tendent ces modèles. Dans l'exemple ci-dessus, un thérapeute peut remarquer certains comportements : le client considère les choses en silence sans engager le thérapeute dans le processus, ou le thérapeute peut même commencer à se sentir exclu. Un thérapeute formé à la réflexion sur les expressions non verbales du matériau fondamental aurait rapidement des idées sur l'autonomie, les faiblesses à éviter, le fait de grandir trop vite et des choses de ce genre.

Penser à ces croyances « comme si elles étaient explicites » aide les thérapeutes à comprendre le développement et le comportement de leurs clients et la façon dont ils organisent leurs expériences. Par exemple, un client pourrait organiser ses besoins de manière à éviter toute faiblesse. La compréhension de ces éléments aide les thérapeutes à sensibiliser leurs clients. Chez la plupart des gens, ces influences organisatrices ne sont pas plus conscientes que les principes d'organisation qui régissent la pratique du vélo. Pensez à ceci : les chimpanzés peuvent apprendre à faire du vélo en utilisant les mêmes principes sans jamais avoir à en parler.

Nous parlons correctement. Nous connaissons instinctivement la grammaire, sans nécessairement connaître les faits de la grammaire. Même si la plupart d'entre nous ne peuvent pas nommer toutes les règles de cette grammaire, nous parlons correctement. Donc, dans un certain sens, nous connaissons les règles. Mais savoir comment faire n'est pas la même chose que la connaissance des faits. Ce n'est pas le même type de conscience. Ce n'est pas dans les mots. C'est implicite. Ce n'est pas une pensée, ce n'est pas une croyance consciente. Pourtant, nous agissons exactement comme si nous croyions. Les croyances sont implicites.

Nous avons également des relations entre nous selon des règles implicites. Nous avons des relations comme si nous croyions à certaines choses générales sur les gens ou sur nous-mêmes. Nous avons des croyances implicites sur le type de monde dans lequel nous vivons et sur les règles auxquelles nous devons nous conformer en tant que personnes dans ce monde. Nous suivons ces règles pour établir des relations, encore une fois, sans pouvoir les énoncer. Elles ne sont pas stockées dans nos esprits et nos cerveaux comme des faits. Elles font partie des nombreuses choses que nous avons apprises au cours de nos expériences et interactions tout au long de notre vie. Elles sont apprises grâce à la méthode héritée et très évoluée de la reconnaissance des formes. (voir Siegel, 1999 et Lewis et coll., 2001) Ce type d'apprentissage et de connaissance est aussi vieux que la vie elle-même, infiniment plus vieux que les mots et les pensées. C'est le savoir qui dirige notre vie émotionnelle et relationnelle.

En tant que psychothérapeutes corporels, nous observons attentivement les expressions non verbales, les postures, les expressions faciales, les gestes, les schémas de mouvement et les schémas relationnels généraux de nos clients. Nous « lisons » tout cela pour ce que cela révèle des règles sous-jacentes, des expériences qui les ont créées et de la façon dont elles continuent à façonner l'expérience actuelle. Nous recherchons des indicateurs des croyances fondamentales du client. Presque toujours, ces quasi-règles font partie de notre vie depuis l'enfance. Comme nous les avons appris très tôt, elles ont également les qualités des croyances d'un enfant : elles sont simples, trop généralisées et souvent inexactes en dehors de ce qui était le monde immédiat de cet enfant. Étant inexactes et non disponibles en tant qu'idées pouvant être examinées, remises en question et modifiées, elles entraînent des souffrances inutiles.

Une partie du réseau cérébral, y compris le système limbique, contient les souvenirs de cet apprentissage relationnel (voir Panksepp, 2004 ou Schore, 2008). Ce type de mémoire est appelé mémoire implicite. Les souvenirs des événements au cours desquels cet apprentissage relationnel a eu lieu sont associés à des émotions et des images fortes. Pour la personne qui croit implicitement que « personne ne l'aidera », les souvenirs d'avoir été laissée seule pour prendre soin d'elle-même sont douloureux à se remémorer. Le besoin d'autrui est soustrait à la conscience. Une partie du cerveau s'en assure. « *Je ne tomberai plus jamais amoureuse !* » Dans la méthode Hakomi, ces émotions, souvenirs et images associées sont appelés « matériau fondamental ». Lorsque ce matériau fondamental émerge dans la conscience d'un client, il apparaît généralement d'abord sous la forme d'une émotion douloureuse, d'un souvenir douloureux ou d'une image visuelle.

Les règles implicites de la relation sont apprises tôt et elles sont simples. Elles n'ont pas été rendues complexes par la pensée conceptuelle. Lorsqu'elles sont rendues conscientes, elles peuvent être énoncées dans des phrases très simples. Bien que le comportement des adultes puisse être et est assez complexe dans la plupart des cas, les règles sous-jacentes sont simples. Ce sont des règles comme celle que j'ai déjà mentionnée : « *personne ne m'aidera* ». Voici d'autres exemples : « *Je ne suis pas aimable* », « *Personne ne me comprend* », « *Les gens me feront du mal* », « *Je dois faire plaisir à tout le monde* ». Les exemples sont nombreux, mais peu sont plus complexes que ceux-ci.

Des règles simples donnent naissance à des systèmes de comportement très complexes. C'est l'une des principales découvertes de la théorie de la complexité (l'itération répétée d'une formule, même très simple, peut donner naissance à quelque chose d'aussi infiniment complexe que l'ensemble de Mandelbrot). Comme le souligne Johnson (2001), les fourmis individuelles d'une colonie n'ont que les règles les plus simples qui fonctionnent localement et qui régissent uniquement les réactions de chaque fourmi aux fourmis de son environnement immédiat. Une fourmi individuelle ne sait rien du comportement global de la colonie. En tant qu'individus, les fourmis ne sont pas de grands penseurs — personne n'a jamais réussi à enseigner à une fourmi individuelle quoi que ce soit d'aussi simple qu'un labyrinthe à deux choix. Il n'y a pas de fourmis patronnes. Aucune n'est responsable. Aucune ne dirige. L'« intelligence » de la colonie et ses comportements très complexes sont le résultat de quelques règles locales simples. La colonie réagit avec succès à des conditions en constante évolution. Elle semble presque consciente. Selon n'importe quel critère raisonnable, elle est intelligente. Ce n'est tout simplement pas du genre conscient.

J'ai un exemple intéressant de la puissance des règles locales. William R. Bartmann est devenu milliardaire en changeant une règle locale très simple. Les banques récupèrent les créances douteuses en payant des gens pour qu'ils poursuivent les débiteurs et les traquent avec beaucoup de persistance et de culpabilité et en utilisant un langage accusateur. En moyenne, elles récupèrent 1 % de leur argent. Bartmann est devenu milliardaire en achetant ces mêmes créances irrécouvrables et a récupéré neuf cents sur le dollar de ces mêmes créances. Il a instauré une règle simple que tous les gens qui travaillent pour lui en tant qu'agents de recouvrement ont suivi : Soyez polis ! Cette simple règle locale lui a permis de réaliser 800 % de bénéfices.

De la même manière, la complexité des relations humaines émerge des règles locales simples et particulières que chacun d'entre nous apprend dans son enfance. Nombre de ces règles sont culturelles. Quelques-unes sont personnelles. Pour la plupart des gens, les règles restent implicites, hors de la conscience et gouvernent sans évaluation rationnelle. Ainsi, en tant que psychothérapeutes, nous recherchons les signes de quelque chose de simple, appris tôt et stocké pour toujours dans le monde de l'ombre de la mémoire implicite. Notre tâche la plus importante et la plus délicate est d'amener doucement la lumière de la conscience à ce monde de l'ombre.

La pleine conscience en Hakomi

« Un changement dans la qualité de l'attention, qui passe du mode rechercher au mode laisser-venir ».

(Depraz et coll., 1999)

Cette combinaison d'un client ouvert et vulnérable et d'un thérapeute qui tente de déclencher des réactions est exactement ce qui fait fonctionner la méthode. Bien sûr, les clients savent que ceci est le processus. Ils comprennent ce qui peut arriver. La procédure est volontaire et elle est le fruit d'un effort de coopération totale. Si le thérapeute est suffisamment habile, la réaction du client sera une source de perspicacité — des sentiments et des souvenirs enfouis depuis longtemps émergeront. Si le thérapeute est compatissant, de nouvelles expériences de confort, de sécurité, d'espoir et de bonheur peuvent devenir possibles.

Dans les sections suivantes, Ron Kurtz parle de l'inclusion de la pleine conscience en Hakomi. Il donne quelques définitions ainsi que des conseils pratiques sur la manière d'utiliser la pleine conscience lors d'une séance avec un client, à la manière Hakomi.

Les engagements du client : la pleine conscience et l'honnêteté

Je donne aux clients potentiels un document qui indique clairement ce que l'on attend d'eux. Il dit en partie : « Cette méthode ne consiste pas à parler de vos problèmes. Il n'y aura pas de longues conversations spéculatives sur vos problèmes ou votre histoire. Cette méthode est conçue pour vous aider à étudier les processus qui créent et maintiennent automatiquement la personne que vous êtes devenue. Il s'agit d'une méthode d'étude de soi accompagnée. Elle exige que vous entriez dans de courtes périodes de temps où vous devenez suffisamment calme et centré pour observer vos propres réactions, comme si vous observiez le comportement d'une autre personne, un état appelé "état de pleine conscience". Le thérapeute vous aide dans votre étude de soi en créant de "petites expérimentations" pendant que vous êtes en état de pleine conscience. Ces expérimentations sont toujours non violentes et sont essentiellement conçues pour susciter des réactions qui seront le reflet des habitudes et des croyances qui font de vous ce que vous êtes. Les croyances implicites et les habitudes relationnelles avec lesquelles vous rencontrez le monde façonnent automatiquement votre comportement actuel. Les aspects de votre comportement, les aspects qui reflètent vos croyances les plus profondes, sont ce que le thérapeute utilise pour créer les expérimentations. »

Le document poursuit en expliquant que le processus fonctionne mieux :

- si vous pouvez suivre et vous rendre compte de votre expérience actuelle ;
- si vous êtes capable d'entrer dans un état de calme intérieur et de concentration et si vous êtes suffisamment détendu pour permettre des réactions ;
- si vous êtes prêt à éprouver des sentiments douloureux et à en parler ; et,
- si vous avez le courage d'être ouvert et honnête à propos de votre expérience. Ce courage sera votre meilleur allié.

J'en suis venu à reconnaître que la méthode exige ces quatre choses d'un client. Bien sûr, certains clients ne seront pas capables de faire tout cela au début. Il devra y avoir une phase « d'étude préalable » au cours de laquelle d'autres méthodes devront être utilisées. Ces méthodes peuvent consister à écouter simplement avec sympathie sans trop parler, en indiquant simplement que vous comprenez ce que le client traverse. Il faudra peut-être prendre un certain temps pour faire ce genre de choses afin de gagner la confiance du client et d'obtenir la coopération de son inconscient adaptatif, suffisamment de temps pour amener le client au stade où il peut entrer dans l'état de pleine conscience et permettre des réactions. Je parle également aux clients des récompenses qui sont offertes à ceux qui s'étudient.

> « *Étudier la voie du Bouddha, c'est étudier le soi ;*
> *étudier le soi, c'est oublier le soi, et oublier le soi,*
> *c'est être illuminé par les dix mille choses.* »

> *(Dogen, 1233)*

Bien sûr, le travail que nous faisons n'est qu'un petit pas sur ce chemin. Et bien que la méthode soit différente, l'attitude et la direction sont les mêmes. Se libérer d'une souffrance inutile, c'est se libérer d'une identité qui comprend des habitudes et des idées qui ne sont pas seulement vieilles et usées, mais fondamentalement défectueuses en tant que descriptions de la réalité.

L'accent sur l'expérience du moment présent

Croyances implicites et mémoire procédurale

> *« Une image a émergé d'un ensemble de processus mentaux omniprésents, adaptatifs et sophistiqués qui se produisent largement hors de vue. En effet, certains chercheurs sont allés jusqu'à suggérer que l'esprit inconscient fait pratiquement tout le travail et que la volonté consciente peut être une illusion ».*
>
> *(Wilson, 2004)*

> *« Chaque créature dotée d'un cerveau présente une myriade de prédictions encodées dans ce qu'elle a appris. »*
>
> *(Pays-Bas, cité dans Waldrop, 1992)*

Ce que nous souhaitons le plus est d'aider nos clients à découvrir et à changer les manières habituelles à travers lesquelles ils créent des souffrances inutiles pour eux-mêmes et pour les autres. La logique est la suivante : l'expérience est organisée par des habitudes qui fonctionnent en dehors de la conscience. Les plus importantes de ces habitudes d'organisation sont celles qui ont été acquises tôt dans la vie et développées en réaction à des expériences convaincantes et formatrices (voir Gerhardt, 2003 ; Schore 2008 ; Cassidy et Shave, Eds, 1999). Ces habitudes sont stockées dans une mémoire implicite et ne sont normalement pas accessibles à la conscience. Il s'agit de procédures automatisées, déclenchées par des perceptions de réalités internes et externes, perceptions qui sont elles-mêmes influencées par des habitudes d'organisation. Compte tenu de tout cela, il est facile de voir comment l'ensemble du système peut régresser si facilement vers des réalités virtuelles non étayées. Ce sont les équivalents fonctionnels de croyances implicites.

Ces prédictions et croyances implicites exercent une profonde influence sur la vie quotidienne sans qu'il existe de moyen simple et direct de les modifier. Elles influencent toute expérience en cours, qu'elle soit d'origine interne ou externe, en produisant les réactions habituelles qui en découlent. Elles façonnent toutes sortes d'expériences — perception, humeur, pensée, sentiment et comportement. Ainsi, l'expérience présente est une expression fiable et immédiate d'habitudes et de croyances non conscientes. C'est pourquoi nous nous concentrons sur les expériences présentes et les utilisons pour faire prendre conscience de ce qui est normalement inconscient.

Comment l'esprit fait sens

> « ... cette question du degré de contrôle conscient que nous avons sur nos jugements, nos décisions et notre comportement est l'une des questions les plus fondamentales et les plus importantes de l'existence humaine. »
>
> *(Bargh et Chartrand, 1999)*

Lorsqu'une déclaration offerte à une personne en état de pleine conscience évoque une réaction qui ne semble pas appropriée en relation à la déclaration offerte, il est plus que probable qu'elle a été traduite inconsciemment. Par exemple, lorsque cette déclaration lui a été offerte, *« J'ai besoin de plus de temps pour moi »*, la partenaire de l'homme a réagi en se sentant immédiatement blessée. Elle a traduit inconsciemment la déclaration par *« Tu ne m'aimes plus »*. Cependant, elle n'était pas consciente d'avoir fait cela ou même d'avoir eu cette idée, mais seulement de se sentir blessée.

Ceci est typique lorsque les déclarations touchent à des croyances inconscientes profondément ancrées. Ces croyances fondamentales agissent comme des « attracteurs de sens ». Des déclarations et des événements qui ne sont pas du tout similaires peuvent automatiquement recevoir des significations qui renforcent la croyance fondamentale. La réaction est alors à la croyance et non à ce qui a été réellement dit. Les traductions sont des processus inconscients qui opèrent instantanément entre le moment d'un événement ou d'une déclaration et la réaction de la personne à celle-ci.

Lorsque quelque chose comme cela se produit en thérapie, je demande à la personne de trouver la traduction qu'elle fait. Je lui dis : *« Remarquez ce que vous entendez quand je dis...*

ou remarquez le sens que vous donnez à la déclaration que vous entendez... » Et puis la déclaration originale est proposée à nouveau. Presque toujours, la personne remarquera la traduction qu'elle fait.

Il n'y a pas que les déclarations auxquelles on attribue inconsciemment un sens. Il y a une réaction à toutes sortes de comportements selon la manière inconsciente dont ils ont été interprétés. Les perceptions sont également traduites.

> « *... La perception est la meilleure supposition du cerveau sur ce qui se passe dans le monde extérieur [...] Notre cerveau tisseur crée sa meilleure hypothèse sur ce qui se passe à l'extérieur à partir des fragments d'information que nous recevons. La perception est l'inférence* ».

> *(Gawande, 2008)*

L'article de Gawande dans la revue New Yorker Magazine est une véritable révélation. Comme le souligne Nietzsche, nous croyons que nous créons consciemment nos pensées et nos comportements :

> « *La connaissance la plus forte — celle de la non-liberté totale de la volonté humaine — est néanmoins la plus pauvre en succès, car elle a toujours le plus fort adversaire : la vanité humaine* ».

> *(Nietzsche, 1878)*

Aider les gens à découvrir les sources de leurs émotions et comportements habituels, apporter une compréhension de l'automaticité et avoir des techniques pour amener à la conscience les traducteurs habituels sont tous extrêmement importants et nécessitent une grande compétence de la part du thérapeute Hakomi.

Historique de la pratique de la pleine conscience

Les technologies de la pleine conscience ont été appliquées dans les activités humaines depuis des milliers d'années. Les hindous, les bouddhistes, les musulmans, les chrétiens, en Inde, en Asie, en Europe et en Amérique, dans le passé lointain, au Moyen Âge et à l'époque moderne, les ont trouvées d'une grande valeur. La profondeur et l'étendue de l'expérience humaine avec les technologies de la pleine conscience plaident très fortement en faveur de leur valeur intrinsèque pour résoudre les problèmes dans l'expérience intérieure, ce qui est sans doute le métier de la psychologie clinique ».

(Knight, 2009)

Ce qu'est la pleine conscience

Descriptions de la pleine conscience à partir de sources anciennes et modernes :

> *« Assis tranquillement et en vous écoutant attentivement, vous pouvez observer la voix principale dans laquelle vos pensées se récitent ».*
>
> *(Thurman, (2013)*

> *« Selon le dharma du Bouddha, la spiritualité signifie être en relation avec la base de travail de l'existence, qui est l'état d'esprit. La méthode pour commencer à être en relation directe avec l'esprit est la pratique de la pleine conscience ».*
>
> *(Chögyam Trungpa, 1996)*

> *« ... la capacité d'observer son expérience intérieure d'une manière que les textes anciens appellent "pleine conscience sans attachement" ».*
>
> *(Schwartz et Begley, 2003)*

> *« L'attention nue [la pleine conscience] est la conscience claire et nette de ce qui nous arrive réellement à nous et en nous aux moments successifs de perception. »*
>
> *(Nyanaponika Thera, 1972)*

> *« L'idée fondamentale de la plupart des écoles de spiritualité orientales, cependant, est que si la pensée est une nécessité pratique, l'incapacité à reconnaître les pensées en tant que pensées, instant après instant, est ce qui donne à chacun de nous le sentiment que nous appelons "Je", et c'est la corde à laquelle sont attachés tous nos états de souffrance et d'insatisfaction ».*
>
> *(Harris, 2004)*

« *Le contrôle de l'attention est le pouvoir individuel ultime.* »

(Brooks, 2008)

« *Notre capacité à percevoir le monde qui nous entoure semble si facile que nous avons tendance à la considérer comme acquise. Mais pensez à ce que cela implique. Vous avez deux minuscules images déformées à l'envers dans vos yeux, mais ce que vous voyez est un monde tridimensionnel vivant devant vous et cette transformation n'est rien de moins qu'un miracle* ».

(Ramachandran, 2003)

En résumé, la pleine conscience peut être décrite comme :

- « une auto-observation puissante et momentanée » (Pandita et Wheeler, 2002) ;
- une forme traditionnelle de méditation et une méthode d'étude de soi ;
- une compétence qui s'améliore avec la pratique ;
- une conscience non défendue ;
- une façon de pratiquer l'abandon ;
- une vulnérabilité délibérée, une sensibilité choisie.

Dans la pleine conscience, il n'y a aucune intention de contrôler ce qui se passe ensuite. C'est un abandon délibéré du contrôle. C'est pourquoi, dans la pratique traditionnelle, l'accent est souvent mis sur la respiration. Y prêter attention et ne pas la contrôler est plus difficile qu'on ne pourrait l'imaginer, surtout si l'on pense au peu d'attention que nous portons habituellement à la respiration et au fait qu'elle fonctionne bien en dehors de notre contrôle conscient.

Dans la pleine conscience, on se concentre sur le flux de son expérience.

L'un des effets de la pratique de la pleine conscience est le gain de perspective et de distance sur son propre monde intérieur, comme si l'on avait pris du recul et vu une toile plus grande qu'auparavant. On découvre comment on rencontre habituellement le monde.

Voici ce que Francisco Varela et d'autres penseurs ont à dire sur la pleine conscience :

> *« Nous avons donc affaire ici à deux renversements du fonctionnement cognitif le plus habituel, dont le premier est la condition du second ; le second ne peut se produire si le premier n'a pas déjà eu lieu.*
>
> *Un renversement de la direction de l'attention de l'extérieur vers l'intérieur ;*
>
> *Un changement de la qualité de l'attention, qui passe de la recherche au laisser surgir. »*
>
> *(Depraz, Varela et Vermersch, 1999)*

Comment se mettre en pleine conscience

En Hakomi, nous l'utilisons à petites doses (30 secondes à une minute), surtout dans l'évocation d'expérimentations.

Nous avons plusieurs façons d'aider un client à établir la pleine conscience. En voici quelques-unes :

1. veuillez porter votre attention sur le flux de votre expérience du moment présent, y compris votre expérience corporelle, votre expérience mentale et émotionnelle ;

2. il suffit de remarquer et de laisser venir ;

3. calmez votre esprit en suivant votre respiration ;

4. veuillez noter ce qui se passe quand je fais cette expérimentation, quand je vous dis ces mots… ;

5. permettez simplement à vos expériences de se produire, sans prendre en charge ou essayer de contrôler quoi que ce soit ;

6. soyez votre propre observateur, remarquez ce qui se passe quand je parle à cette partie de vous ;

7. veuillez noter ce qui se passe spontanément quand je dis…

Comment la pleine conscience
est utilisée pour susciter des réactions

« D'une certaine manière, toute psychothérapie réussie dépend de la capacité à détacher l'attention des habitudes et à les décrire du point de vue d'un observateur neutre. »

(Palmer, 2020)

La contribution unique du Hakomi est que la méthode contient, comme élément nécessaire, des expérimentations précises faites avec une personne dans un état de pleine conscience. Le but consiste à évoquer des émotions, des souvenirs et des réactions qui révéleront ou aideront à accéder aux croyances implicites et aux premières expériences et adaptations qui influencent les comportements habituels et non conscients de la personne.

Si vous pouvez observer votre propre expérience avec un minimum d'interférence, et si vous n'essayez pas de contrôler ce que vous vivez, si vous laissez simplement les choses se produire et que vous les observez, alors vous serez en mesure de découvrir des choses sur vous-même que vous ne connaissiez pas auparavant. Vous pouvez découvrir de petites parties de structures internes de votre esprit, les choses mêmes qui font de vous ce que vous êtes.

Par exemple, j'ai participé à une conférence à Vienne où j'ai donné des cours à plusieurs centaines de personnes. Pour démontrer cette méthode d'utilisation de la pleine conscience, voilà ce que j'ai fait. Tout d'abord, je leur ai demandé de prédire quelque chose. Je leur ai demandé de prédire ce que serait leur expérience s'ils étaient dans un état de pleine conscience et je leur ai dit : « *Vous êtes une bonne personne* ». Je leur ai demandé de prédire cela alors qu'ils étaient encore dans leur état de conscience ordinaire. Dire « *vous êtes une bonne personne* » alors qu'ils sont dans un état de pleine conscience est une sorte d'expérimentation et je voulais qu'ils pensent à ce qui se passerait si nous le faisions. Ainsi, chaque personne y a réfléchi et a dit à un voisin quelles étaient ses prédictions. Après cela, je leur ai demandé de revenir au silence et de se tourner vers leur intérieur (se mettre en pleine conscience). Je leur ai donné environ trente secondes pour cela et je leur ai parlé d'une voix très douce et apaisante des différentes formes d'expérience qu'ils pourraient remarquer : pensées, émotions, souvenirs, images, changements dans la tension musculaire et la respiration. Au bout de trente secondes, je leur ai demandé : « *Veuillez noter votre réaction immédiate lorsque vous entendez...* » une légère pause, puis je leur ai dit : « *Vous êtes une bonne personne.* »

Voici les résultats obtenus. Environ quarante pour cent des gens ont réagi en faisant l'expérience de la tristesse. Certains ont ressenti un peu de tristesse, d'autres ont eu les larmes aux yeux, d'autres encore ont pleuré. Vingt-cinq pour cent environ ont ressenti un soulagement. Quelques personnes se sont senties heureuses. Certains ont remarqué que leur poitrine était plus chaude et plus ouverte. Certains ont eu une pensée ou ont entendu une voix intérieure qui disait des choses comme « *Non ! Je ne le suis pas !* » Environ 90 % n'ont pas réussi à prévoir ce qui s'est réellement passé. Quatre-vingt-dix pour cent ! C'est pourquoi cette méthode d'étude de soi est si précieuse. Vous apprenez des choses sur vous-même que vous n'auriez pas pu prévoir. Une simple petite expérimentation en pleine conscience peut produire ce résultat. Lorsqu'une expérimentation est conçue pour une personne en particulier, comme c'est le cas en thérapie, elle peut évoquer des expériences très puissantes et révélatrices.

Sans la pleine conscience, il est possible que rien n'ait été évoqué. Si vous dites « *Vous êtes une bonne personne* » à une personne qui n'est pas en pleine consciente, qui n'est pas calmement tournée vers l'intérieur et concentrée sur le flux de son expérience actuelle, qui n'observe pas sans intervenir, elle peut simplement répondre sans hésiter « *Eh bien, merci !* » Si vous posez la question « *Êtes-vous une bonne personne ?* », encore une fois sans pleine conscience, vous pourriez obtenir une réponse tout aussi désinvolte et sans émotion, comme *« Oui, je suppose ».* Pas de tristesse. Pas de soulagement. Pas de perspicacité. Sans pleine conscience et sans intention de s'étudier, la personne répond de manière automatique et conversationnelle. Il ne se passe rien de très intéressant. Mais, grâce à la pleine conscience, à la concentration ouverte et à l'observation de soi, quelque chose de très important peut facilement se produire.

Comment étudier et signaler vos réactions

Le Hakomi est une étude de soi accompagnée. Pour rendre ce processus aussi facile que possible, un praticien suggère de faire de petites expérimentations pendant que vous êtes dans un état de pleine conscience. En tant que client, votre responsabilité est de permettre, d'observer et de signaler vos réactions. Les réactions se manifesteront et disparaîtront d'elles-mêmes si vous ne les laissez pas entraîner d'autres actions. Il y a une différence entre les réactions et les réponses — lorsque j'utilise ces termes, une réaction se produit sans délibération consciente et une réponse se produit avec au moins une certaine conscience.

En tant que client, vous voulez signaler au thérapeute quand vous êtes prêt pour l'expérimentation. Lorsque l'expérimentation est effectuée, il suffit de permettre une réaction, de l'observer, sans « devenir » cette réaction, et de rester avec elle pendant quelques instants ; soyez prêts à signaler ce que vous remarquez.

Lorsque vous remarquez une réaction, signalez exactement ce que vous avez constaté ou ce que vous remarquez si la réaction continue. N'oubliez pas de signaler l'expérience. Les significations se révéleront si nous restons avec notre expérience.

Réflexions sur soi-même — qu'observons-nous ?

« Le "Je" a toujours été le magnifique mystère ; je crois, je dis, je... peu importe. Mais il faut comprendre qu'il n'existe pas de chose aussi tangible. C'est juste un état mental particulier, une entité abstraite générée que nous appelons "je" ou "moi". Alors qu'est-ce que le "moi" ? Eh bien, c'est une construction très importante et utile, un vecteur propre compliqué (moi). Il n'existe qu'en tant qu'entité calculée. Examinez les deux exemples suivants pour comprendre ce que je veux dire. Tout d'abord, nous avons le concept de l'Oncle Sam. Quand on lit dans les journaux "L'Oncle Sam bombarde Belgrade", tout le monde comprend que les forces armées américaines ont été déployées contre ce pays.

Cependant, il n'existe pas d'entité telle que l'Oncle Sam. C'est un symbole commode et même un concept commode qui implique l'existence, mais c'est une catégorie sans éléments. Le "Je" du vortex, celui pour lequel nous travaillons et souffrons, n'est qu'un mot commode qui représente un événement aussi global que le concept de l'Oncle Sam face à la réalité complexe et hétérogène des États-Unis.

Le système thalamocortical est une sphère isochrone qui relie de manière synchrone les propriétés sensorielles du monde extérieur aux motivations et aux souvenirs générés en interne. Cet événement temporellement cohérent qui lie, dans le domaine temporel, les composantes

> *fracturées de la réalité externe et interne en une*
> *seule construction est ce que nous appelons le*
> *"soi"... le développement évolutif d'un système*
> *nerveux est une propriété exclusive des créatures*
> *en mouvement actif ».*

(Llinás, 2002)

Je suis sidéré par l'étroite ressemblance entre les déclarations de Llinás et les idées bouddhistes : *tout est impermanent*. Tout est sans le soi. Llinás dit que le soi n'est qu'un état mental particulier. Dans mon esprit, cela change tout. Le poète T.S. Eliot a écrit : *« Préparez un visage pour rencontrer les visages que vous rencontrez. »* Alors, est-ce que nous préparons un état mental pour rencontrer (pardonnez-moi !) les états mentaux qui surgissent ? Ou les états mentaux que nous prévoyons de rencontrer ? Je pense que c'est proche de la vérité. Nous avons et utilisons des « soi situationnels », qui s'allument et s'éteignent automatiquement. Et, il y a aussi quelque chose qui se déplace avec nous (et en tant que nous) de situation en situation. C'est peut-être la mémoire autobiographique et le lien temporel qui doit être là pour avoir un soi.

Je peux comprendre que l'expérience du non-soi, ou de ne pas avoir de soi séparé, peut être un événement qui change la vie. Le sentiment d'unité qui l'accompagne est un état d'esprit très apprécié. Il implique une perte des limites et le sentiment d'être connecté à tout (voir Newberg, D'Aquili et Rause, 2002). Si c'est juste un état d'esprit, pourquoi ne pas le changer ? N'est-ce pas exactement ce que nous aidons nos clients à faire ? Nous changeons leur état mental, nous les faisons changer d'avis. Nous changeons la façon dont ils organisent habituellement leurs interactions avec le monde extérieur. Nous ne changeons pas leurs mondes extérieurs.

Nous changeons le moi qui rencontre le monde. Nous changeons la construction. Et cela change tout.

> « *La prédiction doit être centralisée — elle mène au soi. Étant donné que la prédiction est l'ultime et la plus répandue de toutes les fonctions cérébrales, on peut se demander comment cette fonction est ancrée de telle sorte qu'il n'y ait qu'un seul organe prédictif. Intuitivement, on peut imaginer les décalages temporels qui se produiraient s'il y avait plus d'un siège de prédiction ; le jugement fait appel à l'interaction d'un organisme donné avec le monde ; il serait très désavantageux pour la tête de prédire une chose et pour la queue d'en prédire une autre ! Pour une efficacité optimale, il semblerait que la prédiction doit fonctionner de manière à fournir une résidence et une connectivité fonctionnelle inébranlables : elle doit en quelque sorte être centralisée aux innombrables jeux de stratégies d'interaction du cerveau avec le monde extérieur. Nous connaissons cette centralisation de la prédiction comme l'abstraction que nous appelons le "soi".* »

(Llinás, 2002)

Ainsi, selon Llinás, c'est le soi qui génère un ordre unificateur à partir du désordre bourdonnant autour de nous. Le soi, dit-il, est la centralisation de la prédiction. Il lie notre monde en une seule chose que nous pouvons gérer. Il crée l'ordre, et il le fait par le biais de la synchronicité temporelle. Et nous savons que la prédiction de la demande est l'une des plus grandes influences sur la physiologie et le comportement (voir Sterling, 2004).

Le soi opérationnel, celui dont nous pouvons être témoins en faisant des choses et en disant des choses, est la manifestation extérieure d'un ensemble d'habitudes, de souvenirs et de croyances implicites et explicites. Nous recherchons des indicateurs externes de ces éléments pour nous aider à comprendre comment une personne organise ses expériences et son comportement. Nous utilisons également des indicateurs pour faire de petites expérimentations en pleine conscience. Nous essayons de faire deux choses avec tout cela : (1) nous essayons de résoudre et d'intégrer de vieux souvenirs émotionnellement douloureux et (2) nous essayons de rendre conscientes des croyances implicites, afin de les remettre en question et de les transformer en croyances plus réalistes et plus satisfaisantes. De cette façon, nous changeons le soi, en tant que concept, en tant qu'état mental, en tant que prédicteur centralisé.

La présence bienveillante

Cet essai a été écrit à l'origine en 2010 pour le manuel de formation.

L'état d'esprit du thérapeute

« Dans ce modèle, ce qui est considéré comme primaire dans la formation de l'expérience n'est pas une réalité externe — pas ce qui est connu, pas l'objet de la prise de conscience — mais plutôt les propriétés de ce moment de l'esprit lui-même ».

(Goleman, 1991)

L'expression « état d'esprit » a une signification beaucoup plus précise aujourd'hui qu'il y a quelques décennies. La recherche neurologique a beaucoup révélé sur l'état exact dans lequel le cerveau peut se trouver lorsque les gens interagissent (voir Lewis et coll., 2001 ; Ogden, 2015, Porges, 2011). De nombreux livres ont été écrits sur l'interaction entre les soignants et les nourrissons dont ils s'occupent (Ogden, 2015). Les adultes en relation ont également une influence sur l'état d'esprit de chacun. Pour la relation très intime entre un thérapeute et son client, la conscience du thérapeute et le contrôle délibéré de son état d'esprit sont essentiels. L'effet de l'état d'esprit du thérapeute sur le processus de cette méthode est sans aucun doute le facteur le plus important de son succès.

Pour servir au mieux les autres dans leur étude de soi, le thérapeute doit être capable de maintenir à la fois sa présence et sa compassion. Le thérapeute doit se concentrer en permanence sur l'activité et l'expérience actuelles, tant la sienne que celle du client. Ce type de présence est nécessaire. Un sentiment de compassion est également essentiel. Lorsque la présence et la compassion sont combinées et constantes, l'état d'esprit du thérapeute peut être appelé présence bienveillante. En formant les gens à cette méthode, le développement et la pratique de cet état d'esprit sont des objectifs primordiaux. En très peu de temps, la présence bienveillante peut établir chez le client le sentiment d'être en sécurité, soigné, entendu et compris. L'autoexploration, particulièrement lorsqu'elle fait appel à la pleine conscience, place le client dans une position extrêmement vulnérable. Un thérapeute en présence bienveillante aide les clients à accepter cette vulnérabilité et fournit le meilleur contexte pour que l'étude de soi accompagnée puisse avoir lieu. Voici une citation :

> *« Une présence bienveillante est facile à reconnaître. Imaginez une mère heureuse et satisfaite qui regarde le doux visage de son paisible nouveau-né.*
>
> *Elle est calme, bienveillante et attentive. Sans hâte ni distraction, ils semblent tous deux hors du temps... simplement en état d'être. Doucement tenus dans un champ d'amour et de sagesse de la vie, ils sont aussi présents l'un avec l'autre que n'importe quels deux êtres pourraient l'être ».*

(Kurtz)

Pour que le thérapeute puisse développer cet état d'esprit, il doit avant tout considérer les autres comme des êtres vivants et des sources d'inspiration. Comme l'a dit un thérapeute :

> *« Si vous ne voyez rien d'aimable chez cette personne à laquelle vous pouvez répondre de manière authentique, alors vous n'êtes pas la bonne personne pour l'aider ».*

(Brenman-Gibson, 1992)

C'est cette intention et cette habitude de voir quelque chose d'aimable chez l'autre qui créent l'état de sentiment nécessaire à une présence bienveillante. La première chose que je demande aux étudiants de faire : créer cette habitude comme la chose primordiale dans toute interaction ! Créez-la et maintenez-la tout au long de vos séances !

> *« Je veux commencer par la chose la plus importante que j'ai à dire : L'essence du travail avec une autre personne est d'être présent en tant qu'être vivant. Et c'est une chance, car si nous devions être intelligents, ou bons, ou mûres, ou sages, nous serions probablement en difficulté. Mais ce n'est pas ce qui compte. Ce qui compte, c'est d'être un être humain avec un autre être humain, de reconnaître l'autre personne comme un autre être vivant. Même si c'est un chat ou un oiseau, si vous essayez d'aider un oiseau blessé, la première chose que vous devez savoir est qu'il y a quelqu'un là-dedans, et que vous devez attendre que cette "personne" cet être là-dedans, soit en contact avec vous. Cela me semble être la chose la plus importante. »*

> *(Gendlin, 1990)*

Comment soutenons-nous cette intention ? Le premier objectif est d'établir une relation qui soutiendra l'étude de soi ; l'habitude de recueillir des informations en posant des questions et en envisageant des réponses n'est pas la bonne façon de procéder. Tout d'abord, il faut éviter de se laisser entraîner dans une conversation à propos d'abstractions — idées, explications, signification du passé, etc. Les paroles et les actes du thérapeute doivent montrer qu'il est attentif à ce que le client vit en ce moment, qu'il se soucie de ce que le client ressent et qu'il comprend ce que cela signifie pour lui. Cette connexion à travers l'expérience présente est la clé de la résonance limbique. Ainsi, le thérapeute cherche ce qui, chez le client, est émotionnellement nourrissant ou inspirant. Il pratique l'appréciation et la connexion. Une autre chose qui aide à construire une relation appropriée est de réaliser le processus comme une entreprise de collaboration où les sentiments de partenariat, de travail en équipe et de respect mutuel sont fondamentaux. L'idée que nous ne sommes pas séparés, que nous faisons inévitablement partie d'un tout plus grand que chacun de nous seuls est la racine de la présence bienveillante.

La présence bienveillante

« La communication vocale entre un mammifère et sa progéniture est universelle. Si l'on retire une mère de sa portée de chatons ou de chiots, ils commencent à émettre un cri incessant — le cri de séparation — dont la détresse aiguë perce l'oreille de tout être humain normal. Mais prenez un bébé dragon de Komodo loin de son géniteur écailleux, et il reste tranquille. Les Komodo immatures ne diffusent pas leur présence, car les adultes Komodo sont d'avides cannibales. Un vide de silence salvateur s'étend entre une mère reptilienne et ses petits. Afficher la vulnérabilité n'a de sens que pour les animaux dont le cerveau peut concevoir un protecteur parental ».

(Lewis et coll., 2001)

Lorsqu'une personne maintient une présence bienveillante avec une autre, cela a un effet puissant. Peut-être que sans même s'en rendre compte, l'autre se sent plus en sécurité, soigné et compris. Lorsque cela se produit dans une relation thérapeutique, la guérison est déjà entamée.

La présence bienveillante est un état d'être. Elle est agréable, bonne pour la santé, gratifiante en soi. C'est un état dans lequel vous vous sentez ouvert et bien intentionné. Dans sa forme la plus pure, elle est spirituellement nourrissante et sensible aux subtilités. C'est le meilleur état dans lequel vous pouvez être lorsque vous offrez un soutien émotionnel. Un

115

coup d'œil autour de vous vous dira que ce type de soutien est nécessaire partout. Une vie émotionnelle saine nécessite un lieu sûr pour exprimer ses sentiments et quelqu'un de bienveillant pour en témoigner. Elle exige de se libérer de vieilles blessures et d'ouvrir de nouvelles voies vers le bonheur. Une présence bienveillante est un soutien émotionnel et constitue un élément important des relations avec les autres. Elle peut faire une grande différence dans notre vie. En psychothérapie, elle est essentielle.

Les gens apprennent à établir des relations par l'expérience. Nos premières expériences créent des modèles pour les types de relations dont nous serons capables. Si les premières expériences manquaient d'amour et de soins réels, nous ne pourrions probablement pas en profiter plus tard dans la vie, à moins que nous ne fassions quelque chose pour changer cette programmation précoce, à moins que nous ne découvrions de nouvelles façons d'établir des relations.

La présence bienveillante consiste avant tout à être dans le présent, à se montrer. Il s'agit de se concentrer sur ce qui se passe dans le moment présent, à la fois sur sa propre expérience et sur celle de la personne avec laquelle on est. C'est une ouverture et un échange. Elle n'est pas fondée sur des idées ou même des mots. C'est un lien émotionnel établi entre les systèmes nerveux de deux personnes qui nous demande de nous abandonner.

> « *Parce que nos esprits se cherchent par résonance limbique, parce que nos rythmes physiologiques répondent à l'appel de la régulation limbique, parce que nous changeons le cerveau de l'autre par révision limbique — ce que nous faisons à l'intérieur de la relation compte plus que tout autre aspect de la vie humaine.* »
>
> *(Lewis et coll., 2001)*

*« Il n'y a pas de compassion sans humour ;
pas d'amour sans plaisir, pas de liberté sans
illumination. »*

(Da Free John)

Pas d'amour sans plaisir. Si nous voulons être en présence d'amour, nous devons trouver du plaisir à être avec les gens. Comment y parvenir ? Comment trouver du plaisir à être avec quelqu'un ? Nous devons le chercher. Nous devons prendre délibérément le temps de chercher ce qu'il y a de bien chez cette personne avec qui nous sommes. Nous devons chercher ce qu'il y a dans cette personne qui nous inspire. Cette recherche et cette découverte doivent devenir une habitude et notre première priorité.

Il est utile que nous apprenions à rester calmes. Être calme nous permet de prendre notre temps, de ne pas être occupés à faire autre chose, à ne pas nous inquiéter ou à résoudre des problèmes. Nous devons être assis bien droit au milieu de la non-réalisation. Nous ne pouvons pas essayer d'accomplir quoi que ce soit. Nous devons éviter de forcer. Nous devons être attentifs à la fierté et au besoin d'approbation, de reconnaissance ou de perfection. Nous devons être capables de ralentir. Être calme nous aide à être sensibles et ouverts au plaisir.

Il peut s'agir d'un plaisir esthétique. Nous pouvons être capables de voir les gens avec qui nous sommes comme étant beaux, comme un merveilleux tableau. Lorsque nous commençons à les voir de cette façon, tout l'espace que nous partageons avec eux commence à changer. Ou bien, nous pouvons sentir leur force de caractère, leur intégrité, leur intelligence ou leur sens de l'humour. Il peut y avoir du plaisir dans chacun de ces éléments.

Par ailleurs, nous pouvons commencer par des plaisirs très simples, comme l'intérêt et la curiosité. De là, nous pouvons passer au plaisir de travailler avec le mystère et la complexité du comportement humain. Ensuite, nous pouvons prendre conscience de l'honneur et du privilège d'être présents et de faire partie du puissant travail intérieur de quelqu'un. Et il y a aussi la beauté et le courage de l'esprit humain.

Dans la présence bienveillante, nous passons de plaisirs égocentriques à des plaisirs non égocentriques. Nous nous éloignons de notre propre importance pour aimer l'autre. Nous apprenons à dériver avec quelqu'un dans un lieu d'amour. Parfois, c'est tout ce que nous avons à faire pour donner à quelqu'un le soutien émotionnel dont il a besoin. C'est comme si nous offrions simplement notre amour aux gens et qu'ils commençaient à guérir. Tout se déroule sous nos yeux !

Il est facile d'être présent, si on n'est pas occupés à faire autre chose. La plupart du temps, cependant, nous ne sommes pas seulement occupés à faire autre chose, nous le faisons en grande partie automatiquement, habituellement et inconsciemment. Généralement, en tant que professionnels en relation d'aide, particulièrement les conseillers et les psychothérapeutes, nous pensons que nous aidons les autres à résoudre leurs problèmes. Nous sommes axés sur la tâche. Nous voulons faire bouger les choses pour nos clients. C'est pourquoi nous travaillons trop fort. Cette concentration sur l'action et la réalisation nous éloigne de la présence bienveillante.

Nous devrions peut-être examiner comment l'image que nous avons de nous-mêmes nous empêche de faire notre travail. Le type de plaisir et de nourriture dont nous parlons ici n'est pas une nourriture pour l'ego. C'est de la nourriture pour quelque chose de plus profond, quelque chose de beaucoup plus ancien. Nous devons trouver quelque chose de plus grand en nous. Pour être utile à quiconque, que ce soit en tant que thérapeute ou simplement en tant qu'ami, la présence bienveillante est le meilleur point de départ. Lorsque nous sommes compatissants, présents, sensibles et reconnaissants, de bonnes choses commencent à se produire. Il est vrai qu'il y a des choses à faire. Nous voulons que de bonnes choses se produisent pour nos clients. La présence bienveillante, malgré son inactivité silencieuse, fournit le meilleur contexte pour cela.

Le plaisir que l'on peut tirer du rôle d'aidant est le plaisir de réconforter, d'être proche, de voir clair, d'être réel, de comprendre et d'aider quelqu'un d'autre à comprendre, d'aider quelqu'un à devenir plus vivant et plus libre.

> *« La vocation de la psychothérapie confère à ses praticiens quelques avantages marginaux inattendus... elle incite à participer à un processus que notre monde moderne a pratiquement oublié : s'asseoir dans une pièce avec une autre personne pendant des heures sans autre but que celui*
>
> *d'assister. Ce faisant, un autre monde se déploie et prend vie à vos sens ».*

(Lewis et coll., 2001)

L'amour et la présence consistent à trouver de la joie dans ce travail. C'est la meilleure raison de le faire.

Le contact et le suivi

Le contact et le suivi sont des compétences essentielles dans la méthode Hakomi. Bien que ces deux compétences fassent partie intégrante de la méthode originale, Ron a affiné ses idées sur ces deux éléments au cours de sa carrière.

Le contact

Je vous donne un peu d'histoire.

Carl Rogers a mis au point une méthode unique de psychothérapie, généralement appelée, n'en soyons pas surpris, thérapie rogérienne. Il l'a décrite comme étant centré sur la personne. Son idée était de prendre ce que les clients disaient qui était émotionnellement chargé et de faire deux choses : il nommait l'expérience de la personne d'une voix sympathique, éventuellement en reformulant ce qui avait été dit dans un langage plus simple et moins chargé. Ces reformulations plus simples et plus calmes ont été appelées « énoncés de contact ». Par exemple, un client pouvait dire, d'une voix excitée, *« Je suis vraiment inquiet pour les enfants qui jouent dans la rue. Les enfants sont dehors et il y a des voitures qui passent ! »* À quoi Rogers pourrait répondre : *« C'est vraiment effrayant, n'est-ce pas ? Vous aimeriez que les enfants aient un endroit plus sûr pour jouer. »* Le résultat pourrait être que la personne se sente entendue, se calme, se plonge dans ses émotions ou décide de faire quelque chose pour remédier à la situation. D'une manière ou d'une autre, tout ce que Rogers avait à faire était de refléter ce que la personne disait d'une manière plus calme et plus claire. Très souvent, Rogers nommait ce que la personne vivait. *(« C'est vraiment effrayant. »* ; *« Cela vous rend triste. »)* Cela, en plus de beaucoup de perspicacité et une profonde gentillesse, était la thérapie rogérienne. Rogers a écrit des livres, il a enseigné et fait des ateliers et sa méthode est devenue populaire, surtout en Europe.

Rogers a fait une expérimentation très importante. Il a formé des secrétaires à la « thérapie rogérienne ». Le résultat fut qu'en moyenne, elles obtinrent de meilleurs résultats que les psychothérapeutes formés. C'est un résultat très surprenant. Comme Rogers a choisi des secrétaires qui avaient une personnalité très chaleureuse, les personnes qui étaient clientes de ces expériences ont déclaré qu'elles étaient plus satisfaites des secrétaires que des professionnels. Ces personnes ne savaient pas qu'ils/elles étaient secrétaires. D'autres ont fait des constatations similaires.

Je tire deux choses de tout cela : être chaleureux, ça compte ! Et les clients avancent dans leur processus de guérison, s'ils ont le soutien nécessaire pour prendre conscience de leurs propres expériences.

Je fais la distinction entre les énoncés de contact en soi *[abrégé « **contact** » dorénavant en Hakomi et dans ce livre]* et un état relationnel d'être en contact. C'est-à-dire que le thérapeute et le client forment une relation où il y a un sentiment de connexion entre eux, un « être avec » l'un l'autre. Le thérapeute et le client sont continuellement conscients l'un de l'autre. Dans cet état, le client se sent écouté, pris en charge et compris. Le client sent que le thérapeute est conscient de ce qu'il vit. (N'oubliez pas : être chaleureux compte !) Être en contact, c'est être ensemble, par opposition à être séparé ou seul. Ce sentiment a une forte influence sur les émotions et le comportement du client. Pensez aux bébés qui pleurent et qui veulent être pris dans les bras ! Quelqu'un vient, prend le bébé dans ses bras, le tient doucement et lui parle d'une voix apaisante. La situation du nourrisson a radicalement changé. C'est l'état d'être en contact. Les contacts sont l'un des moyens d'y parvenir.

Les contacts aident à réduire la distance entre les gens et l'isolement qu'ils ressentent. Ils montrent au client que vous l'écoutez vraiment et que vous suivez ce qui se passe avec lui. Et si vous êtes aussi une secrétaire de Rogers, ou simplement une personne chaleureuse, le client se sentira plus en sécurité.

Donc, si vous pouvez être en présence bienveillante et faire de bons contacts de temps en temps, voici qui se passera : vous ferez comprendre au client que vous êtes une personne compatissante, présente et que vous comprenez ce qui se passe. Avec ce type de soutien, le client traversera son processus de guérison avec beaucoup plus de facilité et de satisfaction. Plus vite aussi !

Lorsque le client sent le contact, la situation peut également lui sembler unique. Meher Baba avait l'habitude de dire : « *Je peux t'aimer mieux que tu ne peux t'aimer toi-même* ». Nous pouvons être présents avec les clients mieux qu'ils ne peuvent l'être avec eux-mêmes. C'est notre travail. Si nous le faisons bien, alors nous aidons à créer la meilleure situation possible pour l'étude de soi du client. Souvent, un seul bon contact suffit à lancer un processus puissant. Les nouveaux clients ne s'attendent généralement pas à ce que de telles choses se produisent. Mais ils le font parce que, à un certain niveau, le client se rend compte : « *Quelqu'un est vraiment là ! Cette personne est vraiment à l'écoute ! Cette personne comprend... est sympathique... est compatissante ! Je ne suis pas jugé !* »

Il n'est pas nécessaire de faire des contacts pour que cela se produise. Vous pouvez avoir l'air d'écouter. Vous pouvez hocher la tête aux bons endroits. Vous pouvez avoir un regard compatissant sur votre visage, de sorte que lorsque la personne vous regarde, elle voit que vous êtes présent, que vous avez compris. Il n'est pas nécessaire que ce soit verbal du tout. Quelqu'un est triste et vous faites un son sympathique. Les gens sont tout le temps en contact avec des bébés. Les animaux aussi ! C'est le ton de la voix, la position de votre tête, le fait que vous les regardez, le fait que vous êtes calme et patient, que vous n'interrompez pas, que vous ne discutez pas, que vous avez une posture détendue. Toutes ces choses véhiculent la même information : vous êtes amical et vous vous intéressez à eux. Il est également utile de faire parfois un court et simple contact, comme lorsque les larmes commencent à couler, vous dites : « *Triste, hein* ».

Le contact fait plusieurs choses. La première est, comme je l'ai dit, de créer un contexte sûr et accueillant pour la guérison émotionnelle. Deuxièmement, il aide à déterminer ce qui sera au centre de l'attention. En réalité, il peut y avoir plusieurs choses que vous pourriez contacter. Si vous contactez l'expérience actuelle de la personne, vous l'aidez à faire le choix de se concentrer sur ce point. Un client pourrait venir et dire : « *Vous savez, il m'est arrivé quelque chose de très grave* ». Vous pourriez dire : « *Oh, qu'est-ce qui s'est passé ?* » Ou vous pourriez dire : « *Vous souffrez beaucoup, n'est-ce pas ?* » Vous faites un choix. Si vous êtes conscient, vous faites un choix conscient (pour aller avec l'expérience actuelle du client). Je pourrais demander : « *Quelle est cette mauvaise chose qui s'est produite ?* » Et alors le client pourrait commencer à me raconter tout ça. « *Eh bien, vous savez, il y a quelques jours...* » Nous sommes alors dans une histoire et il est très probable que l'expérience douloureuse actuelle qui était là pendant un moment se dissipera avec la conversation. Le client se sort ainsi de son expérience actuelle. Alors que le contact, « *Vous souffrez beaucoup...* » pourrait déplacer l'attention sur la souffrance, approfondir l'émotion, déplacer le processus vers quelque chose de plus profond.

Ainsi, lorsque vous répondez à un client, vous faites des choix subtils concernant ce sur quoi vous voulez vous concentrer. Vous dites au client ce à quoi vous faites attention, lui suggérant ainsi de faire de même. Nous devons nous rendre compte que c'est ce que nous faisons. Nous influençons le processus. Nous ne déterminons pas le processus, mais nous l'influençons. L'un des moyens que nous utilisons pour cela est de faire des contacts.

Nous influençons le processus, mais nous ne le dirigeons pas au départ. Lorsque nous faisons un contact, nous suivons le processus du client, même si nous sélectionnons ce qu'il faut contacter. Le client décide de ce qu'il fera ensuite. Nous attendons que cela se fasse. Après un contact, nous attendons de voir ce que le client va en faire. Nous ne commençons pas par diriger les choses. À un moment donné, nous pouvons commencer à diriger, mais au début, nous voulons aider les clients à aller là où ils doivent le faire. À un certain niveau, les clients savent où ils doivent aller. Si vous faites de bons contacts, au bon moment, les clients se rendront là où ils doivent aller. C'est comme avoir une conversation. La personne vous dit quelque chose et vous dites quelque chose qui lui indique *« Oui, j'ai compris, Oui, je sais ce que vous venez de dire. »* Alors maintenant, c'est à elle de choisir ce qu'elle veut vous dire ensuite. Si vous faites un bon contact, la personne et le processus avancent tous deux.

Voici le moment où vous voulez faire des contacts : quand vous voyez un changement dans l'état d'esprit de la personne, ou un changement dans son état émotionnel. Vous voulez contacter les changements. C'est très important. Chaque fois que vous remarquez un changement, un contact rapide et discret aidera. N'oubliez pas que l'expérience du moment présent est prioritaire. Lorsqu'elle change, contactez-la ! C'est ce que je veux dire par des déclarations comme celle-ci : « *Cela fait du bien, hein ?* » ou « *Vous vous sentez triste maintenant, hein ?* » ou « *Vous avez eu une idée ?* » (Vous pouvez toujours mettre la partie « *hein* » dans le ton de votre voix.) Ou, « *Vous vous souvenez de quelque chose.* » Vous êtes en contact avec des changements d'émotions et d'états d'esprit. Cela fait avancer le processus.

La raison pour laquelle cette méthode est si rapide est que nous n'essayons pas de la contrôler complètement. Nous l'aidons simplement à aller là où elle veut aller. Si vous configurez le processus de manière à en être totalement responsable, le client devient passif et ses penchants internes ne peuvent pas s'épanouir. Si vous êtes d'avis de devoir diriger, vous vous heurterez à toutes sortes de résistances manifestes et cachées. Je cherche et je suis ce qui veut arriver. Comme il est dit dans le Tao Te Ching, « *Le meilleur leader se laisse guider* ».

Le contact est ma façon d'influencer le processus sans prendre les choses en main. En contactant, je fais savoir à la personne : « *D'accord, j'ai compris, vous pouvez me dire la suite. Vous pouvez passer à la chose que vous voulez dire ou que vous voulez faire* ». Je dis au client : « *Je vous ai suivi sur cette étape. Quelle est la prochaine étape ?* » Résultat, on danse tellement bien qu'on ne peut pas dire qui est le responsable. Le contact lubrifie les pistes. Être en contact et faire des contacts appropriés, au bon moment, sans rien faire d'autre, enclenche le processus vers l'expérience présente et l'expression spontanée.

Les meilleurs contacts sont des déclarations très simples. Bien qu'il existe d'autres types de contacts — comme celles qui résument le contenu de ce que le client a dit, les plus efficaces sont celles qui se contentent de nommer l'expérience présente. En nommant celle-ci, vous attirez l'attention du client sur ses expériences immédiates. Le contact résumé attire l'attention sur ce dont la personne parle. Comme ceci : « *Oh, alors c'est à peu près le moment où vous vous êtes mis en colère, hein ?* » Vous contactez le contenu. Ou, après que la personne ait parlé pendant trois ou quatre minutes, vous résumez cela par quelque chose comme ceci : « *Alors, c'est à propos de toutes les fois où vous étiez triste.* » C'est un contact récapitulatif. C'est bien. C'est utile pour communiquer au client que vous comprenez. Mais cela n'est pas aussi puissant et déterminant que le contact de l'expérience actuelle. L'expérience n'est pas seulement une question d'émotions. Elle peut être quelque chose comme : « *Vous vous souvenez de cela maintenant, n'est-ce pas ?* » Se souvenir est une expérience.

Quand on parle de contact, on inclut à la fois un état d'être en contact et une déclaration qui aide à créer un contact. Dans cet état, on pourrait dire que le client se sent contacté. Ou bien il est affecté de telle manière que même sans y penser, il sait que vous lui accordez toute votre attention. Si vous offrez toute votre attention à quelqu'un, si vous êtes vraiment présent et qu'il le reconnaît — même sans y penser — cela l'affecte. C'est un signal qui indique à la personne qu'il y a quelqu'un d'autre qui est impliqué dans ce qui se passe avec elle, qui suit ce qui se passe, qui comprend ce qui se passe et qui s'en soucie. Tout cela fait partie du contact. La situation est très différente lorsque vous entamez une relation avec l'intention d'établir un contact plutôt que de simplement recueillir des informations sur le problème d'une personne. La relation est totalement différente. Si votre intention est d'établir un contact, vous créez le cadre dans lequel cette personne peut s'épanouir, s'ouvrir émotionnellement. Ce n'est pas un processus abstrait où quelqu'un décrit son problème et où vous l'analysez, le diagnostiquez, et recommandez un traitement ou donnez des conseils. Il ne s'agit pas de résoudre un problème. C'est une tout autre façon d'entrer en relation. Cette méthode commence par le contact ; elle commence par l'établissement d'une relation dans laquelle la personne se sent en sécurité et comprise. La présence bienveillante s'occupe en partie de ce signalement. Les contacts font le reste.

Lorsque vous faites un contact, vous faites signe à la personne. Vous lui montrez que vous êtes présent et que vous la comprenez. Cela crée une relation très différente de celles que nous avons habituellement. Nous allons lentement. Nous ne sommes pas en train de nous occuper ou faire avancer les choses. Nous ne nous concentrons pas sur « Quel est le problème ? » Notre intention n'est pas de trouver une solution. Nous ne nous soucions pas de savoir qui a raison. Nous ne discutons pas, nous ne débattons pas. Nous écoutons vraiment du mieux que nous pouvons. Nous travaillons à établir un type de relation particulier, dans lequel la guérison mental-émotionnelle a de bonnes chances de se développer. Pour établir ce type de relation, les contacts sont essentiels.

Le suivi — Les étapes : Où va l'attention

Passons par les étapes du processus. Le travail psychothérapeutique que je décris ici exige de prêter attention à quelques éléments différents qui se succèdent rapidement. Pour ce faire, vous ne pouvez pas vous concentrer totalement sur l'un d'entre eux à l'exclusion des autres. Dans les interactions normales, nous nous concentrons sur le contenu de la conversation et en nous laissant en réalité envoûter par celui-ci. Partager l'attention sur plusieurs choses finit par devenir une habitude. Nous appelons cette formation de l'attention « *le suivi étroit* » *[souvent abrégé* **« suivi »** *en Hakomi et dorénavant dans ce livre]*.

Au début, cependant, il faut acquérir ces habitudes d'attention assez particulières. Ainsi, lors de la formation, nous nous exerçons délibérément à prêter attention à cinq aspects spécifiques du comportement du client. Je vais maintenant nommer chacun d'entre eux et les décrire en détail au fur et à mesure.

Premièrement, vous cherchez quelque chose chez le client qui inspire de la compassion et de l'appréciation, quelque chose qui vous fait vous sentir bien. C'est ainsi que vous créez et maintenez un état de présence bienveillante.

Deuxièmement, vous vous intéressez aux signes extérieurs de l'expérience actuelle du client. Vous prenez note des signes non verbaux qui laissent entendre ce que le client pourrait être en train de vivre à chaque instant.

Troisièmement, vous devez suivre la conversation sans y perdre entièrement votre attention.

Le quatrième type de suivi est difficile à décrire. Il s'agit d'avoir une idée générale du type de personne qu'est le client.

C'est plus général que de suivre l'expérience actuelle du client. C'est sa façon unique d'être avec tous ses traits et caractéristiques personnels. Vous vous occupez de ces choses, quelles qu'elles soient, qui vous donnent en quelque sorte des idées à propos du client et de qui il est réellement. Toutes les théories du caractère ont des mots pour catégoriser les gens : oral, anal, phallique, hystérique, psychopathe, rigide, limite, instable, désorganisé, schizoïde, et ainsi de suite. Ce sont toutes des catégories générales. Certaines concernent la pathologie, d'autres l'adaptation aux conditions inévitables de l'existence. Ce sont toutes des façons de s'entraîner à penser aux gens. Parfois, la connaissance de ces concepts vous permettra de comprendre rapidement un client. Mais, en général, ils ne vous aideront pas beaucoup à prendre les décisions qui sont l'essence même d'une thérapie adaptée. Pour bien pratiquer en thérapie, vous devez être capable d'utiliser le comportement actuel de manière précise pour entrer en contact, établir des relations et favoriser la découverte. Vous devez avoir des idées précises sur les émotions, les croyances, les images et les idées qui régissent la vie de votre client en ce moment et en général. Vous devez découvrir quels événements ont façonné son expérience actuelle, ses habitudes et sa façon d'être. Pour aider les clients à se connaître, vous devez d'abord les connaître, au moins en partie, et avec plus de précision que ne le permettent les théories sur le caractère. Bien sûr, il existe des traits communs entre les personnes, mais pour une thérapie rapide et efficace, il est plus utile d'avoir une sensibilité poétique et un œil aiguisé pour le grain fin.

Cette quatrième étape consiste à se familiariser avec le monde du client. Quelles sont les règles sous-jacentes, probablement inconscientes, qui façonnent son expérience et son comportement ? C'est ce que vous devez savoir pour aider le client à découvrir qui il est et comment il en est arrivé là.

Si, comme le dit Llinas (2002), nous sommes fondamentalement des machines à rêver : quel genre de réalité cette personne rêve-t-elle ? On peut donc se demander : « *De quel genre de réalité rêve cette personne ? »*

Toute cette recherche (suivi) est une préparation à la création d'expérimentations en pleine conscience qui aideront le client à découvrir comment il organise ses expériences, quelles sont les règles, quelles sont ses croyances fondamentales. Le client découvre les principaux souvenirs qui ont déterminé les règles et les croyances. Le thérapeute n'a pas besoin de savoir ces choses en détail. Il doit seulement en savoir suffisamment pour créer les expérimentations qui aideront le client à les découvrir. En tant que scientifique, le thérapeute doit être un bon devin. Et ensuite, il doit faire ces petites expérimentations dans la pleine conscience qui sont uniques au Hakomi.

Ainsi, vous ne vous contentez pas de suivre les changements d'un moment à l'autre — en étant présent avec le client et en le contactant — vous cherchez aussi ce qui ne change pas. Vous recherchez « qui ils sont », quelque chose de caractéristique, quelque chose qui suggère que ceci est lié aux modèles et aux règles plus profondes qui régissent l'expérience et le comportement de cette personne. Vous recherchez le style et la manière.

La cinquième chose que nous faisons avec notre attention est : de chercher des indicateurs. Ceux-ci ne sont pas aussi généraux que le caractère. Ce sont des habitudes spécifiques. Un indicateur peut être n'importe quelle habitude observable. Il peut s'agir d'une posture, comme l'angle dans lequel la personne tient sa tête. Ou encore un geste ou une façon de se déplacer. Ce peut être l'expression du visage qui est toujours là, ou un ton de voix. Vous cherchez et essayez d'écouter quelque chose qui pourrait être utile dans le cadre d'une expérimentation. Vous recherchez des indices concernant le matériau fondamental. Les indicateurs sont utilisés pour faire prendre conscience de ce matériau fondamental. Les expérimentations que nous faisons avec ces indices font évoluer le processus vers l'expression des émotions et permettent la prise de conscience des niveaux d'organisation de l'esprit.

Si vous pouvez être conscient de ces cinq lieux d'attention en même temps, votre travail deviendra créatif, passionnant et efficace. Il est donc important d'arriver au point où vous vous occupez de toutes ces choses automatiquement et sans effort. Il faut donner la priorité à ces cinq points :

1. cherchez quelque chose dans l'autre qui soutienne votre présence bienveillante ;

2. recherchez des signes de l'expérience présente ;

3. suivez la conversation ;

4. ressentez la personne dans son ensemble ; et,

5. recherchez des indicateurs.

Les raisons de ces priorités sont les suivantes : la présence bienveillante est le carburant émotionnel de toute l'entreprise ; c'est l'essence même des relations saines et guérissantes. Sans elle, rien de très important ne risque de se produire. C'est la première chose que vous voulez établir. Suivre et contacter l'expérience présente aide à créer la bonne relation pour la guérison. Ils permettent au client de savoir que vous êtes attentif et que vous comprenez ce qui se passe. Suivre la conversation est la chose normale à faire, donc... suivez-la, mais ne vous laissez pas envoûter par le contenu. Ne laissez pas les idées présentées devenir le centre de votre attention.

Se faire une idée de la personne dans son ensemble, par l'observation habile des communications non verbales et des indicateurs, vous permettra de vous ajuster et de réagir consciemment à cette personne. Cela aura un impact important sur la relation et fournira des idées pour des expérimentations, ainsi qu'un aperçu des expériences nourrissantes émotionnelles que le client a du mal à assimiler (expériences manquantes).

Les indicateurs

> Le concept d'indicateurs a été l'un des derniers perfectionnements du Hakomi. Au lieu d'utiliser des stratégies de caractère pour créer des hypothèses et des expériences, Ron a développé et enseigné à ses élèves à suivre les indicateurs parce qu'ils sont en nombre illimité et qu'ils offrent tous la possibilité de faire de bonnes expériences.

Les indicateurs

Rappelez-vous que vous faites beaucoup de choses à la fois. Vous étudiez le comportement du client pour trouver quelque chose d'intéressant, quelque chose qui pourrait être lié à une croyance fondamentale. Pour trouver des indicateurs, vous suivez le flux de l'expression non verbale. Ou bien, vous sentez quel genre d'expérience vous avez avec ce client en ce moment. Vous suivez ce qui se passe en général et en particulier, et vous trouvez des mots pour cela, en notant ce qui est intéressant dans tout cela. C'est peut-être un geste, une expression faciale, presque tout ce qui fait partie d'une manière d'être de cette personne. L'habitude de raconter des histoires ou l'habitude de corriger son propre discours en sont des exemples. Vous êtes à l'affût d'un comportement ou d'un élément de style ou de tout ce qui suggère qu'il peut y avoir un lien avec le caractère, les premiers souvenirs ou une émotion particulière. Vous recherchez donc des indicateurs.

C'est ainsi que le processus commence : conversation, présence bienveillante, suivi et contact, prise de conscience de la personnalité du client et recherche d'indicateurs. Cette première phase se poursuit pendant un certain temps (de quelques minutes à plusieurs séances). Le processus ne peut pas passer à l'étape suivante, la recherche d'indicateurs et la réflexion sur de petites expérimentations, tant que la première phase n'a pas fait deux choses : (1) le client se sent en sécurité et a confiance en son thérapeute, et (2) vous avez une idée d'un indicateur et d'expérimentations à faire avec lui. Tout en établissant ce sentiment de sécurité et de compréhension pour le client, vous avez cherché un indicateur. Avec un peu d'expérience, vous serez en mesure de trouver un grand nombre de bons indicateurs. Plus vous avez d'expérience, plus cela devient facile. C'est surtout un processus intuitif, qui consiste à sentir qu'il y a un message dans un comportement et à apprendre à lire ces messages.

Travailler avec les indicateurs

Faire une séance de thérapie signifie faire plusieurs choses à la fois. En plus d'obtenir et de maintenir une présence bienveillante, de suivre la conversation, de suivre l'expérience actuelle du client et de faire des contacts, dès le début, je recherche des indicateurs. Avec de la pratique, vous pouvez arriver à un point où votre inconscient adaptatif gère presque tout. Tout comme pour devenir expert en quoi que ce soit, être capable d'accomplir plusieurs tâches à la fois demande beaucoup de pratique (voir Brooks, 2009 ; Gladwell, 2018).

Lorsque l'inconscient adaptatif est capable de gérer ces autres tâches, le praticien a le temps de trouver et de réfléchir à des indicateurs. La première chose à faire pour réfléchir à un indicateur que vous avez trouvé est de vous interroger sur les types d'adaptations et de croyances qu'il exprime. Une fois que vous aurez une idée à ce sujet, vous allez vouloir penser à une expérimentation que vous pourrez créer pour travailler avec lui.

Voici ce qu'est un indicateur. Il s'agit d'un comportement habituel, généralement non verbal et presque toujours automatique, en dehors de la conscience. Les indicateurs sont des indices sur le type de situations auxquelles la personne a été confrontée dans sa vie et sur la façon dont elle a agi pour faire face à ces situations. Les indicateurs sont des signes extérieurs d'adaptations à des situations chargées en émotions, faites soit consciemment et délibérément, soit, de manière procédurale étant très jeune.

Travailler avec des indicateurs signifie ceci : vous recherchez une certaine qualité ou de petites d'habitudes chez le client. Il devrait s'agir de quelque chose d'intéressant pour vous, quelque chose que vous sentez lié à une adaptation et/ou à une croyance fondamentale. Certains indicateurs sont assez courants. Vous en avez vu beaucoup, même si vous ne les avez pas consciemment enregistrés. Et, si vous avez une expérience en Hakomi, vous en connaissez probablement certains en vous exerçant, en lisant et en regardant des séances. Vous connaissez peut-être même certaines expérimentations liées à des indicateurs particuliers. En vous exerçant, vous découvrirez d'autres indicateurs. Si, comme moi, vous aimez penser aux gens, travailler avec des indicateurs devrait être très satisfaisant. Au bout d'un certain temps, vous devriez devenir assez doué pour comprendre la signification des indicateurs que vous rencontrez.

Déplacer votre propre attention

Bien sûr, à un moment donné du processus, nous déplaçons l'attention du client vers un indicateur. Mais avant cela, nous devons porter notre propre attention sur la « sphère » des indicateurs : les comportements actuels du client et ses expressions non verbales. Certains indicateurs apparaissent dans l'histoire du client, comme les thèmes, les attitudes, les rapports d'expériences intenses, mais il est très probable qu'ils soient bien connus du client et qu'ils ne constituent pas les meilleurs moyens d'accéder à des éléments inconscients. Les habitudes, qui se situent en dehors de la conscience et qui ne sont pas contrôlées par une intention consciente, sont beaucoup plus susceptibles de refléter des éléments inconscients.

Une partie de notre attention se porte sur l'histoire. Nous devons suivre ce que dit le client, car ne pas le faire aurait un effet désastreux sur la relation. Il peut également être très utile de noter les mots et les phrases avec une emphase inhabituelle. Il est donc parfois nécessaire et utile de prêter attention à l'histoire. Mais il est plus utile et absolument nécessaire de prêter attention aux aspects non verbaux et aux micro-expressions du client. Les micro-expressions, ces expressions faciales et ces gestes qui se produisent très rapidement, parfois en moins d'une demi-seconde, peuvent être des indicateurs d'au moins deux choses : premièrement, ils peuvent être des signes de l'expérience actuelle du client. En tant que telles, elles sont très utiles pour faire des contacts. La deuxième chose qu'elles peuvent exprimer est un « commentaire » non verbal conscient ou inconscient sur ce qui est dit. Là encore, ils sont utiles pour faire des contacts, mais ils peuvent aussi être des indices de ce qui se passe plus profondément.

Il est particulièrement important de prêter attention aux comportements non verbaux qui semblent être habituels et un peu anormaux. Ces comportements ont presque toujours un lien avec des éléments inconscients. Comme il s'agit d'habitudes, elles fonctionnent de manière non consciente, et comme le client n'en est pas conscient, il n'en fait pas mention. Le thérapeute doit y attirer l'attention avant de pouvoir proposer une expérimentation en pleine conscience. C'est pourquoi nous devons déplacer l'attention du client. Mais, avant de pouvoir le faire, nous devons l'avoir vu ou entendu nous-mêmes. Donc, notre propre attention ne peut pas se porter uniquement sur l'histoire. Nous devons porter notre attention sur le conteur.

Ce type d'attention est exactement celui dont on a besoin pour créer des relations harmonieuses. C'est être plus concerné par la personne, plus attentif à l'expérience présente d'un autre être. C'est le fondement de la résonance limbique et de la présence bienveillante. Elle est concrète, opportune, riche de sentiments et de compréhension directe, et c'est une source première de compassion, d'humour et de plaisir.

Déplacer l'attention du client vers l'indicateur

Une fois tout cela établi, l'étape suivante peut être franchie : attirer l'attention du client sur l'indicateur. Pour effectuer ce changement, vous devrez peut-être interrompre le client ; vous pourriez être en train de passer à quelque chose dont le client n'est pas conscient. Cela pourrait le désorienter. Il est utile que le client ait l'expérience de la méthode et comprenne ce que fait le thérapeute. Si le client sait que l'objectif est la découverte de soi et que le thérapeute est là pour le soutenir, alors le fait de porter son attention sur un indicateur est accepté et n'est pas vécu comme une interruption. Mais ne passez pas à un indicateur tant que vous n'avez pas une expérimentation en tête. Sinon, tout le processus s'arrête là.

Les clés sont le synchronisme, le ton et le sujet. Le timing consiste à trouver une ouverture facile, un moment dans la conversation où vous avez la possibilité de changer de sujet. Le ton, c'est votre sensibilité aux perturbations que vous pourriez causer, en utilisant un ton et un langage doux. Le sujet consiste à trouver quelque chose qui sera probablement intéressant pour le client. Cela dépend généralement de son importance et de son degré de surprise pour le client. Là encore, la pratique rend cette étape facile et utile.

Pour attirer l'attention sur un indicateur, vous pouvez dire quelque chose comme *« Vous savez ce que je remarque chez vous ? »*. Ou : *« Il y a quelque chose que je trouve vraiment intéressant chez vous. »*. Quelque chose comme ça. Quel que soit le sujet de la conversation, lorsque cela vous semble juste, portez votre attention sur l'indicateur, quelle que soit sa forme d'expression — la façon dont le client bouge sa main, l'aspect de son visage, la façon dont il respire, quelque chose qu'il dit, un thème répétitif dans la conversation. Voici un exemple : vous remarquez que le client garde toujours la tête penchée d'un côté ou de l'autre. Vous pensez que c'est intéressant et si vous avez une certaine expérience dans ce domaine, vous savez que c'est un bon indicateur avec lequel travailler. Il s'agit généralement de doute et de méfiance, avec quelques souvenirs de trahison et de blessures émotionnelles. À titre d'expérimentation, vous décidez de demander au client de bouger lentement la tête à la verticale. Ainsi, au bon moment, vous lui dites : *« Vous savez, j'ai remarqué quelque chose chez vous qui pourrait être intéressant à expérimenter. C'est le fait que votre tête est toujours inclinée d'un côté ou de l'autre.*

Pouvons-nous faire une expérience avec cela ? » Il répond : « *Oui* ». Vous demandez la pleine conscience et un signal et ensuite vous faites l'expérimentation.

Avec une femme avec qui j'ai travaillé récemment, j'ai remarqué qu'elle bougeait sa main, sa main gauche, d'un mouvement brusque, en parlant de son père. Je lui ai fait remarquer. À titre expérimental, nous avons retenu sa main et c'est ainsi que nous avons pu accéder à sa colère. C'était notre expérimentation : lui retenir la main. Le résultat a été qu'elle a ressenti sa colère et est soudainement devenue terrifiée ; le souvenir d'avoir été terrifiée par son père a pris le dessus. Avec cette prise de conscience, nous l'avons aidée à se calmer et à réaliser qu'elle n'était plus en danger à cause de lui. Il est décédé depuis des années. Il vivait encore dans l'esprit et les habitudes de ma cliente, lui faisant encore craindre sa propre colère. Donc, la règle était : « *ne pas permettre la colère* ». La croyance était : « *cela va attirer une terrible raclée* ».

Les indicateurs comme données
pour les expérimentations

L'objectif de l'ensemble du processus d'utilisation des indicateurs pour développer des expérimentations est triple :

1. aider le thérapeute à comprendre le client ;

2. aider le client à se comprendre ;

3. le cas échéant, évoquer un processus de guérison.

Souvent, lorsque je parle de la signification d'un indicateur, j'utilise le mot « modélisation ». Je l'utilise dans le sens où vous créez un modèle théorique dans votre propre esprit sur les souvenirs, les adaptations et les croyances qui pourraient expliquer l'indicateur particulier que vous observez. C'est comme ça que la science fonctionne : on obtient des données, on crée une théorie à leur sujet et on trouve un moyen de tester cette théorie. Si vous ne pouvez pas faire quelque chose pour corroborer une théorie (c'est-à-dire la tester), cela ne sert pas à grand-chose. Vous pouvez avoir beaucoup d'idées sur un client, mais vous aurez besoin de trouver un moyen de les tester. Nous appelons ces tests des « expérimentations ». Comme on dit du jazz, « ça ne veut rien dire, si ça n'a pas le swing ».

Vous trouverez ci-dessous une série d'exemples d'indicateurs sous forme de données, les idées sur la signification de l'indicateur (théorie, modèle), les types d'expérimentations que l'on peut faire pour tester la théorie et les types de résultats qui soutiennent ou non la théorie.

Trois exemples d'indicateurs :

Indicateur : le client parle vite.

- Modèle : souvenirs de temps et d'attention non accordés.
- Croyance : doit transmettre rapidement ses pensées aux gens.
- Adaptation : parler vite.
- Expérimentations verbales : *« J'ai du temps pour toi. » « Je t'écoute. »*
- Suggestion d'expérimentation : parler lentement.
- Résultats possibles : soulagement, tristesse, souvenirs de ne pas avoir été écouté, tension.

Indicateur : tête en biais, détournée, yeux ne regardant pas directement le thérapeute.

- Modèle : souvenirs qu'on vous a menti, d'avoir été piégé, manipulé.
- Croyance : vous ne pouvez pas faire confiance aux gens pour vous dire la vérité.
- Adaptation : méfiance.
- Expérimentation verbale : *« Vous pouvez me faire confiance », « Je ne vous mentirai pas ».*
- Expérimentation physique : tomber en arrière et se faire attraper ou prendre le poids du bras.
- Résultats possibles : soulagement, pensées comme *« Non, je ne peux pas »* (c'est-à-dire *« Je ne peux pas faire confiance »*), « conneries », souvenirs de mensonges, etc.

Indicateur : hausser les épaules.

- Modèle : souvenirs d'avoir été blâmé.
- Croyance : les gens vont essayer de vous culpabiliser.
- Adaptation : exprimer l'innocence et/ou l'ignorance.

- Expérimentation verbale : *« Ce n'était pas ta faute »*, *« Je ne te blâme pas »*.
- Expérimentation physique : prendre en charge des épaules accablées.
- Résultats possibles : expression d'une colère chargée d'émotion.

Résultats des expérimentations :

Si l'expérimentation ne suscite aucune réaction, cela signifie probablement que le modèle est incorrect.

Comme résultat d'une expérimentation, le soulagement indique que le contenu expérimental a été nourrissant et assimilé. Ce n'est pas le genre de résultat qui mène généralement à un processus de guérison. Les processus de guérison concernent généralement ce qui est nourrissant au niveau émotionnel et spirituel qui est difficile ou impossible à assimiler. Ce qui est nourrissant au niveau spirituel est ce qui soutient le développement humain complet d'une personne vers l'amour et la liberté.

Indicateurs non verbaux et expériences formatrices

Pour accéder aux types de croyances qui influencent de manière généralisée et inconsciente l'expérience, le thérapeute doit se faire une idée des premières expériences formatrices du client ou des croyances implicites que les comportements du client expriment. Pour recueillir ces informations, le thérapeute concentre son attention sur les qualités de la posture habituelle du client, le ton de sa voix, les expressions du visage, les gestes, le contact visuel, les schémas de parole et autres. Quelques exemples : terminer les déclarations verbales par l'inflexion d'une question ou un visage habituellement triste ou une inclinaison de la tête.

Nombre de ces qualités sont des expressions non verbales habituelles de croyances implicites. Nous les appelons des indicateurs. Comme vous pouvez l'imaginer, il existe de nombreux indicateurs de ce type. Certains peuvent être tout à fait évidents quant à ce qu'ils révèlent sur le client. D'autres exigent que le thérapeute les apprenne au fil du temps. En Bioénergie, par exemple, les indicateurs sont souvent posturaux. Une poitrine enfoncée et des genoux bloqués pour un thérapeute en Bioénergie seraient des indicateurs d'un « schéma oral » (Lowen, 1972). Compte tenu de ce schéma, le thérapeute dispose à la fois d'un diagnostic et d'un moyen de procéder au traitement. Presque toutes les méthodes de psychothérapie utilisent ainsi des ensembles particuliers d'indicateurs et les qualifient généralement des symptômes. Dans cette méthode, nous utilisons les indicateurs différemment. Nous les utilisons pour obtenir des idées d'expérimentations.

Lorsque nous interagissons et établissons des relations avec les autres, nous ne nous concentrons généralement pas sur leurs petites habitudes apparemment insignifiantes. Dans une interaction ordinaire, c'est la conversation qui est la plus importante ; il se peut que nous ne pensions pas consciemment aux comportements non verbaux subtils d'une personne. Nous pouvons ignorer un léger sentiment de malaise qui résulte de la façon dont l'autre personne nous regarde, la tête toujours tournée d'un côté. Il y a de fortes chances qu'elle ne soit pas consciente de l'angle de sa tête ou du scepticisme qu'elle indique. Ce niveau d'interaction est généralement géré par l'inconscient adaptatif. En Hakomi, nous recherchons consciemment des indicateurs et la rotation de la tête est fréquemment observée.

Ayant fait à plusieurs reprises des expérimentations [avec cet indicateur], j'en suis venu à penser que ceci peut indiquer des expériences formatrices où la vérité n'a pas été dite ou que la personne n'a pas été comprise. L'émotion qui y est associée est généralement d'avoir été blessé. Bien que la blessure ne soit pas ressentie en ce moment, elle est l'expression d'une croyance implicite : *« Je dois faire attention à ce que les gens me disent ! Je pourrais être à nouveau blessé ».* Bien qu'il ne soit pas conscient, le message est clair dans les expressions non verbales.

Les indicateurs sont les expressions externes de ce processus. En Hakomi, nous utilisons les indicateurs pour créer des expérimentations, des expérimentations destinées à déclencher des réactions. C'est un élément essentiel de la méthode. Notre intention est clairement d'étudier le comportement d'un client non pas pour des symptômes de maladie, mais pour des sources d'expérimentations. Nous prévoyons que les expérimentations que nous réalisons permettront de faire prendre conscience au client des processus inconscients et adaptatifs à l'origine de ce comportement. Un thérapeute utilisant cette approche est considéré comme ayant une attitude expérimentale. Nous sommes des chercheurs de preuves, des preuves qui sont recueillies sur place, des preuves que les clients peuvent utiliser pour se comprendre eux-mêmes. L'idée de base est la suivante :

1. les indicateurs suggèrent des expérimentations ;

2. les expérimentations créent des réactions ;

3. les réactions sont la preuve de croyances implicites.

La collecte de preuves est l'essence même des expérimentations et c'est exactement pour cela que nous les faisons. Par exemple, si le client a l'habitude de tenir sa tête un peu décentrée et de se détourner légèrement, nous pouvons faire une expérimentation où le client, tout en étant conscient, tourne lentement sa tête vers le centre. La plupart des clients, lorsqu'ils font ce mouvement délibérément et attentivement, réagissent par la peur. Cette peur est liée au fait d'être émotionnellement blessé et elle est associée aux souvenirs de cet événement et aux croyances sur la façon de l'éviter. Le fait de tourner la tête de manière habituelle n'est qu'un indicateur et l'expérimentation n'est qu'une possibilité parmi d'autres. Il existe un nombre infini d'indicateurs possibles et d'expérimentations qui peuvent être réalisées. Trouver des indicateurs et concevoir des expérimentations appropriées est l'une des choses qui rendent ce travail si intéressant. C'est une combinaison de recherche d'indices comme un détective et de tests comme un scientifique. On est loin du « guérir par la parole ».

Il s'agit d'une très petite liste d'indicateurs, car Ron préférait ne pas donner de listes, mais plutôt de permettre aux gens de faire des hypothèses sur ce qu'ils observent.

Exemples d'indicateurs

Exemples de quelques indicateurs	Signification possible
Hochement de la tête, les yeux qui regardent pour vérifier	Vous comprenez ? Recherche d'être compris
Tête tournée sur le côté ou inclinée	Doute, incrédulité, méfiance
Menton poussé vers l'avant	Défi, obstination
Le menton tenu haut	Non affecté, supériorité, évitement des sentiments
Yeux toujours en quête	Vigilance, peur, traumatisme
Yeux généralement fermés	Ne pas vouloir être interrompu
Nombreuses interruptions de son discours	Peur de se tromper
Voix très douce	Faible énergie, émotions bloquées
Rythme de discours rapide	Pas sûr que l'attention durera, pas assez de temps
Correction de son propre discours	Ne pas être acceptable, attente de jugement
Points d'interrogation à la fin des phrases	Ne pas être compris, ne pas avoir le droit d'exister

Expression faciale (lorsque détendu)	Humeur, générale, émotion habituelle ou attitude de base
Haussement des épaules	*« Ce n'est pas ma faute »,* se sentir blâmé
Mains fermées en poings	Colère, défense
Soupirs	Tristesse, frustration
Désaccord immédiat	Protection de ses propres opinions
Poitrine affaissée	Défaite, démission, abandon
Dos arqué	Autonome
Rigide, tendu, contenu	Interdiction d'exprimer ses émotions, peur de violence

Les expérimentations

Deux essais sur les expérimentations et l'esprit expérimental. Ron considérait que les expérimentations précises en pleine conscience constituent l'une des contributions uniques du Hakomi au domaine de la psychothérapie.

Veuillez noter qu'à l'origine, Ron a utilisé le terme « sonde » pour désigner un type particulier d'expérimentation. Nous utilisons maintenant le terme « expérimentation verbale ».

Expérimentations — 1er essai

En poursuivant les niveaux de croyance les plus profonds, en voulant savoir quelles habitudes et convictions influencent les émotions, les pensées et les comportements du client, nous guidons ce dernier vers la conscience, la compréhension de son matériau fondamental. Ce n'est pas seulement notre curiosité, c'est notre méthode. Nous ne nous contentons pas de demander les informations que nous recherchons ; dans la plupart des cas, nous ne savons même pas quoi demander. Nous ne nous contentons pas de poser des questions. Poser des questions comporte ses difficultés. Cela ne donne généralement pas le type d'informations que nous recherchons. Cela suscite souvent des spéculations et des explications. Poser des questions crée une atmosphère de type interview, laissant le client passif et réfléchi. Les expérimentations, par contre, évoquent presque toujours les souvenirs, les images et les croyances qui existent aux niveaux les plus profonds. Ainsi, afin de faire prendre conscience de ce qui était inconscient, nous satisfaisons notre curiosité en étant des détectives et des scientifiques. Nous pensons et nous expérimentons. Nous travaillons de cette façon pour obtenir les informations que nous voulons et dont le client a besoin. Toutes nos techniques servent à cette fin.

J'ai fait de la supervision la semaine dernière. Plusieurs personnes étaient du niveau d'un enseignant (en Hakomi). J'ai remarqué qu'il y avait quelque chose d'important que je n'avais pas encore assez bien transmis. Il était assez clair pour tout le monde que la présence bienveillante est une grande partie du travail. Elle est essentielle et cela demande une certaine qualité de personnalité. (Nous l'avons tous, Dieu merci.) Et ce n'est qu'une partie du travail. L'autre partie du travail est un ensemble d'attitudes et de compétences qui sont nécessaires à ce que la construction de toute la méthode requiert, la chose centrale sur laquelle la méthode s'articule, le point d'appui : les expérimentations. Les découvertes que font les clients sont le résultat d'expérimentations. C'est ce que nous faisons que les autres ne font pas. En tout cas, je ne connais aucun autre processus thérapeutique qui fasse des expérimentations en pleine conscience. Ces petites expérimentations verbales et les choses que nous faisons, sont comme des moments assistés de perspicacité. Nous les mettons en place avec soin. Nous préparons le client. Nous attendons le bon moment. Quand tout est prêt, nous faisons soigneusement tout ce qu'il faut. Ensuite, nous attendons et demandons le résultat : soit l'expérience immédiate du client.

Expérimentations — 2ᵉ essai

La méthode est conçue pour conduire les clients vers une plus grande conscience des croyances implicites qui organisent leurs réactions et leurs expériences. Ce type d'information n'est pas facilement accessible à la conscience. Ce que nous faisons en Hakomi, c'est créer des expérimentations en utilisant nos suppositions sur ce que pourrait être le matériau inconscient. Nous tirons nos hypothèses de comportements qui sont les expressions superficielles de ces structures profondes. Nous les appelons des indicateurs. Les bonnes expérimentations évoquent presque toujours les souvenirs, les images et les croyances qui existent aux niveaux les plus profonds. Afin de rendre conscient ce qui était inconscient (et de satisfaire notre curiosité en étant des détectives et des scientifiques), nous réfléchissons, nous devinons et nous expérimentons. Toutes nos techniques servent à cette fin.

Les découvertes que font les clients sont le résultat d'expérimentations. C'est ce que fait cette méthode que les autres méthodes ne font pas. C'est la seule méthode que je connaisse qui permet de faire des expérimentations en pleine conscience. Ces expérimentations créent des moments de perspicacité, on pourrait dire, de perspicacité accompagnée. Voici la séquence :

1. une fois que notre relation avec le client est en place et que le client comprend ce que nous faisons, nous étudions le client pour trouver des indicateurs et nous formulons nos hypothèses sur ce qu'elles pourraient signifier et/ou sur

159

l'expérimentation que nous pourrions faire pour à la fois tester nos hypothèses et éventuellement amener des éléments inconscients dans la conscience du client ;

2. nous préparons l'expérimentation avec soin : nous préparons le client ; nous l'aidons à devenir conscient ; nous lui expliquons ce que nous allons faire ;

3. nous attendons le bon moment et quand tout est prêt, nous procédons à l'expérimentation avec soin;

4. ensuite, nous attendons et/ou demandons le résultat : la réaction immédiate du client.

Le processus commence par une présence bienveillante et celle-ci est maintenue tout au long. Il faut quand même changer de vitesse à un moment donné pour faire deux choses à la fois. Vous êtes en présence bienveillante — cela doit être un état d'esprit habituel qui façonne tout votre comportement (votre rythme, le ton de votre voix, la façon dont vous regardez les gens). En même temps, une autre partie de vous est habituellement à la recherche d'indicateurs. Vous êtes également à l'écoute de mots et de phrases clés. Vous pensez au système de croyances du client et à son enfance. Tout cela se passe dans les premières phases d'une séance. Mais la priorité est la présence bienveillante. Une partie de vous doit maintenir une présence bienveillante même pendant que vous recueillez toutes ces informations. Vous avez besoin d'informations... pour pouvoir expérimenter !

Une fois la présence bienveillante établie, vous recherchez des indicateurs. Lorsque vous en trouvez un, vous créez une expérimentation en l'utilisant. Vous devez avoir l'idée que l'indicateur est celui qui conduira probablement à du matériau plus profond. Vous devez imaginer le genre d'expérimentations que vous pourriez faire avec cet indicateur et peut-être même les réactions qu'elles pourraient entraîner. Votre expérience de la méthode au fil du temps vous aidera. Tout cela se passe dans votre esprit parce que vous devez savoir ce que vous allez faire. Comme la thérapie est un processus en temps réel, vous voulez réaliser cette partie assez rapidement. Ne commencez pas à mettre en place une expérimentation avant de savoir ce que vous allez faire. Les expérimentations doivent être mises en place de certaines manières précises.

Voici ce que je veux dire : Il y a trois parties essentielles de la mise en place.

La première : vous décrivez l'expérimentation au client. Vous lui donnez des instructions claires. Vous dites quelque chose comme : *« Je voudrais faire une expérimentation où vous entrez en pleine conscience et je vais... bla, bla, bla. »* S'il s'agit d'une expérimentation verbale, vous pouvez dire quelque chose comme : *« Dans cette expérimentation, vous allez vous mettre en état de pleine conscience et quand vous serez prêt, vous me donnerez un signal et je dirai quelque chose et nous verrons ce qui se passera. D'accord ? »* Cela aide les clients à se détendre un peu lorsqu'ils ont une idée de ce à quoi l'expérimentation va ressembler. Vous ne leur dites pas ce que vous allez dire — bien que vous puissiez le faire (je l'ai moi-même fait) — sans perdre la puissance de l'expérimentation. Donc, vous leur donnez une idée claire de ce que l'on attend d'eux et comment cela se passera.

Après avoir décrit ce que vous allez faire, vous obtenez la permission de le faire. *« Est-ce que ça vous convient ? »*. Faites un suivi afin de voir si cela semble vraiment correct pour le client. Un client peut dire *« d'accord »* malgré qu'il ait vraiment peur ou qu'il veuille faire autre chose. Si vous obtenez une permission claire et sincère, vous demandez et attendez que le client soit en pleine conscience. Vous dites : « *S'il vous plaît, soyez attentif et faites-moi signe quand vous êtes prêt !* » Vous recherchez des signes indiquant que le client est effectivement en pleine conscience. Vous surveillez les signes de pleine conscience et attendez le signal. Les signes sont : (1) le client devient très calme et (2) ses paupières battent de haut en bas au-dessus des yeux fermés. Ce mouvement des paupières est presque toujours un signe précis que le client est dans un état de pleine conscience. Je l'utilise tout le temps.

Bien sûr, la pleine conscience est un changement radical dans la façon dont nous sommes attentifs. Si vous travaillez avec un nouveau client, il se peut que vous deviez lui apprendre ce qu'est la pleine conscience et que vous deviez l'aider à s'y mettre dès la première fois.

Ensuite, vous faites l'expérimentation. Si elle est efficace, vous obtiendrez des résultats, des dénouements utiles. Il y deux types : (1) émotionnels et (2) de perspicacité. Parfois, ces deux types sont combinés. Si les émotions sont intenses, il est approprié d'offrir et de fournir du réconfort, si c'est accepté. Vous pouvez peut-être prendre en charge certains des comportements de gestion spontanée, s'il le permet. Vous proposez de soutenir les changements spontanés de posture et les tensions du client qui sont des moyens par lesquels l'inconscient adaptatif tente de gérer des expériences émotionnelles fortes. Quoi que le client fasse pour gérer ses émotions, vous le soutenez. Par exemple, si le client se couvre le visage avec ses mains, vous pouvez demander à un assistant de mettre ses mains sur celles du client si l'émotion est intense.

S'il s'agit d'une émotion légère, vous pouvez toujours obtenir des rapports sur l'expérimentation ou organiser une deuxième expérimentation basée sur la réaction émotionnelle qui s'est produite. Lorsqu'un client devient triste après une expérimentation, ou à tout moment pendant une séance, je propose qu'un assistant s'assoie à côté du client et l'entoure d'un bras ou pose une main sur lui. Si cette proposition est acceptée, je m'assois en silence et je laisse au client le temps de ressentir l'émotion et de faire des associations. Cela conduit très souvent à des souvenirs et/ou des idées. S'il s'agit d'une prise de conscience, si le client est silencieux et que vous pouvez voir par ses expressions faciales qu'il a des pensées et des réalisations, alors restez silencieux et observez. J'ai appris à faire cela à la fin de ma carrière. Lorsque le client a des idées, la meilleure chose à faire est de ne rien faire. N'intervenez pas ! Vous n'avez rien à faire. La perspicacité est un résultat très légitime d'une bonne expérimentation. Il suffit d'attendre ! Vous allez réaliser quand le client sera prêt à interagir à nouveau ; il ou elle reprendra contact avec vous. Vous pouvez alors dire quelque chose comme : « *Vous avez fait des prises de conscience, hein ? »*. Ou bien, regardez le client en silence et il vous racontera probablement tout cela.

Nous apportons du réconfort et du silence pour soutenir les réactions émotionnelles et les prises de conscience.

Cela ne se passe pas toujours aussi bien. Parfois, il n'y a pas de réaction à une expérimentation.

Parfois, le client a une pensée immédiate, une image ou un souvenir. Vous devez savoir quoi faire de ces choses. Si le client a une pensée qui lui vient à l'esprit, vous pouvez demander à un assistant de la prendre en charge. Ce type de prise en charge [de la pensée] est une expérimentation à la suite de la première. Il faut procéder de la même manière. Il y a aussi des expérimentations que vous pouvez faire avec des images et des souvenirs. Parfois, une expérimentation évoque un état de conscience d'enfance. Parfois, des souvenirs forts surgissent. Il y a des façons de travailler avec tous ces éléments. Je n'entrerai pas dans les détails maintenant.

Je voudrais souligner deux choses à propos des expérimentations. La première est qu'elles sont au centre du processus et la deuxième c'est qu'elles nécessitent un soin particulier lorsque vous les faites.

Vous pouvez créer des expérimentations non seulement à partir d'indicateurs physiques, mais aussi à partir de déductions sur ce que le client dit ou fait. Par exemple, un client peut avoir des prises de conscience et ne pas les partager avec vous. C'est une sorte d'indicateur. Vous pouvez réfléchir à ce genre de choses en vous demandant : « *Quand quelqu'un prend-il l'habitude de ne pas partager ? ; Quel genre d'enfance la personne a-t-elle eu ? ; Pourquoi ne pas partager ? ; Quel genre de système de croyances se cache derrière ce genre de comportement ?.* » C'est un peu ce genre de réflexion que vous faites. On peut supposer que la personne qui ne partage pas ne s'attend probablement pas que les autres vont lui venir en aide. C'est une hypothèse que nous pourrions avoir. Donc, nous pouvons ensuite tester cette idée. Les expérimentations sont avant tout des tests d'idées. Le fait qu'elles soient évocatrices fait partie de notre type de travail, mais en gros, ce sont des moyens de tester vos idées sur le client.

> « *Le test de toute connaissance est l'expérimentation. L'expérimentation est le seul juge de la "vérité" scientifique.* »
>
> *(Feynman, 1964)*

> « *En général, nous recherchons une nouvelle loi par le processus suivant : d'abord, nous la devinons ; ensuite, nous calculons les conséquences de notre hypothèse pour voir ce qui serait impliqué si cette loi que nous avons devinée*

> *est juste ; ensuite, nous comparons le résultat du calcul à la nature, avec l'expérimentation ou l'expérience, nous le comparons directement avec l'observation, pour voir si cela fonctionne. Si elle est en désaccord avec l'expérimentation, elle est fausse. Cette simple affirmation est la clé de la science. Peu importe la beauté de votre hypothèse, peu importe votre intelligence, qui l'a faite ou son nom — si elle [la loi] n'est pas en accord avec l'expérimentation, elle est fausse. »*

(Feynman, 1964)

Vous mettez en place des expérimentations pour tester vos idées sur le client. Et les expérimentations que vous mettez en place sont également conçues pour évoquer quelque chose. Les réactions évoquées vous donnent des réponses à vos questions et, si les expérimentations sont bonnes, elles font avancer le processus vers la prise de conscience et le changement. Si vous pensez que le fait de ne pas partager est le résultat d'une croyance fondamentale qui dit, *« ne vous attendez pas à ce qu'on vous aide »*, alors vous faites une expérimentation verbale du genre *« je vais vous aider »*. Ou bien, vous demandez au client de se renverser vers l'arrière et vous l'attraperez. Si ceci est difficile pour le client ou si le fait de dire *« Je vais vous aider »* déclenche des pleurs et de la tristesse, alors vous avez testé votre idée et vous avez fait avancer le processus.

J'ai encore une chose très importante à dire sur les expérimentations. Lorsque vous faites une expérimentation, assurez-vous d'obtenir les données. Obtenez les données ! Obtenez les résultats ! Vous demandez au client : *« Veuillez noter votre réaction immédiate lorsque... »* Vous voulez savoir ce qui s'est passé. Si vous ne pouvez pas voir et entendre ce qui s'est passé, obtenez un rapport ! C'est une des raisons pour lesquelles vous avez fait l'expérimentation. Pour savoir ce qui se passerait. Vous n'êtes pas seulement curieux, vous avez aussi besoin de cette information pour faire avancer le processus. Bien sûr, vous aurez souvent remarqué ce qui s'est passé. Dans ce cas, vous n'avez pas besoin de demander les données ; vous les avez déjà. Faites un contact ou quelque chose du genre !

Et s'ils ne vous disent pas leur réaction immédiate ? Et s'ils deviennent rêveurs et commencent à dire quelque chose comme : *« Vous savez, ma mère avait l'habitude de faire ces biscuits »*. Voulez-vous entendre parler des biscuits ou voulez-vous savoir ce que le client a ressenti lorsque vous avez fait l'expérimentation ? Vous n'êtes pas là pour écouter des histoires. Une expérimentation peut conduire à des diversions. Si elle semble le faire, interrompez. Quand vous en aurez l'occasion, dites : *« Alors, vous vous souvenez de ces superbes biscuits, hein ? Je comprends qu'ils avaient très bon goût. Mais, vous ne m'avez pas dit ce qui s'est passé avec l'expérimentation. Pouvez-vous me le dire ? »* Obtenez les données !

Pour résumer : en remarquant les indicateurs et par vos déductions, vous vous faites des idées sur le client.

Ensuite, vous testez ces idées par des expérimentations. Donc, il faut trouver des idées et les tester. Trouver des idées et tester.

C'est l'opération de collecte d'informations dans le cadre du processus thérapeutique. Les expérimentations suscitent souvent de fortes émotions et des idées. C'est une autre bonne chose qui peut arriver. Lorsque cela se produit, vous poursuivez en travaillant avec la gestion de l'émotion. Tout cela conduit à des découvertes. Le processus fonctionne lorsque le client découvre quelque chose sur ses convictions les plus profondes et ses modèles du monde. Parce que nous recherchons ces mêmes informations, nous conduisons le client à obtenir exactement ce qu'il veut pour lui-même.

Alors, faites des expérimentations et obtenez les données. Les données peuvent vous mener à l'étape suivante du processus.

Ce que vous ferez ensuite dépend de ce qui a été évoqué. Cela va aussi vous dire si vos idées sont bonnes ou non. Si vous voulez vraiment mettre en pratique la seule chose qui vous permettra de maîtriser la méthode, c'est ceci : trouver des idées et les tester. Vous ne ferez pas que de la thérapie, vous ferez de la science. C'est aussi amusant. C'est pour cela que les gens font des randonnées dans les bois. C'est pour ça que les gens lisent des romans policiers. C'est pourquoi les scientifiques restent éveillés la nuit.

Prise en charge

La prise en charge est l'une des deux ou trois techniques les plus importantes dont dispose la méthode. L'utilisation de la pleine conscience telle qu'elle est pratiquée en Hakomi, est certainement unique. Mais si la pleine conscience, empruntée à la pratique spirituelle, est toujours utilisée en Hakomi de la même manière, des techniques comme la prise en charge sont spécifiques dans leur application et différentes à chaque fois. Ces techniques de « petite expérimentation », comme la prise en charge et les expérimentations verbales, sont immensément inventives ; elles rendent le travail très puissant et créatif entre les mains d'un bon » « expérimentateur ». Je voudrais donc décrire un peu pourquoi la prise en charge est si puissante.

Comme je l'ai expliqué dans mon livre **Body Centered Psychotherapy** (Kurtz, 1990), la prise en charge est née d'un événement qui s'est produit lors d'un atelier que j'ai donné il y a plus de vingt ans. Une femme en cours de thérapie se rapprochait d'un souvenir extrêmement douloureux. Elle était allongée sur le dos et, alors qu'elle s'approchait de plus en plus du souvenir de cette chose, elle s'est arquée sur le sol, se soutenant sur ses talons et l'arrière de sa tête. Je me sentais tellement mal en la regardant que j'ai décidé de l'aider. J'ai mis ma main sous son dos et j'ai proposé de prendre le poids de son corps. Lorsqu'elle s'est détendue et m'a laissé faire, l'expérience qu'elle gardait en dehors de sa conscience a immédiatement envahi tout son être. Elle est apparue dès qu'elle s'est détendue. Au lieu de ressentir la peur et l'anxiété

168

qu'elle venait de ressentir — des sentiments qui étaient gérés par la cambrure involontaire de son dos — elle ne ressentait plus qu'une tristesse accablante. Cette transition soudaine a été une grande surprise pour moi (et je pense pour elle). J'ai été surpris de la facilité avec laquelle l'expérience redoutée pouvait être amenée à la conscience, simplement en aidant une personne à gérer son évitement de cette expérience.

Plus tard, j'ai associé cette technique à l'une des choses fondamentales que Feldenkrais faisait dans son travail. Pour comprendre la prise en charge, il faut comprendre ce que Feldenkrais a fait et pour quoi il l'a fait. Feldenkrais prenait en charge le poids de n'importe quelle partie du corps avec laquelle il travaillait. Il la déplaçait pour la personne. Il voulait apprendre aux gens à bouger plus efficacement, avec moins d'efforts. Il travaillait avec des personnes qui ne pouvaient pas bouger correctement, comme les paralytiques, ou qui, pour une raison ou une autre, ne pouvaient pas bouger un bras ou une jambe du tout. Il voulait montrer comment bouger et comment se déplacer le plus facilement possible. Dans le cadre de cet enseignement, il a pris le poids du bras et a fait le mouvement pour la personne, encore et encore, le même petit mouvement, peut-être cinquante fois. Si la personne ne pouvait pas étendre son bras en douceur, si ses bras tremblaient tellement qu'elle ne pouvait pas tendre la main pour prendre un verre d'eau et le boire sans tout renverser, il lui apprenait comment le faire. Il prenait tous les petits mouvements nécessaires et il faisait chaque petit mouvement avec ses mains, ses poignets, ses avant-bras. Chacun, cinquante fois. Pendant qu'il faisait cela, il observait la respiration de la personne. À un moment donné, la personne se détendait et la respiration devenait plus libre. C'est le moment où la personne pouvait sentir le mouvement. Cela pouvait parfois prendre dix ou quinze minutes. Mais, lorsque la personne pouvait sentir le mouvement, elle pouvait aussi faire le mouvement. Une fois que la personne avait fait l'expérience d'une chose, son esprit pouvait trouver un moyen de la recréer. Après tout, ce que vous vivez est déjà quelque chose que l'esprit a créé. Comment cela aurait-il pu se produire autrement ?

Une grande partie des problèmes liés au mouvement, même pour les gens ordinaires, est la suivante : lorsqu'ils essaient de bouger, par exemple pour tourner la tête, ils font plus d'efforts et utilisent plus de muscles que nécessaire. Ils en font trop. Et ils n'ont pas appris à n'utiliser que les muscles dont ils ont besoin. Par conséquent, ils sont plus tendus qu'ils ne le devraient et cette tension leur rend difficile de ressentir ce qu'un mouvement plus facile leur ferait ressentir. Par exemple, une personne qui se tourne pour voir quelque chose peut bouger son torse, ses épaules, sa tête et son cou comme s'ils formaient une unité indivisible. Pour remédier à cela, Feldenkrais déplaçait chaque partie par elle-même, afin que la personne puisse apprendre à différencier une partie d'une autre. Une fois qu'elle avait appris cela, la personne ne pouvait bouger que les parties qui sont réellement nécessaires pour faire ce qu'elle essayait de faire. Il faisait ressentir à la personne ce qu'est ce mouvement minimal, mais maximalement efficace. Et il le faisait en le faisant pour la personne, encore et encore, jusqu'à ce que la personne « comprenne ». « *Vous ne pouvez pas faire ce que vous voulez tant que vous ne savez pas ce que vous faites* », avait-il l'habitude de dire.

Il prenait en charge le poids parce qu'il voulait que vous abandonniez la tension. Il faisait le mouvement à votre place, parce qu'il ne voulait pas que vous fassiez d'effort. C'est la tension qui le rendait difficile à ressentir. C'est pourquoi la femme s'est arc-boutée comme elle l'a fait. Une partie de son esprit, en créant cette cambrure, avait produit une énorme quantité de tension dans son corps... pour qu'elle ne ressente pas la tristesse. L'arc était involontaire, en ce qui concerne son esprit conscient. Elle avait l'impression que cela se passait « tout simplement ». Mais à un certain endroit en dehors de la conscience, c'était bien sûr délibéré. Le fait est — et ce n'est pas nouveau — que la tension bloque les sentiments.

Voici un exemple. Certaines personnes croient, sans en être conscientes, qu'elles doivent tout faire pour elles-mêmes, que personne ne les aidera. Cela fait paraître beaucoup de choses ordinaires beaucoup plus difficiles qu'elles ne le sont en réalité. Les personnes ayant de telles croyances et perceptions deviennent tendues avec la détermination de réussir malgré leur isolement. L'expression corporelle de cette détermination est une mobilisation des muscles des yeux, de la mâchoire, du cou, des épaules, de la poitrine et des jambes, qui dit en effet : *« Je suis prêt à affronter seul les défis de la vie »*. Cette utilisation de leur corps les aide à garder leur solitude et leur faiblesse hors de leur conscience, lorsque ces sentiments menacent d'émerger.

Ainsi, lorsque nous proposons de prendre en charge le poids des épaules et si la personne nous le permet un peu, un instant plus tard, elle ressent la tristesse qui voulait s'exprimer et juste après, un souvenir d'avoir été laissée seule vient à la conscience. C'est le pouvoir de la prise en charge.

C'est un schéma général : les tensions sont utilisées pour gérer les expériences douloureuses. Lorsqu'une personne gère des expériences douloureuses de cette manière, elle croit, à un certain niveau, qu'elle doit le faire. Et cette croyance et les tensions qu'elle contrôle sont des habitudes. La femme a dû se cambrer comme elle l'a fait. Pour son esprit conscient, c'est arrivé comme ça. Donc, quand je propose de l'aider, j'offre cette aide à une partie de son esprit qui croit qu'elle doit gérer l'expérience. Je propose d'être un allié pour cette partie. Je n'essaie pas de percer ses « défenses » ou de lui enlever quoi que ce soit ; je suis reconnu comme quelqu'un qui est là pour l'aider. Quelque chose au fond d'elle reconnaît que je suis de son côté. C'est une autre partie importante de la prise en charge : le thérapeute est perçu comme un allié par les parties de l'esprit qui gèrent les expériences douloureuses.

Une façon courante de concevoir la gestion du comportement est de le considérer comme une « résistance ». Un thérapeute qui conteste cette résistance pourrait, si une femme se cambrait comme la femme citée précédemment, la pousser vers le bas jusqu'à ce qu'elle s'effondre. Si le thérapeute faisait cela, cela pourrait très bien avoir pour effet d'évoquer une tristesse contenue et des souvenirs cachés. Cela fonctionnerait, pour ainsi dire. Mais cela aurait également pour effet de transformer le thérapeute en ennemi des parties de la personne qui tentent de gérer cette expérience. On aurait l'impression que les expériences sont forcées, qu'elles sont involontaires. Le thérapeute ne se sentirait pas comme un allié. Et le résultat probable, à long terme, serait une bien plus grande « résistance » qui, à mon avis, serait justifiée et inévitable.

> « *C'est comme accélérer dans une voiture quand vous êtes perdu ; le résultat vous permet généralement de vous perdre dans une zone plus large* ».
>
> *(Penzias, 1990)*

Il existe différentes formes de prise en charge, tant physique que verbale. Toutes ont la qualité de soutenir le comportement de la gestion émotionnelle du client. Elles sont toutes porteuses du message : « *Je suis de votre côté, je vous aiderai à faire tout ce que vous croyez devoir faire pour vous protéger, même si ces croyances elles-mêmes ne sont pas conscientes* ». Cela fait de l'inconscient un allié et, pour un thérapeute, il n'y a pas d'allié plus puissant que l'inconscient du client. Quand je propose de prendre en charge quelque chose, la personne n'a pas à le permettre, elle n'a pas à me donner le poids, si elle ne le veut pas. Il y a des gens qui ne peuvent pas permettre la prise en charge du poids de leurs épaules. Ils n'ont pas ce niveau de confiance. C'est un autre avantage de la prise en charge : c'est volontaire ! La personne avance à son propre rythme. Les gens vont au fond d'eux-mêmes quand ils sont prêts. Il n'y a pas de sentiment d'être forcé. La méthode est non violente.

Voici un autre exemple. Il y a des gens qui se serrent la nuque pour ne pas se sentir désespérés. Lorsque je pratiquais moi-même l'approche bioénergétique, je demandais à une telle personne de s'allonger sur un canapé, la tête tournée vers le bas, au bout du canapé. Ensuite, je poussais sur la tête de la personne jusqu'à ce que les muscles de son cou lâchent, ce qui lui faisait ressentir son désespoir. Aujourd'hui, je mets une telle personne dans la même position et ensuite, les mains sur le front de la personne, je lui propose de prendre le poids de sa tête. Si la personne accepte mon offre, elle peut maintenant s'entraîner, petit à petit, à détendre les muscles du cou sans s'effondrer ou se retenir complètement. Pendant que j'ai le poids de sa tête, la personne peut expérimenter de ressentir son désespoir. C'est l'essence même de la prise en charge — soutenir la gestion du comportement d'une personne afin qu'elle puisse, à son propre rythme, le relâcher volontairement.

De la même manière, nous prenons en charge les réactions d'une personne à un contact donné comme une expérimentation verbale. Ces pensées spontanées sont très souvent aussi une forme de gestion. Lorsque vous les prenez en charge, cela a le même effet que de prendre en charge n'importe quelle gestion du comportement. La personne laisse volontairement une autre personne reprendre cette voix afin de se permettre de laisser monter les émotions, les croyances et les souvenirs cachés qui, sans que nous le sachions, dirigent ces parties de nous-mêmes auxquelles nous n'avons pas été confrontés auparavant.

La prise en charge est un moyen d'offrir à une personne une chance de se détendre, de renoncer à certains efforts. Même lorsque vous reprenez une pensée, le fait que quelqu'un d'autre la vocalise soulage la tension. Plus précisément, ce sont les parties qui opèrent à partir d'un endroit involontaire qui renoncent à l'effort (si elles le souhaitent). Lorsque cela se produit, la personne commence souvent à ressentir ce qui était caché à la conscience, comme un souvenir douloureux ou une impulsion dangereuse. Ainsi, lorsque nous prenons en charge quelque chose, il arrive très souvent qu'une émotion ou une image vienne rapidement et facilement à la conscience et qu'un processus émotionnel s'enclenche.

Pour toutes ces raisons, la prise en charge est un ensemble de techniques puissantes, non violentes et créatives et constitue une grande partie de ce qui fait du Hakomi la méthode qu'elle est.

La guérison
et les expériences
manquantes

Ce chapitre contient une série d'essais tirés du manuel de formation 2010 de Ron, d'une compilation de ses lectures de la méthode Hakomi *(Readings 2010),* des transcriptions d'entretiens avec des étudiants et un commentaire par courriel de Donna Martin sur les expériences manquantes. Ensemble, ils offrent aux étudiants l'étendue de la pensée de Ron sur le sujet de la guérison et de la plénitude.

Le processus de guérison

L'impulsion de guérir est réelle et puissante et se trouve chez le client. Notre travail consiste à évoquer ce pouvoir de guérison, à répondre à ses épreuves et à ses besoins et à le soutenir dans son expression et son développement. Nous ne sommes pas guérisseurs. Nous sommes le contexte dans lequel la guérison est inspirée.

La guérison est un processus spontané. Elle est programmée génétiquement et attend d'être mise en ligne en cas de besoin. C'est ainsi que Stephen Porges décrit le système d'engagement social. Il attend d'être mis en ligne. Chez les personnes autistes, le système ne se met pas en ligne. Il est disponible, mais, pour une raison quelconque, il n'est pas mis en ligne. Les stimuli normaux qui permettraient de mettre en ligne le système d'engagement social ne le font pas.

La guérison est un autre processus qui se met en ligne spontanément lorsque vous en avez besoin. Un bon exemple serait un doigt coupé. Un doigt coupé se répare de lui-même. Vous n'avez pas à contrôler cela. Si rien n'interfère avec le processus et que votre corps dispose des ressources nécessaires, il se guérira de lui-même. Cependant, sous certaines conditions, le processus de guérison, tout comme le système d'engagement social, ne se met pas en marche.

Nous nous préoccupons des dommages qui ont été causés à la santé mentale et émotionnelle d'un client. Ces systèmes peuvent également être dépassés. Lorsqu'ils le sont, ils sont traités par des adaptations qui permettent d'éviter d'autres dommages, comme l'hypervigilance ou l'engourdissement. Certaines adaptations interrompent ou empêchent le processus naturel de guérison. Les dommages ne peuvent pas être intégrés. Le problème douloureux ne se résout pas. Il est dévié sur le côté et reste dans les coulisses. Repoussé, il sape la force et l'énergie, mine la clarté et, à bien des égards, perturbe la pensée, les sentiments et le comportement. Parfois, elle ne reste même pas dans les coulisses, comme lorsque des événements traumatisants sont vécus de nouveau dans des flashbacks. Les adaptations sont toujours en cours. Ce sont les innombrables habitudes qui constituent notre comportement quotidien. Elles sont automatiques et fonctionnent normalement en dehors de la conscience.

C'est donc la première chose : la guérison est un processus spontané qui peut être interrompu. C'est exactement ce que font certaines techniques psychothérapeutiques ; elles interrompent le processus de guérison, souvent lorsqu'il commence à peine à se produire. Par exemple, quelque chose survient lors d'une séance de thérapie et le client devient soudainement triste. Certains thérapeutes sont formés pour poser des questions comme *« Où ressentez-vous cela dans votre corps ? »* Ou, pire encore, *« Pourquoi êtes-vous triste ? »* Le simple fait de poser des questions trop tôt ou trop souvent interrompt le processus de guérison. Tout ce qui retire le client de son expérience et lui demande des informations ou une explication interrompt le processus naturel de guérison émotionnelle. Le client peut ne pas avoir l'explication. Il se peut que le processus commence tout juste à se dérouler. Il peut être le début de toute une série d'événements de guérison organisés par l'inconscient adaptatif. Il se peut qu'il n'ait besoin que de temps. Il se peut que le thérapeute doive garder le silence. Le processus est spontané. Il surgit spontanément et se poursuivra spontanément s'il n'est pas interrompu. Par exemple, après que l'émotion soit apparue, après un certain laps de temps, des souvenirs et des images peuvent surgir.

Tout ce que vous avez à faire quand le processus de guérison est en cours, c'est de le soutenir. Vous pouvez souvent soutenir le processus, par un léger toucher sur le bras ou la main lorsque la tristesse est ressentie. Bien sûr, le toucher est problématique pour les thérapeutes professionnels. Pour les gens ordinaires, et même pour certains de nos cousins mammifères, c'est une évidence.

Si vous voulez aider, vous ne posez pas de questions et vous ne faites pas beaucoup de contacts. Vous posez une main réconfortante sur la personne, vous vous taisez et vous attendez. Le client fermera probablement les yeux et approfondira son expérience. Il aura probablement des souvenirs et des idées qui l'aideront à intégrer l'expérience douloureuse originale. Cela se produit parce que, lorsque vous avez une émotion spontanée, l'esprit va automatiquement essayer de lui donner un sens et il va rechercher des associations, des idées, des croyances, des souvenirs et des images qui sont cohérentes. Mais seulement si vous ne l'interrompez pas.

Le client peut lui-même interrompre le processus. C'est ce qui se passe depuis le début. Si vous avez établi une relation dans laquelle le client sait sans y penser que vous n'allez pas l'interrompre, si vous attendez lorsque la personne s'arrête de penser, si vous pouvez attendre lorsque le client ferme les yeux, si vous pouvez lire les signes que le client pense ou ressent quelque chose en se concentrant sur ses propres pensées, souvenirs et sentiments, et si vous attendez simplement, vous favorisez le processus de guérison. À un moment donné, le client ouvrira les yeux et vous regardera.

Quand il le fera, soyez là à l'attendre. Laissez le client parler en premier. Il se rendra compte que vous êtes resté en contact. Le client aura le sentiment inconscient qu'il peut prendre son temps, qu'il peut aller à l'intérieur et commencer à donner un sens à ce qui lui arrive. Il se peut que cela n'ait pas tout à fait de sens immédiatement, mais le processus ira de l'avant. Les petites choses qui surviennent lorsque les clients ouvrent les yeux et vous racontent ce qu'ils ont vécu sont très importantes. Ce qu'ils vous disent sera très probablement quelque chose qui aidera le processus de guérison à se poursuivre.

Voilà donc comment aider un processus de guérison à se compléter. C'est ainsi que vous arriverez aux souvenirs et aux croyances qui sont tenus en échec par les adaptations qui, bien qu'elles offrent une protection affective, empêchent également la guérison. Pour moi, la chose la plus importante que vous puissiez faire est d'apprendre à lire les signes extérieurs qui indiquent que la personne fait un travail intérieur. Elle n'est pas en somnolence ou en train de se détendre. Elle fait son processus. Et il y a des signes qui montrent qu'elle travaille, que son esprit travaille. C'est parfait qu'elle ne vous parle pas. Vous n'avez pas besoin d'explication. Vous n'avez pas besoin de connaître l'histoire. Vous devez être capable d'attendre patiemment pendant qu'elle fait son travail intérieur. Lorsqu'elle en sort, il peut y avoir autre chose à faire, une autre étape dans le processus. Il peut s'approfondir à ce moment-là. Éventuellement, elle arrive à une prise de conscience importante et guérisseuse. Cette prise de conscience contient généralement des informations sur ce qui manquait. Une partie de cette expérience manquante est presque toujours une personne qui fait ce que vous faites en ce moment. Si vous réconfortez la personne, ou si vous attendez patiemment, si vous écoutez, si vous êtes compatissant — ces choses auraient facilement pu être ce qui manquait. Si cette personne avait été là, le processus aurait peut-être déjà été complété. Il peut se compléter maintenant, lorsque tous les bons éléments sont en place. C'est aussi simple que cela.

La relation de guérison

J'avais l'habitude de penser que la psychothérapie était intrapsychique, que le client faisait tout le travail intérieurement. Le thérapeute suggérait des choses, mais n'était pas vraiment impliqué en tant que personne. C'était ma façon de penser. Je me voyais comme un technicien. Mon image était celle du samouraï, dans le film *Seven Samurais*, qui était un maître du sabre, mais qui faisait ce qu'il faisait sans émotion, sans passion et sans personnalité. Son but était la précision parfaite. Je me voyais de la même façon, comme un technicien qui essaie de maîtriser les techniques. C'était sans doute inspiré par un de mes défauts de caractère, mais j'aimais cette image : précise, technique, sans sentiments ni implication personnelle. J'en étais secrètement fier.

J'ai fini par voir que les difficultés qui se présentaient en thérapie étaient le résultat de mes limites personnelles, de ma personnalité immature dans sa qualité d'être. Ce n'était pas du tout des problèmes techniques et ce n'était pas une question de maîtrise. C'était mon égo, mon attitude gonflée et mon incapacité à comprendre les gens, parce que je ne comprenais pas certaines choses en moi. Il s'agissait de ma capacité à établir des relations.

Encore une fois, l'objectif a changé et le changement a été vertical. C'était plus profond que la technique. Je suis arrivé à un endroit où je me suis concentré pendant quelques années sur ce que j'ai appelé la relation de guérison. Pour qu'une relation de guérison se produise, il fallait plus qu'une simple sécurité, il fallait la coopération de l'inconscient. Il fallait une relation au niveau de l'inconscient, un lien profond, de personne à personne — et c'est une voie à double sens. Non seulement j'ai appris que j'avais besoin de la coopération de l'inconscient, mais j'ai aussi appris que je devais en être digne. J'avais besoin de la mériter.

La relation de guérison implique deux choses fondamentales. Premièrement, le thérapeute doit démontrer qu'il est digne de confiance, qu'il ne porte pas de jugement et qu'il est compatissant. Deuxièmement, il doit démontrer qu'il est présent, attentif et qu'il comprend vraiment ce qui se passe pour la personne. Si le thérapeute peut constamment démontrer ces choses à la personne, il gagnera la coopération de l'inconscient.

L'inconscient attend quelqu'un qui puisse le faire. Si le client a des secrets douloureux, de la honte, de la confusion et une douleur émotionnelle, le thérapeute devra faire preuve d'une sensibilité, d'une compréhension et d'une attention extraordinaires pour devenir un allié de l'inconscient. L'inconscient gère cette douleur depuis longtemps. Il ne permettra pas à n'importe qui de faire partie de ce processus. La relation de guérison consiste à gagner la confiance et la coopération de l'inconscient par la compassion et la compréhension. Si vous y parvenez, la thérapie est vraiment efficace. La construction d'une telle relation ne doit pas nécessairement prendre trois mois ou trois ans. Cela peut prendre seulement quinze minutes. Mais la créer exige plus que des compétences techniques.

La création d'une relation de guérison en thérapie exige que le thérapeute soit un certain type de personne, une personne naturellement compatissante, capable d'être radicalement présente, capable de donner toute son attention à l'autre, capable de voir profondément les gens et de comprendre ce qui est vu. Tout cela nécessite un certain état d'esprit. Nous pourrions appeler cet état d'esprit non égocentrique. Le thérapeute doit être libéré d'autant d'habitudes égocentriques que possible lorsqu'il travaille avec le client. Réaliser cela et enseigner cela a été le grand saut vertical suivant pour le Hakomi. Ce saut allait au-delà de la simple utilisation de la pleine conscience et de la non-violence. Il s'agissait de savoir qui était le thérapeute, la personne, ou « l'être », du thérapeute. Il s'agissait de la conscience du thérapeute.

Le bon état d'esprit

Lorsque j'ai réalisé l'importance de la relation client-thérapeute, j'ai commencé à comprendre quelque chose à propos de « l'autre comme une véritable intériorité ». Ce que nous faisons à ce niveau du travail, je l'appelle le développer la relation de guérison. Je crois très fortement au pouvoir de l'inconscient. Je suis d'accord avec Jung (cité dans Hall et Nordby, 1973) sur ses énormes capacités et son lien avec ce que John Nelson a appelé le « *Spiritual Ground* » (Nelson, 1994). Il me semble que pour travailler avec succès, nous devons avoir la coopération de l'inconscient adaptatif du client. Pour cela, nous devons démontrer deux choses. Premièrement, nous devons démontrer que nous savons ce qui se passe, particulièrement que nous comprenons l'expérience actuelle de la personne. Deuxièmement, nous devons démontrer que nous sommes compatissants et attentionnés. Nous ne devons pas porter de jugement. Si nous pouvons démontrer ces deux choses, l'inconscient adaptatif coopérera presque toujours. Non pas qu'il vous donnera tout ce que vous voulez — non. Mais, si vous maintenez votre bon comportement, il vous permettra de faire partie du processus de guérison. Il vous écoutera et vous prendra au sérieux. Il vous rendra le respect que vous lui témoignez. Plus important encore, il permettra au processus de se dérouler et il « ouvrira la voie » à des impulsions et des souvenirs spontanés du client.

La compréhension et la compassion ne sont pas des techniques. Pour créer une relation de guérison, elles doivent être réelles. Vous ne pouvez pas simplement dire que vous comprenez ou que vous avez l'air compatissant. Cela ne trompera pas l'inconscient de quelqu'un pendant très longtemps. Il faut vraiment être compatissant. Lorsque vous comprenez et que vous êtes compatissant, et que vous pouvez démontrer avec succès que vous l'êtes, alors vous obtiendrez la coopération de l'inconscient. Le travail progresse alors sans heurts, facilement et plus rapidement. L'inconscient peut déployer la guérison de la manière la plus remarquable qui soit.

Lorsque le contexte est favorable, le travail se déroule bien. Si le thérapeute ne crée pas le bon contexte, le processus prendra beaucoup de temps.

Cela m'a satisfait pendant un certain temps, ce travail avec la relation de guérison. Je me suis rendu compte que le travail que je dois faire pour devenir un être humain à part entière consiste à créer le bon état d'esprit. Avec le bon état d'esprit, la compréhension et la compassion viennent tout naturellement, sans effort, la relation de guérison se développe sans effort, la méthode et les techniques fonctionnent facilement et le processus se déroule plus rapidement.

L'intendance

Martha Herbert (2000) a rédigé un document sur l'intendance qui nomme deux visions du monde ou systèmes de croyances opposés. Elle appelle la première vision du monde un système de croyances déconnecté orienté vers le contrôle ; la seconde, un système de croyances connecté orienté vers l'intendance.

Deux systèmes de croyances. Deux visions du monde. Une sur le contrôle. L'autre sur l'intendance. Toutes deux avec des hypothèses et des implications élaborées sur la façon dont nous vivons et travaillons dans ce monde, des implications sur qui nous sommes et sur la façon dont nous sommes en relation les uns avec les autres et avec l'environnement. J'aimerais parler de ces systèmes de croyances par rapport à la méthode Hakomi.

L'un des grands enseignements de la philosophie taoïste est que la nature fonctionne mieux lorsqu'on n'interfère pas avec elle. *« Le printemps arrive et l'herbe pousse toute seule »* est un vieux dicton zen. Aujourd'hui, on parle beaucoup de systèmes auto-organisés. On pourrait dire que le printemps arrive et que l'herbe s'auto-organise. Ce n'est pas très bon comme poésie, mais le message est essentiellement le même. C'est-à-dire qu'il y a des forces à l'œuvre qui n'ont pas besoin d'être contrôlées par l'homme. Le cerveau, a-t-on estimé, utilise deux milliards de bits d'information par seconde, dont seulement deux mille sont utilisés par l'esprit conscient. Il se passe beaucoup de choses sans notre contrôle, même sans notre conscience. Plusieurs articles et livres récents en témoignent.

Une autre intelligence, beaucoup plus grande, organise tout cela. Imaginez que vous deviez contrôler toutes les réactions chimiques qui ont lieu dans votre corps et tout le traitement nerveux qui a lieu dans votre cerveau. Ce n'est même pas possible de l'imaginer.

Les processus de guérison fonctionnent souvent très bien avec un minimum d'interférence du système de croyances déconnecté et orienté vers le contrôle. La nutrition et le repos fonctionnent bien pour le corps et il en va de même pour l'esprit.

Considérez ceci — Pierre Janet, le grand psychologue français (cité dans Bargh et Chartrand, 1999), croyait que la maladie psychologique était amenée de cette façon : à un moment lorsqu'une personne est émotionnellement vulnérable, un incident bouleversant peut submerger l'esprit. La personne n'a pas les ressources nécessaires pour intégrer l'événement d'une manière qui ait un sens et qui puisse être incorporée dans sa connaissance du monde. L'événement est en quelque sorte contenu et le processus d'intégration ne se produit pas, laissant la personne avec un événement émotionnel encapsulé, enfoui dans l'inconscient. Bien que cet événement enfoui reste en dehors de la conscience et non intégré, il crée une sorte d'irritation et affecte les états mentaux et le comportement de la personne. Parmi les effets, on peut citer le développement d'habitudes et de croyances, ainsi que des comportements inconscients qui contrôlent les sentiments et la mémoire et empêchent la matière non intégrée d'atteindre la conscience.

Les conditions nécessaires à la guérison et à l'intégration dictent les trois grandes phases de la méthode. Tout d'abord, nous devons créer une relation dans laquelle le travail douloureux peut être accompli. Deuxièmement, nous devons amener l'événement non intégré à la conscience. Et troisièmement, nous devons soutenir le processus d'intégration. Pour amener le matériau habituellement maintenu hors de la conscience, nous devons avoir la permission, la coopération et une méthode efficace. Il existe des moyens de surmonter les défenses et de faire prendre conscience de ces événements, mais ces moyens peuvent avoir des effets négatifs. Ils peuvent recréer l'expérience traumatisante (Bromberg, 2006).

Une approche avec force suscite automatiquement une résistance et une grande dépense d'énergie. La force n'est ni raisonnable ni efficace pour la plupart des guérisons. Pensez à un doigt coupé ! Ou à la culture de roses. Oui, nous pouvons soutenir ces processus, mais les forcer n'est même pas possible. Sans parler de la douleur et de la résistance que peut provoquer la tentative de les contrôler.

Cependant, de tels processus peuvent être faits avec intendance. Dans cette méthode, l'évocation de l'événement inconscient se fait avec la connaissance consciente et la permission orale du client. Les clients comprennent que les expérimentations qui sont mises en place sont conçues pour évoquer les émotions et les souvenirs de tels événements. Une expérimentation bien faite déclenche souvent un processus de guérison et les clients le savent. Les clients sont quelque peu préparés lorsqu'ils entrent en état de pleine conscience. Ils peuvent contrôler leurs réactions dans une certaine mesure.

Lorsque des émotions intenses et douloureuses surgissent, la gestion du processus de guérison commence. Ces processus sont spontanés et il existe des moyens clairs de les gérer. Pour cela, il faut faire preuve de gentillesse, de retenue et, éventuellement, de réconfort. Il faut surtout faire preuve de sensibilité et reconnaître le besoin de silence pendant les moments où le client intègre ce qu'il est en train de vivre. Ces éléments « nourrissent » le processus. Lorsque l'herbe pousse toute seule, elle a encore besoin d'un bon sol, d'un peu de pluie et de soleil.

Le cours naturel de la guérison

« Dans cette perspective, les comportements individuels qui sont généralement considérés comme symptomatiques d'une mauvaise santé personnelle peuvent être considérés comme fonctionnels, adaptatifs et utiles pour l'individu dans le système au sein duquel il fonctionne. Bien qu'ils fassent un effet boomerang sur l'acteur d'une manière qu'il n'aime pas, ils témoignent de sa force et de sa débrouillardise de base, voire de sa volonté, plutôt que de sa faiblesse ».

(Joanna Macy, 1991)

Je ne considère pas la méthode Hakomi affinée comme un moyen de guérir la maladie. Je la considère comme un type d'apprentissage spécifique, le désapprentissage des adaptations qui causent des souffrances inutiles. Je pense ainsi parce que, comme pour tous les aspects du développement humain, les adaptations doivent être faites sur la base de l'expérience.

La guérison, en général, est un processus dirigé de l'intérieur. Au début du développement du Hakomi, je l'ai dit très clairement lorsque j'ai écrit *« La réponse est à l'intérieur »,* c'est-à-dire à l'intérieur du client. J'ai également écrit : *« L'impulsion de guérir est réelle et puissante et se trouve à l'intérieur du client. Notre travail consiste à évoquer ce pouvoir de guérison, à répondre à ses tests et à ses besoins et à le soutenir dans son expression et son développement ».*

Nous ne sommes pas guérisseurs. Nous sommes le contexte dans lequel la guérison est inspirée.

La guérison mental-émotionnelle est « coordonnée et

contrôlée » par l'inconscient adaptatif. Souvent, nos expérimentations faites avec le client en pleine conscience initient un processus de guérison. Celui-ci est marqué par des pensées et des souvenirs spontanés et/ou l'expérience soudaine d'une émotion. Nous soutenons le processus de guérison de plusieurs façons. Lorsque le client devient triste, nous lui offrons un contact physique doux, lorsque le client réfléchit et démontre par des signes extérieurs qu'il est en processus interne, par exemple, les yeux fermés, de petits hochements de tête, des changements rapides d'expression faciale — nous restons silencieux. C'est parce qu'une émotion va faire naître des associations, comme des souvenirs et des pensées qui aident à expliquer la présence de l'émotion.

Lorsque des comportements de gestion spontanés se manifestent, nous les soutenons si nous en avons la permission. En termes de Hakomi, il s'agit d'une « prise en charge ». Nous accordons une attention particulière à l'émergence d'événements spontanés, comme les impulsions, les souvenirs, les pensées et les émotions. Ce sont souvent des indices de la direction que le processus devrait prendre et sont des signes des opérations de l'inconscient adaptatif. Lorsque de tels événements se produisent, nous essayons de les utiliser dans ce que nous faisons ensuite, comme une autre expérience. Cet aspect du processus s'appelle suivre, ou, *« se laisser guider »* *[par le déroulement du processus]*.

Les processus de guérison par l'émotion et le mental commencent souvent après une expérimentation en pleine conscience. Il existe des processus spontanés qui se déroulent dans de bonnes conditions ; nous fournissons ces conditions du mieux que nous pouvons. Les meilleures conditions pour la guérison sont la présence bienveillante du thérapeute, la non-interférence avec le processus, le toucher doux, la tenue dans les bras et le réconfort, l'attention, le silence et la patience.

Dans le cadre du déroulement naturel d'un processus de guérison, les souvenirs et les pensées qui donnent un sens à la réaction émotionnelle sont attirés dans la conscience qui aide à lui donner un sens. Et c'est exactement ce que nous voulons qu'il arrive !

Au cours de ce processus, nous recherchons les signes extérieurs indiquant que le client a des souvenirs et des idées et qu'il intègre l'expérience émotionnelle, telle que des signes de concentration profonde sur le visage et des hochements de tête, indiquant la réalisation ou l'accord avec une idée.

Au cours de ce processus, le client rassemble des souvenirs et des idées et leur donne un sens, un sens à ce qui vient de se passer et à ce qui s'est passé il y a longtemps, qui a laissé de la confusion, qui a laissé des sentiments douloureux incomplets et sans signification ni cohérence.

Après une expérimentation en pleine conscience, les clients commencent souvent à faire ce travail interne. Ce faisant, ils ont souvent une mémoire précise qui donne un sens à leurs réactions et ils peuvent être capables d'articuler les croyances implicites qu'elle a créées.

Le processus peut se dérouler en boucle à travers des émotions, des associations, des intuitions, des souvenirs, des émotions plus profondes, davantage d'associations, etc.

Les expériences manquantes

Certaines expériences formatrices puissantes ont nécessité des adaptations douloureuses, mais nécessaires et pour certaines de ces expériences, les éléments qui auraient pu favoriser la guérison faisaient défaut. Certaines expériences sont difficiles à intégrer et certains aspects de ces expériences non intégrées s'expriment à travers des habitudes et des croyances implicites qui aident à gérer les difficultés qu'elles causent encore. Ces habitudes sont des fonctions de l'inconscient adaptatif.

Il manque parfois une expérience fondamentale : la présence d'une personne calme, compatissante, patiente et compréhensive pour s'occuper de la personne qui souffre et soutenir le processus de guérison. Au-delà de cette expérience fondamentale manquante, il existe une grande variété d'autres expériences de guérison qui peuvent être créées pour le client.

Lorsque nous aidons à faire prendre conscience d'une croyance fondamentale limitative, nous voulons alors lui offrir une expérience qui la remette en question. Certaines croyances fondamentales sont extrêmes et maintenues de manière rigide. Par exemple, une personne peut croire, à un niveau fondamental, qu'on ne peut faire confiance à personne. Une expérience dévastatrice de trahison peut faire en sorte que cette croyance semble bonne à tenir, puisqu'elle protège contre toute nouvelle trahison. Une personne ayant cette croyance fondamentale sera prudente avec tout le monde et ne fera pas vraiment confiance à qui que ce soit. Cette personne peut se retirer du contact et préférer être seule — parce qu'elle se sent plus en sécurité. Ce modèle est extrêmement limitatif. La vérité, c'est que certaines personnes sont dignes de confiance et d'autres non. Certaines personnes vous feront du mal et d'autres non. Vous devez juste être capables de faire la différence. Pour ce faire, vous devrez faire l'expérience de la confiance. C'est une expérience manquante que nous nous efforçons maintenant de créer.

Vous ne connaîtrez la profondeur de votre méfiance que lorsque quelque chose l'illuminera. Lorsque vous travaillerez sur cette question, il se peut que vous vous rendiez compte que vous ne vous êtes jamais senti en sécurité nulle part. Vous pouvez maintenant travailler avec cette peur, la traverser, y survivre, la compléter et créer la possibilité de vous sentir en sécurité.

Une partie importante de la méthode consiste à créer une expérience manquante. Elle peut être puissante. Une personne qui ne s'est jamais sentie en sécurité va vivre une expérience puissante lorsqu'elle y parviendra enfin. Ce qui est utile, c'est de passer du temps avec cette expérience *[de sécurité]*, la stabiliser et d'y créer des voies d'accès. Lui donner du temps semble tout à fait naturel pour le client. Ensemble, nous attendons simplement chaque nouvelle prise de conscience et nous étudions les nombreux aspects de l'expérience. Je ne dirige pas ce processus. Je le suis.

Je veux donner au client le temps de l'absorber pleinement, de le mémoriser, de le savourer, d'en apprendre ce qu'il peut et d'en faire l'expérience encore et encore. L'important, c'est de l'intégrer. Le client peut faire l'expérience d'une série de nouvelles idées. Je peux me contenter de regarder, en faisant de temps en temps un commentaire agréable. Le client peut parler de ces idées ou non. Lorsque cette expérience manquante est savourée et stabilisée, le client change. L'ancien modèle est maintenant erroné ou du moins incomplet. Il doit être révisé. Un modèle de base a d'énormes implications, à tous les niveaux, de la physiologie à la relation. Son intégration prend beaucoup de temps. Dans une séance typique, il faut parfois trente minutes pour arriver à l'expérience manquante et vingt à trente minutes supplémentaires pour la savourer. Il faut parfois des années pour l'intégrer complètement.

Afin de stabiliser réellement le nouveau modèle, la personne doit l'utiliser, dans toutes sortes de situations applicables. Les changements de ce type sont intégrés, une décision à la fois.

Qu'est-ce qui manque ?

Quels types d'expériences manquent et à quel point ? Pour ce qui est des expériences manquantes, celles qui sont importantes pour la pratique thérapeutique sont celles qui impliquent des émotions sociales, des expériences autour des relations. C'est ce qui manque. Quand je pense à toutes les expériences manquantes dont j'ai facilité l'évocation chez les clients, la sécurité, le contact, le confort, toutes les expériences positives et nourrissantes, elles sont toutes liées aux relations. Bien sûr, elles se déroulent toutes dans le cadre de la relation avec le thérapeute et le groupe. Cela fait partie du « cerveau social », l'interaction entre les cerveaux. C'est, selon le terme très utilisé par Schore, la *« régulation psychobiologique interactive »*. (Schore, 2008). Le thérapeute et le groupe fournissent le type de réponses sensibles et nourrissantes qui apportent le soutien nécessaire au développement d'un sentiment de sécurité et de compétences socio-émotionnelles, précisément le même soutien dont un enfant a besoin de la part de ses parents et pour les mêmes raisons.

Une autre question à se poser est de savoir qu'est-ce qui fait que ces expériences sont manquantes ? J'ai trouvé deux façons puissantes par lesquelles les expériences deviennent manquantes. La première est la peur qui empêche le type d'actions et/ou d'organisation qui permettrait l'expérience, comme la peur de tendre la main peut entraîner un rejet. Par organisation, je veux dire que la perception et la mémoire sont organisées pour éviter, minimiser ou échapper aux

197

conséquences de la recherche de l'expérience manquante. L'expérience manquante est une expérience positive, qui serait normalement souhaitée, mais l'histoire personnelle associée à cette expérience est douloureuse. L'offre de l'expérience manquante dans le cadre thérapeutique commence à évoquer ces souvenirs douloureux et les habitudes qui gèrent de telles situations prennent le dessus. La crainte d'être blessé, déçu, humilié motive l'évitement de ce qui est réellement désirable.

Les actions évitent également les situations où l'expérience pourrait se produire. La peur n'est pas toujours consciente et peut être la première chose à évoquer lorsqu'on travaille sur le sujet.

Deuxièmement, les expériences sont manquantes en raison d'une sorte d'aveuglement, que l'on peut appeler transe. La personne n'est tout simplement pas au courant de l'expérience. Elle ne peut pas la voir. Elle ne peut pas s'en souvenir. Elle ne peut pas s'en occuper, même si elle se produit juste devant elle. Dans le cadre de la transe, il y a aussi une impuissance imaginaire. C'est-à-dire que la personne n'a pas le sentiment qu'elle fait quoi que ce soit pour empêcher l'expérience de se produire (Wolinsky, 1991).

Courriel de Donna Martin à Ron concernant les expériences manquantes :

« Je vois encore une façon que certaines personnes ont tendance à mal comprendre quand on parle "d'évoquer des souvenirs d'enfance"... comme si on évoquait des souvenirs précis d'événements ou de situations du jeune âge... et qu'on réparait en quelque sorte des choses qui se sont produites ou qui ne se sont pas produites dans le passé. C'est un point subtil, car je sais que les expériences passées nous ont façonnés et blessés et sont stockées comme des "souvenirs" dans notre

façon habituelle de percevoir et de donner un sens aux événements présents et donc de réagir dans le temps présent. Il est pourtant si facile pour les thérapeutes de se laisser piéger par l'idée que nous sommes en quelque sorte en train de guérir l'histoire de quelqu'un. Ce que j'aime dans le Hakomi, c'est qu'il met l'accent sur le présent — et l'expérience vécue — comme seul endroit valable où nous pouvons participer et donc changer les choses. Il est utile de savoir que les croyances et les réactions d'une personne sont des adaptations aux expériences passées... les expériences étant le mot clé, car elles peuvent avoir un rapport avec ce qui s'est passé ou ne s'est pas passé, mais elles peuvent aussi avoir un rapport avec la façon dont l'enfant a perçu et donné un sens à ce qui se passait... souvent/généralement de façon inexacte. La vérité est que nous ne pouvons qu'émettre des suppositions à ce sujet, et je pense que nos suppositions sont quelque peu hors de propos en ce qui concerne la manière dont nous pouvons aider la personne à s'ouvrir à de nouvelles possibilités. Plus nous laissons entendre que nous sommes là pour réparer les dommages ou les blessures du passé, plus nous risquons d'être de connivence avec l'idée que quelque chose ne va pas blâmer l'histoire de quelqu'un et devenir des sauveteurs — plutôt que de donner aux gens le pouvoir de se réveiller à la souffrance inutile causée par leurs propres habitudes et croyances... quelles qu'elles soient. Au lieu "d'évoquer les souvenirs d'un jeune âge", serait-il exact de dire que nous recherchons des indicateurs et éventuellement des exemples de la façon dont le client se souvient, car cela nous montre comment le client organise son expérience présente en fonction d'idées et de croyances et d'habitudes perceptives et comportementales qui sont probablement le résultat d'expériences passées que nous ne pouvons que deviner. Je suis très soucieuse d'éviter la tendance psychothérapeutique à pathologiser et à aborder la thérapie en termes de ce qui est (ou était) mauvais et doit être corrigé, particulièrement avec le type de clients pour lesquels le Hakomi travaille le mieux, qui sont capables et désireux de s'étudier et de s'ouvrir à davantage de moyens disponibles pour être nourris par la vie. »

L'intégration

« Des événements émotionnellement significatifs peuvent permettre de continuer à apprendre de l'expérience tout au long de la vie. Un tel apprentissage peut être considéré comme, en fait, le développement continu du cerveau. L'expérience joue un rôle primordial dans la stimulation de nouvelles connexions neuronales, tant dans la mémoire que dans le processus de développement. »

(Siegel, 1999)

Les expériences manquantes sont expérientielles, relationnelles, positives et propices à l'établissement d'un sentiment de cohérence chez un individu. D'ordinaire, je parle des croyances fondamentales qui influencent l'organisation de l'expérience, mais il ne s'agit pas seulement de croyances. Le fonctionnement d'un esprit intégré comprend non seulement les croyances, mais aussi les attitudes, les intentions, les pensées, les sentiments, les images et la mémoire.

L'expérience manquante, quelle que soit la croyance ou la situation qui l'évoque, est toujours une expérience positive. Elle procure toujours un soulagement ou un plaisir et une nouvelle perception de soi, plus positive. Une expérience manquante se produit dans le cadre d'une relation sensible et très harmonieuse avec le thérapeute et, dans certains cas, avec un groupe.

Les conditions de soutien à l'expérience manquante semblent assez claires. Nous devons être extrêmement sensibles à l'état mental-émotionnel de l'autre personne et nous devons nous y adapter. C'est ce que nous appelons le suivi étroit *[abrégé suivi]* et l'adaptation aux besoins inconscients. Nous devons savoir quoi faire lorsque les gens

201

sont dans différents états mentaux. Ces états sont souvent inconscients. C'est-à-dire que les clients peuvent ne pas reconnaître ou ne pas avoir de mots pour décrire et réfléchir à l'état dans lequel ils se trouvent. Il se peut qu'ils n'aient pas pratiqué l'auto-observation de manière sérieuse. C'est comme s'ils ne savent pas vraiment qui ils sont et quelle est leur situation. Et, nous devons les rencontrer sur place, là où ils se trouvent. Nous devons donc être présents d'une manière spéciale, sensible, adaptable et très « avec » l'autre personne. Bien sûr, nous devons également faire preuve de compassion et d'attention.

Il se peut que pour soutenir la régulation de l'affect chez nos clients, nous, les thérapeutes, devions cultiver en nous un état d'esprit particulier, un état d'esprit qui évoque chez nos clients celui que la mère aimante évoque chez son enfant. Sur le plan neurologique, un hémisphère droit qui parle à un autre. Nous devons transmettre une préoccupation calme et compatissante pour le client. L'état d'esprit qui le fait le mieux est celui qui est soutenu par une capacité bien développée à prendre plaisir à la réussite et au bonheur de l'autre. Appelez cela de la compassion ou de la joie compatissante. Appelez cela un regard positif inconditionnel. Appelez cela de l'amour. Appelez cela comme vous voulez. Cela reste la responsabilité première du thérapeute. La franchise a un pouvoir unique de provoquer un changement positif. C'est aussi un sentiment doux et bon pour la santé mentale. Le simple fait d'être dans cet état d'esprit où l'on est présent et sensible et capable de répondre aux besoins émotionnels du client représente quatre-vingt-dix pour cent du travail. Le reste est constitué d'interventions techniques occasionnelles qui font avancer le processus.

L'intégration se fait lentement, au fur et à mesure que de nouvelles croyances plus réalistes se forment. L'énergie est drainée de la longue lutte et devient disponible pour vivre ce moment précis. La confusion cède la place à la clarté. Une joie délicieuse est ressentie et le plaisir de voir de nouvelles possibilités positives surgit. Dans le processus d'intégration, nous sommes témoins du cours naturel des choses.

Pour les personnes qui ont subi un traumatisme et pour les thérapeutes qui travaillent avec les traumatismes, je recommande le travail de Pat Ogden (2015) et de Peter Levine (2019).

Le processus et la structure

Les essais suivants sont compilés à partir du manuel de formation 2010 pour la méthode Hakomi affinée et de *Readings 2010* sur la méthode Hakomi d'étude de soi accompagnée basée sur la pleine conscience. Certains des textes ont été rédigés en format essais plutôt qu'énoncés sous forme de listes afin de clarifier les enseignements de Ron. Certains des textes sont restés sous forme de puces pour plus de concision et de clarté. Cette section aidera les étudiants à comprendre la logique et le processus de la méthode.

Un aperçu de la méthode

1. Découverte de soi accompagnée

Voir le travail comme une découverte de soi accompagnée est l'une des différences majeures entre cette méthode affinée et le Hakomi original et d'autres psychothérapies. Une deuxième différence majeure entre le Hakomi et les autres psychothérapies, ce qui est unique au Hakomi pour le moment, est que nous faisons des expérimentations précises en pleine conscience tout simplement. La méthode de découverte de soi accompagnée requiert non seulement les compétences du praticien, mais aussi des engagements explicites de la part de la personne accompagnée.

2. Qualités et compétences requises d'un praticien

Les praticiens doivent être capables de maintenir un état d'esprit compatissant et centré sur le présent, un état que nous appelons la présence bienveillante. Celle-ci combine plusieurs habitudes de ressenti, d'attention et d'état d'esprit. C'est une combinaison intégrée d'attitude, d'état émotionnel et de concentration de l'attention. La compassion est le premier et le plus important élément, la présence est le second. Être continuellement présent, c'est rester concentré sur les comportements observables du moment, surtout les activités non verbales du client qui modulent la communication et régulent la relation. En particulier, le thérapeute doit observer les signes de l'expérience actuelle du client ainsi que ses qualités générales et ses comportements habituels. Ce type d'attention nécessite de surmonter l'une de nos habitudes les plus fortes et les plus courantes, à savoir la collecte d'informations par le biais de questions et de conversations. Les praticiens doivent devenir des maîtres de la lecture des informations dans les comportements non verbaux. Six ensembles de compétences sont nécessaires aux praticiens et sont décrits plus loin dans ce chapitre.

3. Engagements et compétences requises du « client »

En Hakomi, nous utilisons le terme « client », mais nous ne pensons plus à lui en termes psychothérapeutiques habituels. Dans la méthode affinée, les clients peuvent être considérés comme des personnes qui s'étudient, c'est-à-dire qui cherchent à savoir qui elles sont devenues et comment, avec de l'aide, elles peuvent explorer et résoudre les problèmes qui les troublent et les confinent. Le client doit être capable d'entrer dans un état d'esprit centré sur le présent, centré sur l'expérience, non contrôlant et vulnérable (état de pleine conscience). Il doit comprendre que le processus comporte comme élément central des expérimentations faites en pleine conscience. Le client doit être prêt à s'engager dans ce processus même si des émotions douloureuses peuvent surgir. Ce sont là les engagements et les compétences requises des personnes qui sont clientes de la méthode affinée du Hakomi. Si la personne est très anxieuse ou facilement distraite, ou si elle ne comprend pas ce que le processus exige réellement, le travail peut être difficile ou impossible sans une certaine préparation préalable.

4. Expérimentations

Les expérimentations sont réalisées avec le client dans un état de pleine conscience et sont spécifiquement conçues pour évoquer des réactions qui aideront à faire prendre conscience des éléments inconscients tels que les souvenirs fondamentaux, les émotions sous-jacentes et les croyances implicites. Les réactions aux expérimentations sont notées en état de pleine conscience et signalées au thérapeute. Les réactions peuvent être des pensées, des sentiments, des images, des impulsions, des souvenirs, des tensions ou toute combinaison de ces éléments. Les résultats des expérimentations sont les données à partir desquelles nous concevons les prochaines expérimentations dans un processus itératif d'autoexploration.

5. Comportements non verbaux

Il existe deux types de comportements non verbaux qui présentent un intérêt primordial : les signes extérieurs de l'expérience actuelle du client et les indicateurs observables du matériau fondamental. Le fait de détecter ceux qui sont momentanés est l'une des façons dont nous construisons et entretenons notre relation avec le client. Le fait d'observer des comportements habituels nous donne des indices sur les souvenirs, les émotions et les croyances implicites qui organisent ce que le client peut et ne peut pas vivre et constitue une étape importante dans la mise en place et la réalisation d'expérimentations. Les habitudes sont souvent l'expression d'adaptations à des événements formateurs puissants et peuvent indiquer des problèmes importants et sous-jacents qui contrôlent le comportement du client.

6. Conscience du non verbal : Le suivi étroit

Le suivi est la capacité à recueillir deux types d'informations non verbales, des signes de l'expérience actuelle du client et des indicateurs de matériau fondamental. Il consiste à observer ce que le client fait et vit, moment par moment. C'est un élément essentiel de la présence. Nous utilisons les informations obtenues par ce suivi pour se connecter avec le client et pour maintenir le lien, en faisant des phrases de contact. Ceux-ci nomment l'expérience actuelle du client, rapidement et simplement. Le suivi étroit et le contact sont deux techniques de base de la méthode Hakomi originale.

7. Conscience du non verbal : indicateurs

Les praticiens s'entraînent à observer des comportements qui pourraient être indicateurs de matériau fondamental. Il s'agit de certaines qualités personnelles et de comportements habituels des clients, tels que les postures, les gestes, les expressions faciales, les tons de voix et les façons de s'exprimer. Quelques exemples simples d'indicateurs sont : hausser les épaules, incliner la tête, interrompre son propre discours ou parler très vite. L'expression laissée sur un visage détendu est un indicateur de premier ordre. De telles habitudes sont conçues pour fonctionner automatiquement, sans attention consciente. De telles habitudes permettent de préserver la conscience pour les choses non routinières qui nécessitent de nouvelles décisions. Les indicateurs sont l'une des deux principales sources d'expérimentations. La deuxième source consiste à écouter ce qui est dit pour en connaître les implications et les suppositions. Il est essentiel de savoir comment créer une expérimentation à l'aide d'indicateurs. La pratique de la recherche et de l'utilisation d'indicateurs est devenue une partie importante de l'enseignement et de la pratique de la méthode affinée.

8. Les expérimentations et leurs effets

Les expérimentations sont faites avec le client dans un état de pleine conscience. Lorsqu'un indicateur particulier a été remarqué et choisi, l'étape suivante consiste à se faire une idée d'une expérimentation. Une fois que vous avez une idée, vous demandez au client de devenir attentif et de signaler quand il est prêt. Lorsque le client signale qu'il est prêt, vous faites l'expérimentation.

Si vous avez choisi un bon indicateur, et si vous avez fait une bonne expérimentation avec cet indicateur, vous aurez probablement une réaction qui pourra entamer le processus de guérison et de découverte pour le client. La réaction peut également suggérer ou faire prendre conscience du matériau de base qui lui est associé. Si la réaction est de nature émotionnelle, je fais deux choses qui n'étaient pas faites dans les versions précédentes de la méthode : je touche le client (il est plus probable qu'un assistant touche le client). Ensuite, je reste silencieux pendant que le client se tourne vers son intérieur et donne l'impression de faire un travail sur le soi.

9. À propos de l'utilisation du toucher

Normalement, il n'est pas recommandé aux psychothérapeutes de toucher les clients. Cela est principalement dû à des considérations juridiques. Lorsque j'utilise le toucher, j'obtiens d'abord une autorisation et, comme j'ai recours à des assistants et que plusieurs autres observateurs peuvent être présents, je me sens assez à l'aise pour utiliser le toucher. Une fois l'autorisation établie, les assistants touchent généralement sans la demander à nouveau. Pour un client qui ressent de la tristesse en réaction à une expérimentation, un toucher doux lui indique que nous sommes conscients qu'il est émotionnel, que nous sommes sympathiques et attentifs. S'il y a des signes que le client travaille intérieurement (yeux fermés, mouvements du visage et hochements de tête), nous ne l'interrompons pas. Nous attendons patiemment que le client ouvre les yeux, nous regarde et parle. Dans ces moments de silence, le client intègre quelque chose, il donne un sens aux sentiments, aux souvenirs et aux pensées qui surgissent en réaction à une expérimentation. Le silence, accompagné d'un toucher doux, aide le client à rester avec son expérience.

10. Le cours naturel d'un processus de guérison

« La maîtrise du monde s'obtient en laissant les choses suivre leur cours naturel. »

(Tao te Ching)

Les processus de guérison mental-émotionnelle commencent souvent après une expérimentation en pleine conscience. Il s'agit de processus spontanés qui se déroulent dans de bonnes conditions. Dans la mesure du possible, nous fournissons ces conditions. Quelles sont les conditions propices à la guérison ? Le processus ne doit pas être interrompu ou perturbé ; le toucher doux ou la prise en main et le réconfort, le cas échéant ; l'attention, le silence et la patience. Dans le cadre du déroulement naturel d'un processus de guérison, les souvenirs et les pensées qui donnent un sens à la réaction émotionnelle sont portées à la conscience, ce qui aide à lui donner un sens. Et c'est exactement ce que nous voulons qu'il arrive !

Au cours de ce processus, nous recherchons les signes extérieurs indiquant que le client a des souvenirs et des idées et qu'il intègre l'expérience émotionnelle, les signes de concentration profonde sur le visage et les hochements de tête, indiquant la réalisation ou l'accord avec une idée.

Au cours de ce processus, le client rassemble des souvenirs et des idées et leur donne un sens, un sens à ce qui vient de se passer et à ce qui s'est passé il y a longtemps, qui a laissé la confusion, qui a laissé des sentiments douloureux incomplets et non résolus.

Après une expérimentation en pleine conscience, les clients commencent souvent à faire ce travail intérieur. Ce faisant, ils ont souvent une mémoire précise qui donne un sens à leurs réactions et ils peuvent être capables d'articuler les croyances implicites qu'elle a créées. Le processus peut se dérouler en boucle à travers des émotions, des associations, des intuitions, des souvenirs, des émotions plus profondes, davantage d'associations, etc.

11. Expériences manquantes

Certaines expériences formatrices puissantes ont nécessité des adaptations douloureuses, mais nécessaires. Pour certaines de ces expériences, les éléments qui auraient pu favoriser la guérison faisaient défaut. Selon Janet, elles n'avaient aucun sens et, par conséquent, elles n'ont pas été intégrées. Elles sont restées « une irritation » affectant inconsciemment les sentiments et le comportement de manière négative (Rossi, 1996). Certains aspects de ces expériences non intégrées s'expriment à travers des habitudes et des croyances implicites qui aident à gérer les difficultés qu'elles causent encore. Ces habitudes sont des fonctions de l'inconscient adaptatif. Il existe une expérience manquante fondamentale : la présence d'une personne calme, compatissante, patiente et compréhensive pour s'occuper de la personne qui souffre et soutenir le processus de guérison. Au-delà de cette expérience fondamentale manquante, il y a une grande variété d'autres expériences de guérison qui peuvent être créées pour le client. Au cours du processus de guérison, le client revit souvent un ancien événement douloureux. Réconforter calmement le client est l'une des principales composantes de l'expérience manquante.

12. Intégration

Lentement, les résolutions s'accomplissent ; de nouvelles croyances plus réalistes se forment. L'énergie est drainée de la longue lutte et devient disponible pour vivre le moment présent. La confusion cède la place à la clarté. Une joie délicieuse est ressentie et le plaisir de voir de nouvelles possibilités positives surgit. C'est le processus d'intégration, le cours naturel des choses.

Lignes directrices pour le fonctionnement

Causalité mutuelle

> « *Dans cette doctrine [le Dharma], tout naît d'un conditionnement mutuel dans une interaction réciproque. En effet, le mot même Dharma ne véhicule pas une substance ou une essence, mais le processus ordonné lui-même — la façon dont les choses fonctionnent.* »

(Macy, 1991)

> « *Un bon thérapeute partage le contrôle avec tout ce qui est présent, parfois en s'immergeant dans l'action qui se déroule, parfois en attendant tranquillement que l'autre fasse un travail intérieur, surfant avec grâce sur les amplitudes changeantes de l'intimité.* »

(Kurtz)

En partant de la perspective de la mutualité, notre rôle dans le processus du client consiste essentiellement à l'aider à s'étudier. Nous n'avons pas besoin de nous considérer comme les directeurs du processus. Si nous ne le faisons pas, un nouveau type de relation peut émerger, une relation d'influences mutuelles. Notre respect pour le pouvoir de guérison qui se trouve chez le client fait que celui-ci se sent libre d'aller à l'intérieur et de ressentir ce que doit être sa prochaine étape. Le sentiment de sécurité et de liberté du client lui permet de prendre en compte nos suggestions et nos idées sans avoir à se défendre contre les manipulations. Son respect pour nos suggestions rend nos ajustements à ses comportements spontanés simples et généralement réussis.

Pas beaucoup, mais assez

> *« Je dis toujours aux étudiants qu'il est facile d'avoir une idée compliquée, mais qu'il est très, très difficile d'avoir une idée simple. Souvent, cela signifie qu'il faut penser à eux d'une manière nouvelle, qui n'est pas la même que celle des autres. »*

(Mead)

> *« La façon la plus simple d'atteindre la simplicité est par la réduction de manière réfléchie. »*

(Gell-Mann, TED Talk)

> *« Rendre tout aussi simple que possible, mais pas plus simple. »*

(Einstein)

Selon le principe de raisonnement philosophique du rasoir d'Ockham, toutes choses étant égales par ailleurs, l'explication la plus simple est la plus probable. Une description de la méthode peut être simplifiée. Cependant, comme le souligne Mead, il est « très, très difficile » de le faire. Il parle de penser d'une nouvelle manière. C'est certainement ce que j'ai essayé de faire avec mes idées sur la méthode.

Étant donné la complexité des interactions humaines et de la guérison, ce que j'ai écrit ci-dessous est le mieux que je puisse faire... jusqu'à présent.

La simplicité de la méthode n'est pas évidente pour les témoins naïfs. Elle réside dans le comportement appris du praticien accompli. Être simple ne signifie pas qu'elle n'est pas créative et flexible. Au contraire, la simplicité est la source de sa puissance et de sa créativité. Par exemple, lorsque la structure harmonique d'un morceau de musique est simple, la mélodie se prête le plus facilement à l'improvisation.

Lorsqu'un joueur connaît parfaitement cette structure, il peut improviser. Il n'a pas besoin d'y penser.

> *« Apprenez d'abord les choses simples et apprenez-les à la perfection. »*

(Kelley, 1994)

C'est la même chose avec le processus. Lorsque vous vous appuyez sur les bases, aucune pensée consciente n'est nécessaire pour sa mise en œuvre. Apprendre les signes et les étapes qui constituent le processus et les apprendre à la perfection est le début de l'excellence. Ensuite, le travail est facile, la créativité devient possible et apporte du plaisir et un succès constant.

Voici les douze éléments essentiels du processus, les bonnes choses à pratiquer à la perfection :

1. **être et rester en présence bienveillante** ;

2. **maintenir un suivi (étroit)** en étant continuellement à l'affût de l'expérience actuelle du client ;

3. **faire des contacts**, des mots ou bouts de phrases courtes et non invasives qui nomment l'expérience actuelle du client ;

4. **surveiller les indicateurs**, les expressions verbales et non verbales habituelles qui pourraient être des expressions de croyances et d'adaptations implicites ;

5. **modéliser mentalement l'esprit du client** : la modélisation mentale est ce que nous faisons lorsque nous utilisons des signes extérieurs pour nous faire une idée sur ce que l'autre personne pense ou ressent en ce moment, ou lorsque nous avons des idées ou des hypothèses sur son histoire, ses adaptations et ses croyances ;

6. **aider à établir et à soutenir la pleine conscience** chez le client ;

7. **créer et faire des expérimentations** en utilisant des indicateurs et de bonnes hypothèses ;

8. **étudier et utiliser les résultats des expérimentations** ;

9. **se laisser guider par le déroulement du processus** : utiliser le comportement spontané du client pour faire avancer le processus ;

10. **être silencieux** lorsque le client a besoin de temps pour s'intérioriser, par exemple lorsque l'intégration est en cours ;

11. **soutenir le processus de guérison du client** en reconnaissant son émergence et l'intégration spontanée qui accompagne normalement la guérison et en lui offrant des périodes de silence réconfortantes et, si nécessaire, en le contenant ;

12. **créer l'expérience manquante** en offrant au client des occasions de vivre les émotions et les réalisations qui n'étaient pas possibles dans le cadre de ses anciennes croyances et adaptations.

Voici quelques lignes directrices pour les douze éléments :

1. La présence bienveillante

- Recherchez chez le client quelque chose qui inspire des sentiments chaleureux.
- Évitez de poser des questions.
- Évitez d'avoir une conversation ordinaire.
- Restez détendu et concentrez-vous sur les aspects qui inspirent.

- Permettez à votre comportement d'être modelé par vos sentiments chaleureux.

2. Le suivi

- Prenez l'habitude de remarquer constamment les signes de l'expérience actuelle du client.
- Soyez particulièrement attentif au changement d'expérience du client.
- Soyez particulièrement attentif aux signes de montée d'émotions ;
- Observez tout le corps.
- Surveillez les gestes, les expressions du visage, les changements de posture, les mouvements nerveux.
- Écoutez les attitudes exprimées par le ton de la voix.
- Surveillez les gestes qui peuvent être considérés comme des « commentaires inconscients » sur ce qui est discuté. Un exemple simple est un haussement des épaules.

3. Les contacts

- Les rendre aussi courts que possible — par exemple, *« triste, hein ? »*.
- Assurez-vous que votre ton véhicule : *« Je suis ouvert à la correction »*. C'est le but du *« hein ? »*. C'est à mi-chemin entre une déclaration et une question.
- Faites un contact chaque fois que l'expérience du client change de manière significative.
- Faites un contact lorsque vous remarquez les premiers signes d'une émotion.
- Ne faites pas beaucoup de contacts, juste assez pour établir dans l'esprit du client que vous êtes généralement conscient de ce qu'il vit. Trop de contacts peut devenir ennuyeux pour le client.

- Bien que vous puissiez occasionnellement contacter les idées que le client présente, il est préférable de ne pas en faire trop ; cela encourage à réfléchir, à expliquer et à raconter des histoires.

4. Surveiller les indicateurs

- Les indicateurs sont des expressions extérieures verbales et non verbales habituelles qui pourraient être des expressions extérieures d'adaptations et de croyances implicites.
- Surveillez ces comportements habituels, comme l'expression faciale au repos ou un geste répété.
- Trouvez ceux que vous connaissez déjà ou celles qui vous semblent les plus intéressantes.
- Encore une fois, observez tout le corps, surtout les habitudes de posture, l'expression du visage et le ton de la voix.

5. Modeler l'esprit du client

- À partir des indicateurs, faites quelques suppositions sur les croyances, les croyances implicites, les adaptations aux situations précoces, l'histoire, la réflexion — toutes les structurations internes qui influencent les expériences du client.
- Faites éventuellement un contact en citant vos suppositions sur vos idées.
- Encadrez ces suppositions comme sources d'expérimentation.
- Trouvez une idée d'expérimentation.
- Une fois un indicateur choisi avec lequel travailler, demandez au client s'il est prêt à faire une expérimentation.
- Si oui, mettez en place une expérimentation.

6. Établissement de la pleine conscience

- En général, il est nécessaire de ne le faire qu'avec un nouveau client. Après avoir travaillé avec quelqu'un pendant un certain temps, la personne devrait être capable d'entrer directement dans l'état de pleine conscience lorsqu'on le lui demande.
- Parlez d'une manière légèrement hypnotique, en soulignant doucement et lentement la non-action et l'attention au flux de l'expérience présente.
- Le comportement du client présente des signes indiquant qu'il est en pleine conscience — le principal étant le mouvement de haut en bas du globe oculaire sous les paupières fermées.
- Les autres signes sont l'immobilité, la respiration facile, l'air très détendu.
- Une fois la prise de conscience établie, faites la mise en place et procédez à l'expérimentation.

7. Faire l'expérimentation

- Demandez la permission, préparez l'expérimentation et, si elle doit être expliquée, décrivez le rôle du client.
- Utilisez des expressions telles que « si vous êtes prêt » et « veuillez noter » et « dites-moi ce qui se passe quand… ».
- Faites l'expérimentation et demandez le résultat si celui-ci n'est pas évident ou offert.
- Faites le suivi des résultats.

8. Étudier et utiliser les résultats des expérimentations

- Il peut y avoir plusieurs directions possibles à prendre, compte tenu des différents types de résultats.
- Si le client semble confus, répétez l'expérimentation.
- Si la réaction est évidente, faites un contact.

- Si le client a les yeux fermés, attendez qu'il parle en premier.
- Si la réaction est la tristesse, demandez à un assistant de poser une main sur le client.
- S'il n'y a pas de réaction, relancez par une phrase contact et attendez que le client parle.
- Si la réaction est la tension, faites la *séquence de tension.*
- Si la réaction est une impulsion qui n'est pas exécutée, prenez en charge la retenue.
- Soyez inventifs !

9. Se laisser guider *[par le déroulement du processus]* en utilisant les comportements spontanés du client

- Lorsque quelque chose de spontané se produit pour le client, surtout si c'est conscient et surprenant pour lui, trouvez un moyen de l'utiliser dans la prochaine expérimentation.
- Considérez ces comportements spontanés comme des signaux de l'inconscient adaptatif.
- Se laisser guider est un principe général pour le faire avancer. Un exemple de cela consiste à faire des contacts lorsque l'expérience actuelle du client change. Dans ce cas, après avoir fait le contact, il est généralement judicieux d'attendre de voir ce que le client dit et fait, et de l'utiliser pour aller de l'avant.
- Se laisser guider nécessite l'habitude de rester souvent silencieux et d'attendre de voir quelle direction le client prend.
- Se laisser guider implique d'avoir foi dans le processus de guérison du client.

10. Être silencieux lorsque le client a besoin de temps pour s'intérioriser

- Un moment particulièrement important pour se taire est lorsque le client intègre une nouvelle expérience.
- Les signes d'intégration sont des yeux fermés, des mouvements de visage qui suggèrent un dialogue interne.
- Le hochement de tête est particulièrement important, car il signale la compréhension.
- Attendez, en vous concentrant sur le client, que ses yeux s'ouvrent.
- Le silence crée de l'espace et signale au client que vous lui donnerez le temps nécessaire pour étudier ses pensées, ses souvenirs et ses expériences, sans que vous ayez besoin d'interrompre ou de contrôler son processus.
- Le silence, comme le fait de se laisser guider, est une façon d'honorer le processus de guérison du client.

11. Soutenir le processus de guérison du client

- Reconnaissez l'émergence de la guérison et l'intégration spontanée qui l'accompagne normalement et offrez des périodes de silence réconfortantes et, si nécessaire, contenir.
- Restez aussi calme et concentré que possible et laissez de l'espace en étant silencieux lorsque le client traite ses émotions.
- Utilisez le toucher — je demande à mes assistants de toucher et/ou de tenir le client, généralement sans lui parler.
- Contenir, comme la prise en charge de la contraction corporelle pendant l'expérience de la peur, est une autre façon de soutenir le processus de guérison.

- Si le client démontre fortement la présence d'un état d'esprit enfantin, vous pouvez travailler directement avec les sentiments et les souvenirs qui l'accompagnent. Faites ce que tout adulte compatissant et compétent ferait pour aider.
- Ce qui pourrait être nécessaire, c'est d'être compris, de se sentir pris en charge, d'offrir du temps pour se rétablir et s'intégrer, de donner du sens à ce qui aurait pu se passer.
- Des sons ou des mots apaisants et calmants aideront parfois.
- Il est important de se laisser guider par les comportements spontanés du client pendant la phase de guérison.

12. Créer l'expérience manquante

- Offrez au client la possibilité de vivre des émotions et des réalisations qui n'étaient pas possibles dans le cadre de ses anciennes croyances et adaptations.
- Dans le cadre du processus de guérison et d'intégration, il peut être utile de créer pour le client une expérimentation qui n'était pas possible avant que les croyances, souvenirs et adaptations implicites ne deviennent conscients.
- Les expériences manquantes peuvent par exemple être le fait que quelqu'un soit patient, attentif, ne jugeant pas.
- Faites possiblement appel à des assistants ou à tout un groupe s'ils sont disponibles pour proposer des déclarations nourrissantes qui ont été automatiquement rejetées auparavant et qui sont maintenant acceptées et ont suscité de bons sentiments.
- Parfois, il peut s'agir d'un soutien pour quelque chose

- que le client fait ou dit, comme des gens qui sourient ou applaudissent ou qui se joignent à lui.
- Le critère de réussite est ici le plaisir et la satisfaction que le client ressent lorsque ces choses sont faites.
- Il suffit parfois de cinq ou dix minutes pour que cela ait un effet permanent.

Georgia Marvin est une formatrice senior et une de sept personnes que Ron a nommées pour porter le legs du Hakomi Education Network. Elle se concentre sur le mentorat des enseignants et des formateurs dans la méthode affinée, le soutien des formations internationales et le maintien du lien entre les étudiants en Hakomi et le fondateur, Ron Kurtz.

Le processus en trois phases

Georgia Marvin

« Guérir, c'est redevenir entier. »

Préface

Ron Kurtz a écrit une section dans son manuel de formation Hakomi intitulée « Le processus en trois phases ». Bien que son article soit sous forme de liste, il contient un aperçu du processus de la pratique du Hakomi très important pour les étudiants et les praticiens. En tant que formatrice, j'utilise cette description des trois phases, faite par Ron, pour structurer certains de mes enseignements et aider mes étudiants à comprendre comment se situer dans le processus d'apprentissage d'une séance complète de Hakomi.

Ce document a pour but de faire connaître l'article de Ron et de développer la liste qu'il a utilisée. Toutes les erreurs sont les miennes. Je vais utiliser les jalons énumératifs de Ron comme guide pour le lecteur et je le citerai fréquemment.

> *« L'impulsion à guérir est réelle et puissante et se trouve à l'intérieur du client. Notre travail consiste à évoquer ce pouvoir de guérison, à répondre à ses épreuves et à ses besoins, et à le soutenir dans son expression et son développement. Nous ne sommes pas guérisseurs. Nous sommes le contexte qui inspire la guérison. »*
>
> *(Ron Kurtz)*

Une introduction aux trois phases

Ron décrit trois phases distinctes dans une séance complète de Hakomi : la préparation, l'étude de soi accompagnée et le processus de guérison mental-émotionnel.

> *« Ces trois phases fonctionnent dans un contexte caractérisé par un vécu dans le corps dans un*

227

ensemble de principes bien définis. »

(Ron Kurtz)

Pour une explication complète de ces principes, veuillez vous référer au document intitulé : *La présence bienveillante et les principes du Hakomi.*

En tant que praticien Hakomi, il est utile de pouvoir se situer dans les trois phases, car chaque phase a ses propres caractéristiques et techniques et vous pouvez devenir plus confiant dans votre travail si vous comprenez le but et les techniques de chaque phase.

La première phase, la préparation, comporte de nombreuses facettes, notamment la gestion de votre propre état d'esprit en tant que praticien, les compétences appelées le suivi et le contact, le développement d'un cadre sécurisant et d'une relation de confiance ; toutefois, elle ne comporte pas d'expérimentations. Lors de votre apprentissage de la méthode, vous pouvez vous détendre dans la première phase sans avoir besoin d'expérimenter ou sans vous lancer trop rapidement dans l'expérimentation. Vous pouvez apprendre à faire confiance à cette phase et reconnaître le moment où le client est prêt à passer à la deuxième phase. La première phase est très importante, mais elle n'est pas expérimentale.

La deuxième phase, l'étude de soi accompagnée est totalement expérimentale et l'une de ses spécificités est que le praticien doit être à l'aise de se retrouver dans l'inconnu, sans savoir ce qui va suivre. Elle exige un état d'esprit expérimental sans forcer l'expérience du client, une adhésion au principe de non-violence et aux moyens habiles pour suivre l'inconscient adaptatif.

La troisième phase, le processus de guérison mentale-émotionnelle, commence lorsque vous voyez clairement que vous travaillez avec une structure de croyances et que votre travail devient plus ciblé. Cette phase du travail comprend des expérimentations, mais le praticien travaille avec une structure particulière qui a surgi et il remet en question cette structure en offrant quelque chose de potentiellement nourrissant ainsi que l'expérience manquante.

Une description détaillée de chaque phase

Première phase — la préparation

Ron sépare la première phase en deux parties, la présence bienveillante et le développement d'une relation qui favorise la guérison. La présence bienveillante est *« fortement dépendante de votre propre état d'esprit »* et c'est une pratique en soi. Il y a beaucoup à dire sur ce sujet et Donna Martin a publié un livre sur la présence bienveillante. Les exercices de présence bienveillante sont les premières pratiques qu'un étudiant rencontre dans les formations Hakomi ; ils font partie des exercices de base qui sont utilisés comme pratique fondamentale. Cette pratique essentielle du Hakomi émerge des traditions de sagesse qui inspirent notre travail — chercher l'inspiration, exprimer de l'appréciation, ouvrir son cœur à l'amour et à la compassion — ce sont quelques-unes des compétences de base sur lesquelles repose le Hakomi. Lorsque nous nous déposons dans cet état de présence bienveillante, nous suivons également les signes de l'expérience du moment présent d'une personne. Quand j'enseigne aux étudiants, je leur demande s'ils ont déjà été en présence d'une personne décédée. Nombreux sont ceux qui ont fait cette expérience. Je leur demande de se souvenir de tout ce qui est absent lorsqu'une personne meurt, à quel point elle est immobile et silencieuse, à quel point l'essence qui l'a imprégnée de vie a disparu, radicalement. Contrairement à l'état de mort, nous sommes en présence d'êtres vivants qui sont en mouvement tout le temps et qui sont vivants de manière unique. Je demande aux élèves de remarquer les signes de vie... Il y en a beaucoup, trop pour les nommer, mais nous apprenons à en choisir certains et à les nommer par de courtes phrases de contact. Ces compétences de suivi et de contact sont essentielles et au premier plan dans la première phase du Hakomi et elles sont utilisées tout au long du processus. Outre l'observation des signes de l'expérience du moment présent, Ron nous demande de « faire des observations préliminaires sur les qualités de la personne », sur ces aspects plus durables de l'être d'une personne qu'il a nommé les indicateurs dans ses écrits ultérieurs. Le suivi des indicateurs se fait intérieurement, sans que le client s'en rende compte. Il s'agit d'informations utiles à recueillir avant de se lancer dans l'inconnu de la deuxième phase.

La deuxième partie de la phase de préparation est le développement d'une relation de guérison qui nécessite quelques compétences spécifiques. Un praticien Hakomi doit avoir de bonnes compétences relationnelles.

> *« Ce sont des compétences qui permettent d'établir et de maintenir un lien intime avec les gens. Par votre comportement et quelques brèves phrases de contact, précises et non perturbatrices, vous démontrez que vous êtes conscient de ce que l'autre personne vit dans le moment présent. Établir le contact et le maintenir est la compétence principale pour créer du lien et rester en lien. Les autres ont le sentiment que vous êtes avec eux, que vous êtes conscient de ce qu'ils ressentent et de leurs expériences du moment présent. Cela vous rend capable d'anticiper leurs besoins et de travailler pour leur apporter de l'aide. »*

> *(Ron Kurtz)*

Ron parle précisément de ces compétences relationnelles dans son article intitulé « Les six ensembles de compétences ».

En plus de ses compétences relationnelles, le praticien Hakomi doit bien comprendre que la relation la plus importante lors d'une séance est celle entre son inconscient adaptatif et celui du client. C'est une danse, une danse profonde entre vos sphères non cognitives et les sphères les plus profondes de votre client. Vous devez apprendre à faire confiance à la méthode, à la capacité de guérison de votre client, au déroulement naturel du processus de guérison et à vous laisser porter par ce flux. *(Kurtz - Readings, 2010, p. 19)*. Ron écrit :

> « *Cette phase nécessite d'entrer en relation avec l'inconscient adaptatif, de rechercher les signes de coopération et de non-coopération, en s'ajustant aux besoins inconscients de la personne.* »

(Ron Kurtz)

Il n'est pas dans l'intérêt du client de passer à la phase expérimentale du processus si l'inconscient adaptatif n'est pas en accord. Une fois que vous avez détecté des signes de coopération avec l'inconscient adaptatif, Ron vous suggère de poursuivre. Savoir ce qu'il faut faire ensuite dépend bien sûr du suivi silencieux que vous fassiez dans la première phase et du suivi des indicateurs.

Deuxième phase — Étude de soi accompagnée.

Ron décrit six idées pour la phase deux : la recherche d'indicateurs, l'élaboration d'hypothèses, le développement d'expérimentations, le travail avec les résultats des expérimentations (obtenez les données, disait-il), l'émergence de la perspicacité chez le client et enfin, le mouvement spontané vers la troisième phase, celle de la guérison mentale et émotionnelle.

Examinons chacune de ces facettes de la deuxième phase.

La recherche d'indicateurs commence dans la première phase et se poursuit dans la seconde. Vous devez faire des observations et avoir des idées d'expérimentations avant de commencer la deuxième phase, car l'une des caractéristiques de la phase deux est sa nature expérimentale. Dans la deuxième phase, le client est maintenant activement en étude de soi et le praticien doit avoir une bonne idée de ce qui serait bon d'étudier. Dans les dernières années de sa vie, Ron a enseigné à ses étudiants la recherche d'indicateurs comme une compétence clé dans la pratique du Hakomi. Il n'a pas voulu être prescriptif quant à la signification des indicateurs : il encourageait les étudiants à être créatifs, à voir ce qui était là et à imaginer ce que cela pouvait signifier. Il a écrit sur les indicateurs et les a même listés, mais il décourageait ses étudiants à utiliser des listes. Il voulait que les gens observent simplement et voient ce qui était là, ce qui était habituel et évident dans la posture, les expressions faciales, le ton de la voix, le rythme, les gestes, les qualités et le style.

Lorsque j'enseigne, j'utilise une métaphore littéraire pour aider à expliquer les indicateurs. L'une des métaphores les plus immuables dans les histoires est celle de la porte cachée, la porte dans le mur du jardin qui ne peut être vue, la porte qui ne sera vue ou ouverte qu'avec de la patience et de la connaissance et peut-être même un peu de magie. Les indicateurs sont comme des portes cachées — vous devez vous entraîner et être patient pour les voir ; vous devez faire preuve d'une profonde patience et vous assurer que la sécurité est en place pour que la porte s'ouvre. Lorsque la porte s'ouvre, c'est magique, la guérison se déroule naturellement.

Une fois que vous avez observé un indicateur, Ron vous suggère de « développer une hypothèse sur les modèles de soi et du monde de la personne ». Il développe cette idée dans « Les six ensembles de compétences » sous le sous-titre de « compétences de modélisation ». Selon lui :

> « *Le pont entre l'observation et l'expérimentation est la capacité de créer des modèles de lois qui régissent le comportement que vous observez. Nous pourrions appeler ces habiletés des compétences de modélisation. C'est la méthode de la science. Richard Feynman, le physicien Nobel, nous dit que les trois étapes de la science sont : faire une supposition, calculer les implications de votre supposition et tester votre supposition sur la base de vos calculs [...] Nous utilisons notre capacité à observer le comportement, en particulier les indicateurs et notre connaissance des indicateurs, pour faire des suppositions sur les croyances et les modèles de soi et du monde de la personne. Ensuite, nous testons nos suppositions en faisant des expérimentations [...] L'idée générale de la modélisation est la suivante : nous devons faire des suppositions sur les croyances (modèles) qui organisent le comportement du client et nous devons le faire en observant ce comportement.* »

(Ron Kurtz)

L'étape suivante consiste à :

> « *Créer une expérimentation avec l'indicateur avec lequel vous avez choisi de travailler et à la mettre en place. Ces expérimentations sont*

*réalisées avec la personne dans un état de pleine
conscience afin que les actions de son inconscient
adaptatif lui soient révélées. L'objectif de ces
expérimentations est double : amener les modèles
inconscients de la personne à la conscience et
initier la phase trois, la guérison mentale-
émotionnelle. Les expérimentations peuvent être
des offres de nourriture mentale-émotionnelle qui
selon votre hypothèse seront, soit difficiles à
accepter par la personne soit perçue comme très
nourrissante. L'expérimentation est aussi un
moyen de travailler avec un indicateur pour
lequel nous n'avons pas d'hypothèse. »*

Ron Kurtz

Une fois que vous avez réalisé une expérimentation avec un indicateur, vous devez obtenir les données, le résultat de l'expérimentation. Vous pouvez obtenir des informations sur le résultat de votre expérimentation soit par l'observation, soit en obtenant un compte-rendu verbal de la personne. C'est le résultat de l'expérimentation qui guidera le choix de ce que vous voulez faire ensuite. Vous pouvez affiner ou rejeter votre hypothèse initiale sur les modèles du monde de la personne. Vous pouvez faire une autre expérimentation en fonction des résultats de la précédente. La nature itérative de la deuxième phase, expérimentation, données, nouvelle expérimentation, affinement des hypothèses, se poursuit jusqu'à ce que les systèmes de croyance du client soient clairs.

La clarté surgit parce que « *les modèles de soi et du monde de la personne lui deviennent conscients et clairs ou parce que le processus passe spontanément à la phase de guérison* ».

Ceci est un point particulier au Hakomi que certains étudiants manqueront parce qu'ils ne sont pas clairs sur l'identification des modèles du monde ou des structures de croyance. Une fois ce point de clarté ou de concentration atteint, nous passons à la troisième phase.

Troisième phase — La phase de guérison

Cette phase nécessite des compétences pour le soutien de la guérison. Le praticien doit savoir soutenir les comportements spontanés de gestion, en accordant du temps pour le processus interne du client qui se fait souvent en silence, en suivant les comportements spontanés, en apportant du réconfort et du soutien physique en cas de besoin (avec permission), pour finalement créer et offrir des expériences manquantes.

L'expression d'émotions, les croyances fortes, les premiers souvenirs et les prises de conscience sont les éléments évoqués dans cette phase. Le comportement qui s'exprime est contrôlé par l'inconscient adaptatif et parfois, l'inconscient prend le client en otage. L'inconscient adaptatif fait agir de manière non consciente, rapide, involontaire, incontrôlable et sans effort. Ces comportements étaient et sont toujours adaptatifs et ont été généralement appris tôt ou dans des conditions extrêmes.

> *« Au cours de la troisième phase, les principales tâches du praticien consistent à soutenir les comportements spontanés de gestion de la personne. Des exemples de comportements spontanés sont les changements de posture, comme se fermer ou baisser la tête, les pensées protectrices spontanées, la contraction de certains muscles comme les épaules, la poitrine et l'estomac, et la retenue de la respiration. Lorsque ces comportements se manifestent, nous devons donner des signaux de sécurité et d'attention, comme un toucher doux, le fait d'être calme, adoucir notre voix et avoir une expression*

naturelle et sympathique, fournir des mouchoirs, apporter un soutien physique lorsque cela est nécessaire et bienvenu.

Le praticien, pendant cette phase délicate, doit contenir le processus qui se déroule en prenant en charge et en guidant le comportement de la personne si nécessaire. Nous devons apprendre à donner suite aux images, aux souvenirs, aux impulsions et aux idées spontanées de la personne comme s'il s'agissait de signaux de son inconscient adaptatif nous indiquant la direction à prendre.

Nous devons reconnaître les moments où la personne a besoin que nous nous taisions, par l'observation des signes sur son visage qui indique qu'elle effectue un travail interne, attendre lorsque la personne a les yeux fermés, attendre qu'elle vous regarde directement et parle avant que vous ne parliez, écouter ce que la personne partage sur ses intuitions, ses sentiments et ses souvenirs et éviter d'interrompre le processus en n'encourageant pas la conversation. En tant que praticiens, nous apportons un réconfort physique et verbal ainsi que quelque chose de nourrissant. Nous fournissons l'expérience manquante, celle qui a été bloquée par les adaptations de la personne et ses modèles erronés ou irréalistes de soi et du monde. Nous permettons à la séance de se terminer de manière naturelle, lorsque cela semble approprié et que la personne nous signale qu'elle a un sentiment de complétude. »

(Ron Kurtz)

Le processus en tant que
six ensembles de compétences

« Je lui ai demandé : "Sais-tu ce qu'est la précession gyroscopique ?"

Il a répondu : "Non !"

Alors j'ai dit : "Mais tu peux faire du vélo, non ?

Il a répondu : "Oui, bien sûr !"
Je lui ai répondu : "C'est ce que je veux dire" ».

Faire du vélo est une compétence. Une théorie qui explique certains comportements d'une bicyclette en mouvement est la théorie de la précession gyroscopique. Elle vous renseigne sur le comportement des gyroscopes et sur les raisons pour lesquelles les roues des bicyclettes en mouvement sont similaires. Elle explique pourquoi une bicyclette en mouvement tourne lorsque vous vous penchez. Mais, vous n'avez pas du tout besoin de connaître la théorie pour bien rouler. Il vous suffit de savoir comment les vélos se comportent, ce qui est très facile à apprendre par expérience. Grâce à celle-ci, vous construisez un modèle qui prédit comment le monde se comporte. Les habitudes sont l'expression de ces modèles et elles sont des fonctions de la mémoire procédurale et de l'inconscient adaptatif. Pour rouler, il faut des compétences, pas de la théorie.

J'ai résumé les compétences nécessaires pour la méthode Hakomi et les ai organisées en six ensembles de compétences de base. Si vous les apprenez et les pratiquez, vous avez de très bonnes chances de devenir compétent dans la méthode. Bien que chaque compétence soit unique et puisse être apprise et pratiquée séparément, mises ensemble, elles fonctionnent dans une séance comme un tout intégré.

Voici les six ensembles dans les grandes lignes.

1. Compétences relatives à l'état d'esprit

La principale compétence de ce premier ensemble est une combinaison de deux habitudes très importantes qui créent l'état d'esprit d'une personne. L'état d'esprit privilégié est appelé présence bienveillante et c'est une combinaison intégrée d'attitude, d'état émotionnel et d'attention focalisée. Ces compétences aident le praticien à développer un état d'esprit et un état d'être qui s'expriment sans effort dans son comportement et ses actions. Cet état d'esprit a un effet profond sur le développement des relations. C'est le plus important de tous les six ensembles. La première tâche du praticien est d'atteindre et de maintenir un état de bienveillance centré sur le moment présent. Cet apprentissage est un élément essentiel des formations. Certaines personnes sont déjà douées pour cela et sont naturellement attirées par le travail.

Apprendre comment regarder et écouter quelqu'un avec l'intention de trouver quelque chose qui inspire et permet de maintenir la compassion, ainsi que l'habitude de rester complètement centré sur ce qui se passe dans le présent, sont les compétences de base.

Être présent signifie garder votre esprit centré sur ce qui se passe pour vous et le client au moment même, d'instant en instant. Pour entraîner votre esprit à être présent de cette manière, vous devez l'éloigner d'une de nos habitudes les plus fortes et les plus courantes, qui est de recueillir des informations en posant des questions et en menant des conversations ordinaires. Ce sont de mauvaises habitudes quand il s'agit de rester présent. Vous devez donc entraîner votre esprit à ne pas trop se focaliser sur les idées, les histoires et les conversations pour rester avec ce qui se passe dans le présent. Vous devez entraîner votre esprit à ne pas vous éloigner de l'expérience présente en vous concentrant trop sur les idées, les histoires et la conversation. Les autres compétences de cet ensemble sont être patient, être calme et savoir le rester.

Il sera difficile d'établir une connexion avec le client et son inconscient adaptatif sans ces nouvelles habitudes d'état d'esprit. Sans cette connexion, le processus se déroule très lentement, voire pas du tout.

2. Compétences relationnelles

Ce sont des compétences qui permettent d'établir et de maintenir un lien fort avec les gens. Elles consistent principalement à faire preuve de ces qualités et attributs relationnels. Par votre comportement et quelques phrases de contact courtes, précises et non perturbatrices, vous montrez que vous êtes conscient de ce que l'autre personne vit dans le moment présent. Savoir établir le contact et le maintenir est la compétence principale pour créer le lien et rester connecté. Les autres ont le sentiment que vous êtes avec eux, que vous êtes conscient de ce qu'ils ressentent et de leurs expériences du moment présent. Vous êtes alors capable d'anticiper leurs besoins et de travailler pour leur apporter de l'aide.

Par le ton de votre voix, votre rythme, votre posture et vos gestes, vous montrez que vous êtes patient, sympathique et que vous ne les jugez pas. Vos mouvements corporels, vos expressions faciales, vos mouvements de tête et vos gestes montrent que vous comprenez ce que la personne dit, pense et ressent. Vous voulez comprendre de manière globale la situation actuelle de la personne et son histoire. Vous construisez un modèle dans votre esprit qui donne un sens à leur façon de ressentir, de penser et d'organiser leur vie.

Vous prenez l'habitude de vous taire lorsque le client a besoin de temps pour réfléchir et pour se souvenir. Vous développez des moyens d'intervenir pour faire avancer le processus lorsque nécessaire.

3. Compétences d'observation

Ce qu'il faut avant tout, c'est un bon ensemble de compétences en matière d'attention et de discernement : savoir maintenir son attention sur les comportements présents, scruter régulièrement le visage et le corps à la recherche de signes de l'expérience présente, scruter régulièrement le comportement de l'autre à la recherche d'indicateurs possibles de matériau inconscient, reconnaître rapidement les émotions par des changements subtils dans le ton de la voix et/ou l'expression du visage, reconnaître les déclarations implicites par le ton de la voix et les gestes, être capable de deviner la signification des postures, des gestes, « ressentir » les émotions chez les autres par la résonance limbique et l'effet miroir, reconnaître le besoin de silence du client, et enfin, reconnaître les signes des processus d'intégration et de mémoire.

4. Compétences en matière de modélisation

La capacité à créer des modèles des lois qui régissent le comportement que vous observez est le pont entre l'observation et l'expérimentation. J'appelle ces compétences des compétences de modélisation.

C'est une méthode scientifique. Richard Feynman, gagnant du prix Nobel de physique, nous dit que les trois étapes de la science sont :

> *« Faire une hypothèse, calculer les implications de votre hypothèse, et tester votre hypothèse sur la base de vos calculs. »*

(Feynman)

« Si ma supposition est vraie, alors si je fais ceci, cela arrivera. » Nous utilisons notre capacité à observer le comportement, en particulier les indicateurs et notre connaissance des indicateurs, pour faire des suppositions sur les croyances et les modèles de soi et du monde de la personne. Ensuite, nous testons nos hypothèses en faisant des expérimentations. Les résultats de nos expériences nous permettent d'évaluer et de parfaire nos suppositions.

Il existe un théorème mathématique qui décrit comment les perceptions et les modèles sensoriels du monde sont continuellement mis à jour dans le système nerveux. C'est le théorème de Bayes, du nom du mathématicien qui l'a découvert (Frith, 2007). Il décrit mathématiquement comment les modèles et les croyances sont modifiés face à de nouvelles preuves. Il nous aide à comprendre comment certains modèles peuvent être si ancrés et il m'indique comment les modèles (croyances) peuvent devenir si forts face à des preuves contradictoires ou face à l'absence de preuves.

Nous utilisons la méthodologie scientifique dans le Hakomi et l'idée que tout comportement est organisé afin de pouvoir entrevoir certaines qualités générales du client, avoir un ressenti de qui est cette personne et comment elle a appris à se comporter dans le monde. Et nous devons constamment affiner nos modèles en faisant de nouvelles observations et en réalisant de nouvelles expérimentations.

5. Compétences en expérimentation

Vous devez posséder certaines compétences pour créer et réaliser de bonnes expérimentations. Vous devez créer des hypothèses sur le matériau fondamental à partir de vos observations du client, vous aidez le client à se mettre en état de pleine conscience lors des expérimentations, vous créez et réalisez des expérimentations. Vous décrivez comment vous aimeriez que le client participe, vous obtenez sa permission, vous demandez qu'il se mette en état de pleine conscience et vous attendez des signes ou un signal indiquant qu'il est en état de pleine conscience. Vous faites l'expérimentation, observez son effet ou demandez ce qui s'est passé si les résultats ne sont pas apparents. Vous apprenez à suivre les réactions spontanées suite à une expérimentation et à les utiliser pour soutenir le processus de guérison à mesure qu'il se déroule. Les résultats d'une expérimentation vous servent à concevoir une autre expérimentation et vous utilisez les résultats de ces expérimentations pour réfléchir aux expériences manquantes.

6. Compétences en soutien de guérison

Vous devez apprendre à soutenir les comportements de gestion qui se manifestent spontanément. Vous apprenez à donner au client le temps nécessaire à son processus interne. Vous devez être à l'aise avec le silence. Vous devez suivre les comportements spontanés qui se manifestent chez la personne. Vous et vos assistants apportez du réconfort et du soutien lorsque c'est nécessaire, tout en obtenant l'autorisation du client. Vous comprenez comment créer et offrir des expériences manquantes et vous comprenez que toutes les expériences manquantes sont manquantes dans le moment présent ; elles sont manquantes, à cause de la manière dont un client est organisé pour rencontrer le monde.

Le processus sous forme graphique

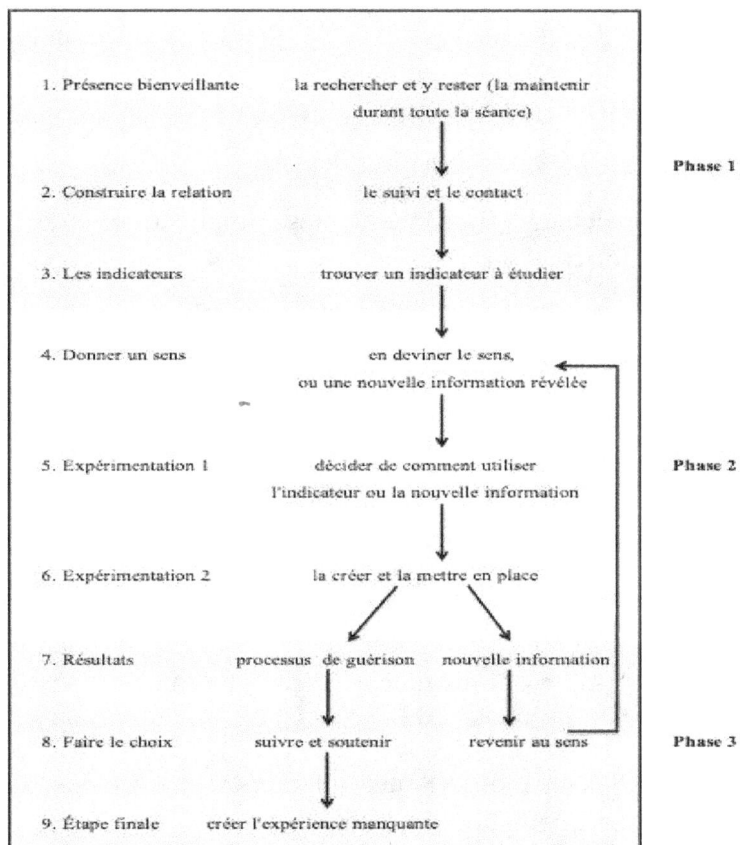

1. Présence bienveillante	la rechercher et y rester (la maintenir durant toute la séance)	
	↓	Phase 1
2. Construire la relation	le suivi et le contact	
	↓	
3. Les indicateurs	trouver un indicateur à étudier	
	↓	
4. Donner un sens	en deviner le sens, ou une nouvelle information révélée	
	↓	
5. Expérimentation 1	décider de comment utiliser l'indicateur ou la nouvelle information	Phase 2
	↓	
6. Expérimentation 2	la créer et la mettre en place	
	↙ ↘	
7. Résultats	processus de guérison nouvelle information	
	↓ ↓	
8. Faire le choix	suivre et soutenir revenir au sens	Phase 3
	↓	
9. Étape finale	créer l'expérience manquante	

Logique de la méthode

1. Observez les comportements non verbaux de la personne et faites une supposition :

   a) observez les indicateurs (qualités habituelles, adaptatives) ;

   b) devinez les modèles de soi et du monde de la personne ;

   c) recherchez les modèles qui peuvent causer des souffrances inutiles.

2. Calculez (raisonnez) les implications de votre supposition :

   a) sur la base de vos observations, quelle expérimentation pourriez-vous faire ? ;

   b) en vous basant sur ce que vous devinez du modèle de la personne de soi et du monde, quelle est votre prédiction sur la réaction de la personne à votre expérimentation ?

3. Testez votre prédiction en mettant en place et en réalisant une expérimentation :

   a) proposez une expérimentation potentiellement nourrissante basée sur vos prédictions.

4. Observez ou obtenez un rapport sur les résultats de l'expérimentation :

   a) obtenez les données.

5. Affinez vos idées sur les modèles de la personne :

   a) calculez de nouveau vos prédictions, en vous basant sur les erreurs de vos prédictions précédentes.

6. Testez la nouvelle prédiction à l'aide d'une nouvelle expérimentation.

7. Reconnaissez la preuve d'une prédiction correcte :

   a) preuve principale : une réaction à une expérimentation qui est soit émotionnelle, soit surprenante, et/ou qui rejette d'une manière ou d'une autre l'offrande de ce qui pourrait être nourrissant.

8. Si un processus de guérison est entamé :

   a) soutenez le processus ;
   b) laissez-vous guider par les indices offerts par l'inconscient adaptatif ;
   c) ces indices sont spontanés, éventuellement surprenants, et intéressent la personne dans le processus de guérison.

9. Soutenez les comportements de gestion émotionnelle spontanée de la personne.

Le Hakomi habile

Les essais de cette collection sont tirés de la compilation de ses lectures sur la méthode Hakomi (*Readings 2010*) et du manuel de formation 2010. Les étudiants avancés en Hakomi apprécieront les descriptions subtiles de la thérapie Hakomi ainsi que les réflexions de Ron sur les habitudes courantes qui provoquent l'échec.

La danse

Je suis en train de lire le livre de Moshé Feldenkrais ***Illusive Obvious*** (Feldenkrais, 1981) Je l'ai lu il y a des années et il était si illusoire que je ne l'ai pas compris du tout. Cette fois, j'en ai saisi un peu. Alors, laissez-moi vous dire ce que Moshé dit dans l'introduction. C'est important pour nous.

Il parle de la façon dont il a appris à travailler avec les gens. Il étudiait avec un homme nommé Jacoby et Jacoby lui a donné cette analogie pour décrire son travail : Jacoby a dit : *« Supposons qu'il y ait une femme qui sache vraiment danser. Elle est dans une salle de danse et elle remarque un homme qui ne danse pas. Elle s'approche de lui et lui demande de danser et il lui dit : "Non ! Je ne sais vraiment pas danser." Elle lui dit : "Allez ! Allez !" Et elle l'incite à essayer. Ils se mettent à danser. Pas d'instructions. Elle ne lui dit pas ce qu'il doit faire. Elle ne lui dit pas quels pas faire ou quelque chose du genre. Il apprend juste en bougeant avec elle et en sentant ses mouvements. Finalement, il commence à ressentir les rythmes et les mouvements. Il commence à bouger avec elle. Et, après un petit moment — disons quinze, vingt minutes — il danse. »* C'est ce que Jacoby a dit à Moshé.

Moshé dit que c'est comme ça qu'il fait une thérapie. Il commence à « danser » avec le système nerveux de la personne. Il fait bouger le corps de la personne jusqu'à ce que le système nerveux de la personne obtienne la danse que Moshé fait avec lui. Ce n'est pas une instruction au sens verbal du terme. Moshé ne parle pas à la personne. C'est peut-être une version physique de la résonance limbique. C'est peut-être une

249

résonance du cervelet. J'appellerais ça un échange de sensibilités. En interagissant de cette façon, la personne apprend une nouvelle et meilleure façon d'utiliser son corps. Elle apprend en ressentant et en étant ressenti par quelqu'un qui connaît une meilleure façon de faire.

Nous pouvons faire une analogie avec notre propre travail et avec la psychothérapie en général. Vu de cette façon, cela devient plus intéressant et plus agréable. Le thérapeute est simplement ce qu'il ou elle est, quoi que ce soit. Le client apprend à être avec le thérapeute. Ils apprennent à être ensemble, mais le thérapeute a une formation et des compétences particulières pour être avec les gens. Ainsi, ils apprennent tous les deux à établir une relation qui les change tous les deux. Danser avec un expert vous apprend à danser. Faire une thérapie avec un expert développe votre capacité à être attentif, à être calme, à vous comprendre, à vous libérer des souvenirs douloureux et des actions irréfléchies, à établir des relations de manière réaliste et satisfaisante. La thérapie vue sous cet angle est une danse du professeur et de l'élève.

Ce n'est pas une danse de mouvements, c'est une danse d'état d'esprit. Si vous êtes dans un état d'esprit de compassion, si vous êtes en présence d'amour, cela aide le client à s'ouvrir et à se sentir lui-même. Cela aide le client à libérer ses émotions et ses souvenirs dans sa conscience. Cette approche est différente de la libération des blocages musculaires dans le corps. Ce type de libération fait partie du travail des psychothérapies corporelles. Cette approche a commencé avec Wilhelm Reich, sur la base de son idée de « l'armure musculaire ». Les psychothérapeutes corporels recherchent les « blocages à l'expression », en particulier les blocages à l'expression émotionnelle. Ainsi, lorsque vous allez chez un thérapeute bioénergétique, vous allez taper sur le lit afin d'exprimer et de ressentir votre colère. C'est une vieille idée en physiologie : le sentiment suit l'action. Le thérapeute bioénergéticien vous regarde et vous dit : *« OK, allons-y ! »* Il vous penche en arrière sur un tabouret pour libérer les blocages afin d'exprimer votre peur et des choses du genre. S'il voit des signes de colère non exprimée, il va faire quelque chose de très physique pour en provoquer l'expression. Pour lui, l'expression est physiquement bloquée. Dans la Gestalt, la méthode consiste à demander au client d'exagérer ses actions. Tous deux cherchent un moyen de faire prendre conscience de leurs émotions.

Dans le Hakomi, nous ne faisons qu'une partie de cela. Nous travaillons à faire prendre conscience des croyances douloureuses, et les souvenirs, les idées et les émotions les accompagnent. Nous nous intéressons à ces idées et à ces souvenirs, non pas parce qu'ils sont le plus souvent en dehors de la conscience, ce qu'ils le sont. Nous nous y intéressons parce qu'ils contrôlent ce qui peut être pensé, perçu et assimilé en tant que nourriture émotionnelle. Pour nous, les principaux éléments sont les obstacles qui nous empêchent d'assimiler les choses saines et nourrissantes du monde et de prendre conscience des motifs inconscients qui nous empêchent de le faire. Cette prise de conscience est également spontanée lorsque le thérapeute et le client se trouvent dans de bons états d'esprit.

Je n'ai jamais aimé l'idée de taper sur le lit — et j'ai fait ma part. Je ne suis jamais arrivé à ma colère de cette façon. Je suis un type beaucoup trop gentil. J'en suis arrivé là quand John Pierrakos m'a poussé si fort au visage que j'ai soudainement et spontanément décidé de le tuer sur-le-champ. C'est comme ça qu'il m'a amené à ma colère. Je n'ai pas pensé une seconde aux conséquences. S'il n'était pas allé dans le coin le plus éloigné de la pièce avant que je puisse ouvrir les yeux et mettre mes mains autour de son cou, je serais peut-être en train de frapper sur des rochers avec une masse (ce qui, j'en suis sûr, pourrait se transformer en expression de colère). John, du coin le plus éloigné de la pièce, a simplement dit : « *Le meurtrier* ». Il a eu raison. Et je lui en suis reconnaissant ! J'avais l'impression de rentrer à la maison. J'ai eu beaucoup moins peur après cela, j'étais plus disposé à prendre des risques.

Maintenant, revenons à mon thème :

Au lieu d'agir pour sensibiliser et faire comprendre, nous travaillons à créer un état d'esprit qui a les mêmes résultats. Cet état d'esprit est la pleine conscience et une volonté d'expérimenter avec ses réactions. Le thérapeute est dans un état d'esprit bienveillant, curieux et créatif. Le client est dans un état d'esprit vulnérable et d'observation de soi. Une sorte d'harmonie doit exister entre ces états. Créer cette harmonie est la première tâche du thérapeute. C'est ce qu'on appelle la construction d'une relation de guérison. On pourrait tout aussi bien l'appeler « la danse ».

Il faut une sorte de foi pour travailler de cette façon. La femme dans l'histoire de Jacoby avait la foi qu'il pouvait apprendre juste en dansant avec elle, la foi en son intelligence et sa sincérité. Nous avons également ce genre de foi dans la bonté innée des gens et dans leur capacité à guérir les blessures émotionnelles. Tout comme les gens guérissent physiquement, ils guérissent aussi émotionnellement. L'une des façons de le faire est d'être avec des personnes qui peuvent danser avec la douleur émotionnelle, avec des croyances qui causent de la souffrance. Nous connaissons cette danse.

Les gens viennent en psychothérapie pour toutes sortes de raisons. Voici ce qu'ils obtiennent de la méthode Hakomi.

Voici la danse que nous faisons : nous aidons les gens à découvrir comment ils organisent habituellement et inconsciemment les expériences douloureuses. Nous les aidons à découvrir de nouvelles façons plus satisfaisantes d'être et de faire. Lorsque nous faisons cela, les gens apprennent à se comprendre et à changer.

Pour favoriser la découverte de soi, nous utilisons la pleine conscience. Pour pouvoir entrer en pleine conscience, nous avons besoin de sécurité. Pour la sécurité, nous avons besoin d'une présence bienveillante. Tout cela fait partie de la danse. Et nous devons voir et sentir qui est le client. Pour cela, nous devons nous entraîner. Nous devons nous concentrer sur le non verbal, le conteur, et pas seulement sur l'histoire. La communication verbale est presque toujours une sorte d'histoire. Ou c'est une analyse et une explication. Elle est abstraite, elle ne porte pas sur l'expérience présente. Ou encore, c'est une recherche de causes. Rien de tout cela n'est utile lorsque nous essayons de découvrir comment nous organisons l'expérience. Ce qui est utile, c'est d'attirer l'attention sur l'expérience présente et de l'expérimenter, de danser avec elle.

L'humeur et les émotions du client changent d'un moment à l'autre, tout comme sa posture, ses expressions faciales, le ton de sa voix et ses gestes. En tant que thérapeute à la recherche de quelque chose à expérimenter, c'est votre domaine d'intérêt. À partir de ce que vous voyez et entendez dans le moment présent, vous pouvez facilement trouver quelque chose à expérimenter. Vous pouvez travailler avec tout ce qui vous semble juteux ou inhabituel. À chaque instant, l'expérience est organisée. Se concentrer sur une expérience en soi nous met en contact avec les croyances et les souvenirs qui l'organisent.

Pour aider les clients à trouver des moyens plus satisfaisants d'organiser leur expérience, nous découvrons les types d'expériences qui nourrissent au niveau émotionnel qui sont généralement disponibles, mais qui ne sont pas assimilées. C'est comme trouver les pas de danse que le client n'a pas encore appris ou qu'il a peur de prendre. Lorsque nous découvrons quelque chose de ce genre, nous expérimentons en lui offrant cette nourriture précise. Nous faisons les pas jusqu'à ce que le client apprenne à marcher avec nous. C'est ce que le client finit par découvrir, qu'il peut faire et ressentir ce qui lui semblait autrefois impossible et que cela l'amène à se sentir bien. L'expérience manquante est un pas de danse qu'on avait peur de faire, qu'on n'avait même pas imaginé. Une fois que la nourriture émotionnelle est acceptée, nous nous exerçons un peu.

Quelles sont les expériences manquantes que nous soutenons ? Nous soutenons un équilibre entre l'expression spontanée, non violente et satisfaisante de toutes les émotions. Cependant, nous mettons l'accent sur ce que le bouddhisme appelle les émotions supérieures : la bienveillance, la joie sympathique et l'équanimité. C'est la danse la plus douce qui soit.

À propos d'être le portail

> « *Portail : (nom) une entrée ou un moyen d'entrée.* »
>
> *(American Heritage Dictionary of the English Language, 2016)*

> « *Celui qui veut faire le bien frappe à la porte ; celui qui aime trouve les portes ouvertes.* »
>
> *(Sri Rabindranath Tagore Thakur, 1861-1941)*

> « *Là où l'amour règne, il n'y a pas de volonté de pouvoir et là où le pouvoir prédomine, l'amour fait défaut. L'un est l'ombre de l'autre.* »
>
> *(Jung, 2016)*

> « *La détection d'une personne comme étant sécuritaire ou dangereuse déclenche des comportements prosociaux ou défensifs déterminés de manière neurobiologique.* »
>
> *(Porges, 2004)*

Porges utilise de la musique, diffusée dans des écouteurs et limitée en fréquence à la portée de la voix humaine, pour déclencher ce qu'il a appelé le *Social Engagement System [système d'engagement social - SES]*. Dans des situations normales de la vie quotidienne, le SES fonctionne pour améliorer la communication entre les êtres humains. Ce système neurobiologique complexe s'active lorsque la situation exige une telle communication et lorsque la situation est perçue comme étant sécuritaire. La raison pour laquelle le

SES peut être déclenché par de la musique à portée limitée est que l'écoute de cette musique amène l'oreille médiane à réduire la portée auditive d'une personne à ces mêmes fréquences. Cette action de l'oreille médiane n'est que l'une des fonctions du SES. Parmi les autres fonctions, citons le sourire ainsi que le fait de regarder une autre personne directement — une régulation du système nerveux plus large en soutien de tous les comportements prosociaux. Porges parle de la fonction de l'oreille médiane comme d'un « portail vers le système ». C'est une porte d'entrée vers un état d'esprit basé sur une configuration spécifique de l'ensemble du système nerveux, un état d'esprit qui est prosocial et non défensif. Porges traite les enfants autistes en déclenchant leur système d'engagement social par la stimulation de l'oreille médiane. Souvent, en seulement quelques séances de quarante-cinq minutes chacune, le SES est activé, et le comportement de l'enfant passe de distant et défensif à plus détendu et social.

J'ai vu Porges travailler avec une femme qui était stimulée par un équipement musical à portée limitée. J'ai vu les changements qui pouvaient se produire en une demi-heure. Quand la femme a terminé, j'ai mis les écouteurs et j'ai écouté la même musique qu'elle. J'ai senti les changements que cela produisait en moi : je me suis sentie très bienveillante envers toutes les personnes présentes dans la pièce. Après dix minutes environ, j'ai enlevé les écouteurs et j'ai fait un travail Hakomi avec cette même femme avec laquelle Porges avait travaillé. Au bout de dix ou quinze minutes, qui comportaient des moments intenses entre nous, ses sentiments sont passés d'une base de tristesse, d'isolement, de solitude, de colère et de désespoir à un sentiment de connexion avec moi : un état chaleureux, appréciatif et nourrissant qui traduit l'engagement social. Dans cet état, elle a pu vivre ce qui était pour elle des sentiments et des espoirs nouveaux et positifs. Porges, qui m'avait observé travailler, m'a dit après coup, quelque chose comme : *« Tu es un portail ».* J'ai dû avoir l'air perplexe, car il a précisé : *« Tout comme la musique ».*

Il voulait dire que mon comportement avait mis en ligne les SES de la femme. Mes comportements, le ton de ma voix, les expressions du visage, le rythme, l'attitude, toute ma présence auprès d'elle, le fait que mon attention n'avait jamais faibli, la gentillesse constante que je ressentais et dont je faisais preuve — tout cela était tel qu'elle a changé d'état d'esprit. J'aime appeler ce genre d'engagement une présence bienveillante. Quelque chose en moi, un sentiment délibéré et constant de compassion pour la personne qui me précède m'a donné le potentiel d'évoquer son engagement social. Je suis devenu pour elle une passerelle qui lui permettait de passer d'un état d'esprit à un autre. J'étais un portail.

Ce n'est pas nouveau que nous nous déclenchons mutuellement, que les émotions soient communicables. La peur ou la rage peuvent se répandre dans une foule ou s'intensifier dans un échange entre deux personnes. Il n'y a rien de nouveau à cela. Ce n'est pas non plus nouveau que nous puissions être des portails pour les états amoureux et prosociaux de l'autre. Ce qui est nouveau et important à reconnaître, c'est que la présence bienveillante peut être une puissante force de changement, dans la vie quotidienne ou dans le cadre d'une psychothérapie. Un thérapeute dont l'état d'esprit est la présence bienveillante offre à ses clients un portail, par lequel leurs perceptions, leurs humeurs et leur connaissance de soi peuvent changer de manière positive. Le plus important n'est pas « le pouvoir de changer » les gens, ce n'est pas une technique ou une méthode, ni une confrontation, une raison, une cognition ou un conditionnement. Le plus important, c'est ce qui a toujours été, une ouverture de soi pour inclure l'être et le bien-être d'autrui. L'important, la chose efficace, c'est de s'ouvrir, de devenir une passerelle par laquelle l'amour qui est présent en vous peut accueillir l'amour qui est en attente chez l'autre.

> « *Souriez entre vous, souriez à votre femme, souriez à votre mari, souriez à vos enfants, souriez-vous les uns aux autres — peu importe qui c'est — et cela vous aidera à grandir dans un plus grand amour l'un pour l'autre.* »
>
> *(Mère Teresa, 1996)*

Le silence et se laisser guider
[par le déroulement du processus]

« Le meilleur leader se laisse guider. »

(Lao Tzu)

Le bon thérapeute partage le contrôle avec tout ce qui est présent, parfois en s'enfonçant profondément dans l'action qui se déroule, parfois en attendant tranquillement que l'autre fasse un travail intérieur, surfant avec grâce sur les amplitudes changeantes de l'intimité.

Je pense à la méthode Hakomi différemment maintenant. Ma vision du travail a changé, passant de l'idée de « faire de la psychothérapie » à celle d'aider l'autre à s'étudier. Le travail est toujours basé sur la pleine conscience, il est toujours expérimental et non violent. Toutes ces choses étaient là au début. Mais quelque chose de très important a été ajouté. Pour moi, cela a changé. Il ne s'agit plus de guérir la maladie. C'est maintenant une question de liberté et de changement dans l'expérience de soi. Cette méthode affinée essaie d'aider les gens à découvrir des choses sur eux-mêmes, les choses les plus importantes. La méthode apporte une nouvelle compréhension à l'esprit conscient. Lorsque nous faisons des expérimentations en pleine conscience, des souvenirs et des émotions apparaissent, qui sont souvent surprenants pour le client. Ils peuvent être très différents de ce que le client aurait pu s'attendre. Dans ces moments-là, le client est confronté à quelque chose qui prend du temps à s'absorber. Pendant ces moments, le client a besoin de temps pour ressentir et penser.

Les moments qui suivent une expérimentation sont des moments où le silence est la chose la plus utile qu'un thérapeute puisse faire. Il y a d'autres moments où le silence est utilisé, mais ceux qui suivent une expérimentation sont les plus importants. Nous devons leur accorder ce temps. Heureusement, il est très facile de reconnaître les moments où les clients en ont besoin. Généralement, ils ferment les yeux et penchent un peu la tête en avant. Leur visage montre des signes qu'ils réfléchissent et qu'ils font des prises de conscience. Ils sont occupés à intégrer les nouvelles informations. Après avoir fait l'expérience de quelque chose de surprenant et d'important, c'est tout à fait naturel. Il faut alors se taire et donner du temps à la personne. Comme toujours, en étant à l'écoute et en répondant à ce dont la personne a besoin sur le moment, nous obtenons la coopération de l'inconscient.

Le silence est également approprié après un contact. Il s'agit de se laisser guider. Nous voulons aider le client à découvrir ses croyances et ses souvenirs inconscients. Pour cela, nous devons laisser l'inconscient adaptatif diriger. Il nous guide en amenant à la conscience des souvenirs, des émotions, des impulsions, des images, des tensions et des idées. Pour le client, ils surgissent spontanément dans le flux d'expériences en réaction à tout ce qui se passe à l'extérieur et à l'intérieur comme une chaîne d'associations. Métaphoriquement, on peut dire que l'inconscient adaptatif nous donne cela. Nous pouvons considérer qu'il nous indique où le processus veut aller. Un processus de guérison tend à aller vers des souvenirs et des prises de conscience, et généralement vers des sentiments profonds. Les moments spontanés indiquent clairement ce que nous pourrions faire ensuite ; de cette façon, ils mènent et nous suivons.

Souvent, les thérapeutes ont le sentiment qu'ils doivent diriger. Ils se sentent responsables de « faire bouger les choses ». Ils sont donc actifs, occupés à parler et à poser des questions, et à diriger. Ce sens du rôle et l'activité qu'il favorise interrompent trop souvent le processus de guérison lent et naturel. Le silence et se laisser guider par le déroulement du processus sont deux choses très différentes.

Voici un exemple tiré d'une séance que j'ai faite : après avoir fait une expérimentation verbale à une cliente, elle a signalé une impulsion d'effondrement. Elle s'est penchée un peu sur sa gauche et a baissé la tête. Elle a dit : « *J'ai envie de tomber par terre.* » Elle semblait un peu surprise de son impulsion et curieuse à ce sujet. Je lui ai suggéré d'aller de l'avant et de le faire, de tomber vers le sol. J'ai attendu pour voir ce qui allait se passer ensuite. C'est ma compréhension de se laisser guider. Elle le fait et comme elle le fait, je garde le silence. Alors qu'elle est allongée là, les yeux fermés, sans bouger, je me tais. J'attends que l'inconscient nous donne la suite. Au bout d'une minute environ, elle devient très triste. Je la contacte. « *La tristesse maintenant, hein ?* » Puis j'attends en silence qu'elle apprenne par elle-même ce qu'elle peut sur sa tristesse. Si elle veut du soutien, je demande à quelqu'un de s'asseoir à côté d'elle, peut-être de mettre une main sur son épaule ou son dos. Je reste silencieux, en attendant la suite. Si l'émotion s'aggrave, je peux demander à quelqu'un de l'aider physiquement à gérer ses émotions, par exemple à se contenir ou en lui couvrant le visage. Une fois que cela a été fait, j'attends à nouveau tranquillement que cette nouvelle situation se développe. En quelques instants, un souvenir douloureux apparaît, un souvenir qui a eu besoin de temps pour émerger et plus encore pour se développer. Un client a besoin de temps pour s'en imprégner, pour saisir comment il a façonné sa vie, et de plus de temps pour résoudre les confusions et la douleur que les événements originaux ont créées. Le temps et le silence.

Depuis le début, l'inconscient adaptatif a mené et je me suis laissé guider. Se laisser guider par le déroulement du processus crée le besoin de silence et d'attente de ce que l'inconscient nous offrira ensuite. Dans ces moments-là, je n'essaie pas de faire bouger les choses. Je les laisse se produire. À d'autres moments, je suis actif. Je fais des contacts et des expérimentations. Mais, une fois que la matière commence à émerger spontanément, une fois que le processus de guérison commence à s'écouler, je passe au silence et au suivi. L'inconscient mène et je suis.

Faire avancer le processus

Faites avancer le processus lorsque l'interaction devient conversationnelle ou lorsque le client parle continuellement de tout sauf de son expérience actuelle.

Comment faire avancer les choses :

- contactez quelque chose du moment présent, l'expérience ou le comportement du client ;
- parlez d'un indicateur qui a été détecté et suggérez une expérimentation ;
- interrompez les récits, les explications, les interrogations, les discussions abstraites, les conversations.

Quand utiliser efficacement le silence :

- lorsque le client suit son processus intérieurement — certains des signes qu'il fait sont les yeux fermés, les mouvements du visage et de la tête, la concentration profonde, les émotions qui se manifestent ;
- lorsque le client décrit l'expérimentation du moment présent.

Les habitudes comme causes d'échec

« Nous avons tendance à chercher des explications faciles et à facteur unique du succès. Pour la plupart des choses importantes, le succès exige en fait d'éviter de nombreuses causes d'échec possibles et distinctes. »

(Diamond, 2010)

Ce principe peut certainement être appliqué à la psychothérapie. Voici une version générale de ce principe : *« Tout système complexe a de nombreuses façons d'échouer. »* La méthode est certainement un système complexe. Pour qu'elle réussisse, le praticien doit avoir un ensemble d'habitudes utiles et doit éviter certaines habitudes importantes qui ont tendance à perturber le processus. Il existe trois habitudes, basées sur des attitudes très courantes, qui font inévitablement échouer la méthode.

Ce qui peut être une bonne habitude dans une situation donnée peut facilement être une mauvaise habitude dans une situation très différente. Pour la méthode affinée, il existe trois habitudes trop courantes qui ont des effets gravement dommageables sur le processus. Il s'agit des suivantes :

1. avoir besoin de contrôler ;
2. se concentrer sur la recherche de solutions ; et
3. s'enliser dans des conversations.

Bien que ces trois sujets soient liés, je les aborderai un par un. Je parlerai de leurs sources dans la culture occidentale et des effets qu'elles ont sur le processus.

Première habitude — devoir être au contrôle

Les lois de Newton stipulent qu'un objet au repos le reste à moins qu'une force extérieure n'agisse sur lui. Il a également déclaré qu'un objet en mouvement le reste à moins qu'une force extérieure n'agisse sur lui. En d'autres termes, les choses ne bougent pas d'elles-mêmes. Une force extérieure est toujours nécessaire. C'est une bonne définition d'une « chose ». C'est une grave erreur de penser que les êtres vivants fonctionnent de la même manière. Les lois de Newton fonctionnent très bien pour les objets ne possédant qu'une masse, mais les humains et les autres êtres vivants ne sont pas simplement une masse ; ils sont aussi, à des degrés divers, autodéterminés, conscients et intelligents. Ils se déplacent d'eux-mêmes. Newton a eu une puissante influence sur les images de la réalité et la philosophie du monde occidental. Dans cette image, la réalité est constituée d'atomes, d'objets solides, séparés, isolés, indivisibles — des boules de billard qui ne se déplacent que lorsqu'elles sont soumises à une force extérieure. Et qui ou quoi est cette force ? Et bien, lorsque les praticiens supposent que c'est eux-mêmes, le processus s'égare. Newton a également postulé que, pour chaque action, il y a une réaction égale et opposée. Utilisez la force, même si elle est subtile, vous risquez de rencontrer une résistance. C'est ce qui fait que l'attitude de devoir contrôler est un facteur de rupture certain. Il serait peut-être bon de veiller à définir le comportement des autres comme de la résistance, plutôt que de la gestion, comme je préfère le voir.

Comparez cela avec le dicton bouddhiste zen *« Le printemps arrive et l'herbe pousse toute seule »* ou avec la citation du **Tao Te Ching** sur la maîtrise du monde. Il existe une voie naturelle qui n'a pas besoin de l'intervention d'une autre personne. L'influence du modèle newtonien sur la pratique de la médecine était en partie une bonne chose. Ce n'est tout simplement pas un bon modèle pour la psychothérapie, particulièrement la version d'étude de soi accompagnée en Hakomi. L'application d'un modèle médical conduit à des situations où les « patients » racontent leur histoire, décrivent leurs symptômes, sont interrogés, se font diagnostiquer et sont ensuite « traités ». Dans ce modèle, la participation du patient est faible et se résume à suivre des ordres, sauf bien sûr pour la guérison très organique qui se produit.

Dans la plupart des formes de psychothérapie, c'est la philosophie sous-jacente. Le client a besoin d'être bougé et la force motrice est le thérapeute. Considérez les concepts de résistance et de défense. Ce qui est absent de cette philosophie, c'est toute la notion d'auto-organisation et d'autoguérison des personnes. Ce qui s'oppose au concept de force externe est la force interne des impulsions et des pouvoirs de guérison du client. Dans les modèles organiques les plus récents et en Hakomi, le thérapeute apporte son soutien à ces processus intérieurs. Dans le modèle affiné, le praticien est une personne qui soutient les processus organiques de guérison du client, plutôt qu'une force contrôlant les actions d'un objet. Un bon livre à lire est *L'essence du changement : utiliser les facteurs communs aux différentes psychothérapies* (Duncan, Miller, Wampold et Hubble, 2012)

Les effets négatifs de la première habitude

Lorsque le thérapeute croit, consciemment ou implicitement, qu'il doit contrôler le processus, cela peut facilement entraîner une résistance manifeste ou cachée ou, au contraire, une soumission et une passivité de la part du client. Quoi qu'il arrive, à partir de ce moment, les processus naturels de guérison du client ne guident plus le processus. Le résultat est un processus qui s'éternise et qui fait perdre du temps et de l'énergie.

Autres approches possibles

La croyance d'un thérapeute dans le pouvoir de guérison du client par un processus de guérison dirigé de l'intérieur, et sa connaissance de la manière de préparer le terrain pour que ce processus se déroule conduira à de bien meilleurs résultats. Il y a une danse qui se déroule entre le praticien et le client dans son ensemble, basée dans une large mesure sur les croyances et les fondements émotionnels des motivations de chacun. C'est une danse de la mutualité. Le contrôle s'exerce dans les deux sens. L'acceptation est présente chez chaque danseur. Ce type de thérapie n'est pas géré par le système d'exploitation émotionnel pour la domination. Elle est dirigée par eux *[les systèmes]* pour créer des liens sociaux et prodiguer des soins. C'est là que cela fonctionne le mieux. Cette approche n'est pas pour tout le monde. Elle ne s'adresse qu'aux personnes qui ont une maturité émotionnelle et une conscience de soi suffisantes pour fonctionner dans un tel cadre.

La clé pour travailler sans devoir contrôler est de reconnaître ce qui va initier et soutenir la guérison d'une personne, de fournir exactement cela, et ensuite de laisser les choses suivre leur cours naturel. Cela signifie qu'il faut anticiper l'émergence d'un processus naturel de guérison et savoir comment l'aider à émerger. Cela signifie observer, se laisser guider et soutenir ce genre de processus et agir à partir de cette intention plus large. Pour laisser les choses suivre leur cours naturel, cela doit provenir d'une présence bienveillante — bienveillante, attentive, patiente, observatrice et présente pour l'autre. Et, lorsque vous êtes vraiment en résonance, cela signifie ne faire qu'un avec la situation. Cela signifie être avec l'autre tout en ayant l'intention claire et durable de danser une danse de guérison.

Deuxième habitude — être fixé sur vouloir tout comprendre

Meditatio
Quand je considère attentivement les curieuses
habitudes des chiens,
Je suis contraint de conclure
Que l'homme est l'animal supérieur.
Quand je considère les curieuses habitudes de
l'homme,
J'avoue, mon ami, que je suis perplexe.

(Ezra Pound)

Je suis moi-même assez perplexe à l'idée que les humains sont, ou même pourraient être, des animaux rationnels. Damasio (2008) a écrit tout un livre sur l'inutilité de la raison sans les émotions pour donner des valeurs à son application.

Il y a beaucoup de bonnes raisons pour la paix dans le monde, mais la raison ne suffit pas pour l'apporter. Il faudra des sentiments et des efforts motivés, et suffisamment d'amour pour nous-mêmes et pour les autres pour être gentil et attentionné envers toute l'humanité. C'est une tâche difficile, je l'admets, mais ce n'est pas non plus une chose que nous pouvons nous permettre de rater. Cela vaut donc la peine d'examiner sérieusement les causes possibles de l'échec.

Les effets négatifs de la deuxième habitude

Lorsque nous partons de la croyance implicite que le comportement du client est un casse-tête à démêler, lorsque nous agissons comme si nous devions résoudre ces problèmes, nous posons généralement des questions avant de faire quoi que ce soit et puis des questions de suivi et, dans notre esprit, nous cherchons les sources de la souffrance du client dans les réponses, les explications et les histoires de ce dernier. Lorsque notre approche consiste principalement à penser de cette manière, l'ensemble du processus est faussé dans l'abstrait. Nous partons du principe que la réflexion est notre principal outil. Cette approche est parfois appelée « diriger avec la tête ».

Autres approches possibles

Pour le type de connexion intime et subtile qui favorise la guérison d'une autre personne, il faut plus que de la réflexion. Notre travail consiste à fournir deux choses :

- un contexte qui stimule et soutient les processus naturels de guérison du client ; et
- un moyen d'aider à lancer ce processus.

Pour la première, une présence bienveillante, une observation attentive et une grande expérience des indicateurs non verbaux sont nécessaires. L'attention doit se concentrer sur une observation constante et attentive. L'habitude de vouloir comprendre les choses enlève trop de conscience à cela. Pour la deuxième chose, stimuler un processus de guérison, mettre en place et faire de petites expérimentations en pleine conscience est justement ce qu'il faut. Faire de bonnes expérimentations est un moyen très efficace de faire émerger les sentiments, les croyances et les souvenirs de l'inconscient, afin que la guérison des vieilles blessures puisse commencer. Lorsque le client réalise comment et pourquoi il organise habituellement son expérience comme il le fait, le changement devient possible.

Troisième habitude — s'enliser dans les conversations

Cette habitude est liée aux deux autres. Elles font toutes deux partie d'un schéma plus large que Francisco Varela a appelé « l'attitude abstraite ». Je crois qu'il voulait dire le parti pris général de penser plutôt que de sentir et de ressentir et de ne pas se concentrer sur l'expérience présente.

Nous sommes sortis de notre longue histoire de vie en petits groupes, de connaissance de chacun et de communication face à face. Nous communiquons maintenant, dans une large mesure par téléphone et peut-être même davantage, par courrier électronique, et très souvent avec des personnes que nous n'avons jamais rencontrées ou que nous ne connaissons pas très bien. Dans ces cas-là, la communication se limite généralement à des mots. Cette limitation contribue à créer l'habitude d'une dépendance presque totale au langage comme moyen de recueillir des informations sur les gens. Nous ne sommes pas la seule espèce sociale. D'autres, comme les loups, les fourmis, les abeilles et les bœufs musqués, communiquent avec succès sans mots. C'est notre habitude de nous fier aux questions et réponses et de parler de ce qui n'est pas présent qui est une mauvaise habitude dans le contexte d'aider une autre personne à se découvrir,.

Les effets négatifs de la troisième habitude

Le principal effet négatif de l'engagement dans la conversation avec nos clients — surtout les conversations où le thérapeute pose beaucoup de questions et où le client se contente généralement d'y répondre — a pour effet de prévenir plutôt que de favoriser le processus naturel de guérison du client. Cela peut même empêcher que cela se produise. Prenons cet exemple : le client commence à se sentir triste et le dit. Le thérapeute lui répond : « *Pourquoi êtes-vous triste ?* » Ou encore : « *Pourquoi vous sentez-vous ainsi ?* » Si le client commence à réfléchir aux raisons ou aux explications de sa tristesse, il perd le contact avec elle. Ce genre de choses arrive tout le temps. Je le vois dans les conversations ordinaires des gens. Je le vois dans le genre de psychothérapie que l'on voit dans les films et à la télévision. Je le vois parfois lorsque je supervise des étudiants et des praticiens Hakomi qui n'ont pas été formés avec moi personnellement. La tristesse ressentie par le client est le début d'un processus de guérison. La réponse appropriée à cette situation peut conduire à un approfondissement de l'émotion dans les souvenirs, à la libération et à la possibilité de résolution et d'intégration. La conversation ordinaire interrompt un processus de guérison émotionnelle.

Lorsque le thérapeute pose une question après l'autre, le client devient passif, répondant à chaque question et attendant la suivante. Cette approche conduit rarement à la guérison. La plupart du temps, elle se termine par une conversation et pas grand-chose d'autre. Les explications et la conversation amorcent rarement un processus de guérison et ne sont pas particulièrement conçues pour le faire.

Autres approches possibles

Toutes ces habitudes sont le résultat d'une culture qui favorise l'ego, le pouvoir et le contrôle. L'alternative est l'utilisation de moyens habiles c.-à-d. l'état d'esprit et les capacités d'attention du thérapeute, et toutes les techniques qui font partie de la méthode.

Affinements

Composants originaux (Kurtz 1997)

Théorie des structures de caractère : Cela découle de mon intérêt pour la bioénergétique et les travaux de Wilhelm Reich. Elle a été enseignée à la fois comme théorie et comme méthode dans les formations initiales organisées au Vermont, le Connecticut et le Colorado à la fin des années 70 et au début des années 80.

Lecture des corps (posture et structure) : C'est un résultat direct de l'étude de la bioénergétique et Reich. Je demandais aux gens de se lever et je les regardais pour voir les signes corporels dont Alexander Lowen parle dans ses nombreux livres. En 1976, Hector Prestera, MD et moi-même avons publié *The Body Reveals* sur l'interprétation des structures corporelles.

Expérimentations : J'ai appris à les utiliser lorsque j'ai étudié la Gestalt à la fin des années 60 à Esalen et en tant qu'enseignant à l'université San Francisco State. C'était une époque très expérimentale, toute la culture expérimentant de nouvelles façons d'être et de se comporter.

L'utilisation de la pleine conscience : Demander aux gens de se mettre dans un état de pleine conscience avant de faire une expérimentation est quelque chose qui découle de ma pratique privée vers 1974. J'étais motivé par l'idée que les personnes en pleine conscience pouvaient observer leurs réactions et commencer à comprendre leurs véritables croyances sur elles-mêmes et sur le monde, les croyances qui organisent leur comportement et leur expérience. C'était et c'est encore une façon directe de soutenir l'étude et la découverte de soi. Ma pratique de la méditation, une retraite avec Chögyam Trungpa, et des ateliers avec Moshé Feldenkrais et Ruthy Alon ont tous été une source d'inspiration.

La non-violence : Cette inspiration est également venue dans les années 60. C'était en partie à cause de l'atmosphère de l'époque, de la guerre du Vietnam, des « Flower Children » et de quelques années d'enseignement à l'université San Francisco State. C'était l'arrivée du bouddhisme en Amérique, mon amour du Tao Te Ching et du mouvement antiguerre. Pour moi, la non-violence signifie ne pas persister, ne rien forcer, ne pas utiliser le pouvoir ou la coercition ou agir de manière autoritaire. Ce sentiment a été la principale raison pour laquelle j'ai renoncé à utiliser des méthodes bioénergétiques.

Le suivi et le contact : Bien sûr, le contact est venu de la thérapie Rogérienne, dont j'ai entendu parler à l'école supérieure et que j'ai enseignée plus tard à l'université. L'idée du suivi, de suivre constamment la trajectoire de l'expérience actuelle des gens, était le reflet de mon expérience dans la marine en tant qu'opérateur de radar de contrôle des incendies. Le « suivi (tracking) » est le rôle de ces radars : ils suivent les mouvements d'un avion, en restant braqués sur lui pendant qu'il vole. C'est de là qu'est née la pratique du « suivi (tracking) ».

Des expérimentations verbales : Cette technique est apparue en même temps que l'utilisation de la pleine conscience. Après avoir entendu des clients parler d'eux-mêmes et avoir étudié leur posture et leur structure corporelle, je me suis rendu compte que les gens n'étaient pas toujours conscients des croyances qui sont au cœur de leur comportement et de leur expérience. Afin de les aider à découvrir cela, j'ai voulu les surprendre avec leurs propres réactions à des déclarations que je pensais qu'ils ne pourraient pas accepter, malgré le fait que toutes ces déclarations étaient conçues pour être potentiellement nourrissantes. Comme de fait, cela a fonctionné. Et c'est devenu une pierre angulaire de la méthode Hakomi.

La prise en charge : C'était le résultat de la recherche de moyens non violents pour soutenir les processus émotionnels qui suivaient parfois les sondes « expérimentations verbales »[5] et autres expérimentations. C'était un simple renversement de la pratique bioénergétique qui consistait à « percer » les défenses. Je l'ai utilisée pour la première fois à la fin des années 70. Elle est rapidement devenue la deuxième technique majeure de la méthode, s'étendant à toutes sortes de façons de prendre en charge verbalement et physiquement. Elle est utilisée à la fois dans des expérimentations faites avec la personne en état de pleine conscience pour aider les gens à s'étudier et avec des réactions émotionnelles évoquées, et elle est utilisée pour soutenir la gestion spontanée des comportements des gens.

Offrir ce qui nourrit au niveau émotionnel : Il s'agit d'une conséquence naturelle de l'utilisation de déclarations potentiellement nourrissantes comme expérimentations verbales. Après un certain processus intérieur du client, la même offre qui était automatiquement rejetée lorsqu'elle était proposée comme sonde *[expérimentations verbales]* pouvait être utilisée pour apporter un soulagement, une relaxation et une satisfaction émotionnelle. L'objectif général est finalement devenu la fourniture d'expériences manquantes, des expériences qui étaient automatiquement évitées en raison des croyances qui organisaient l'expérience.

---

[5] Le mot « sonde » était un mot utilisé par Ron au début de la méthode. Nous avons remplacé cette expression et utilisons « expérimentation verbale » dans les autres places qui figurent dans le livre.

Toucher et réconforter : c'est une chose que nous faisons qui s'est développée avec le recours à des assistants et une nouvelle compréhension de l'inconscient adaptatif.

Concepts importants : Ces concepts étaient importants au début du développement de la méthode :

- croyances fondamentales : Les croyances fondamentales étaient ce que nous appelions les organisateurs généraux de l'expérience ;
- obtenir la coopération de l'inconscient : nous pensions à l'inconscient de la même manière que Freud et Jung, bien qu'ils aient certainement eu leurs différences. Certaines idées à ce sujet sont issues des travaux de Milton Erickson ;
- la défense : L'idée des défenses psychologiques était et est encore assez courante dans le domaine.

Ces onze éléments constituent une bonne partie de la méthode originale. Ils sont le fruit de deux décennies et demie d'apprentissage, d'enseignement et de formation. Utilisés ensemble de manière intégrée, ils constituent une méthode efficace pour aider les autres à se développer personnellement et à guérir leurs émotions. Ils sont aujourd'hui enseignés et pratiqués dans au moins treize pays et utilisés par des centaines de praticiens.

Depuis le début des années 90, lorsque j'ai démissionné de mon poste de directeur de l'Institut Hakomi, j'ai continué à affiner la méthode et à enseigner ces perfectionnements dans le cadre d'ateliers et de formations avec plusieurs nouveaux formateurs qui ont été formés par moi-même et qui ont travaillé avec moi, plutôt qu'avec l'Institut. Certains d'entre eux, comme Donna Martin, travaillent et enseignent avec moi depuis quinze ans ou plus. Certaines améliorations ont été apportées dès le début des années 90, d'autres pas plus tard que ces trois derniers mois. J'aimerais vous décrire les plus importantes et les changements qu'elles ont apportés à la méthode.

Les principaux affinements (Kurtz 2010)

La présence bienveillante : La progression de ma pensée : au début, je pensais surtout aux techniques, aux interventions momentanées que j'avais apprises de la Gestalt et de la Bioénergétique. Après y avoir réfléchi pendant un certain temps, j'ai commencé à voir comment elles formaient une méthode unifiée — l'utilisation des techniques et à quels moments les appliquer ainsi que la théorie qui leur donnait un sens. En réfléchissant, en enseignant et en écrivant sur la méthode et les techniques, j'ai commencé à voir comment elles devaient s'intégrer dans la relation que l'on avait avec le client. J'ai commencé à avoir des idées sur ce que nous appelions *la relation guérissante*. Tout cela faisait partie du développement de la méthode originale.

Puis, après avoir lu un livre intitulé ***Human Change Process*** (Mahoney, 1991), j'ai commencé à voir que l'ingrédient le plus important — après les facteurs du client tels que la motivation — était ce qu'il appelait *l'être ou les facteurs personnels du thérapeute*. Je me suis rendu compte, au cours d'une séance qui m'a ouvert l'esprit, que mon propre état d'esprit (ou état d'être) affectait fortement le résultat de la séance. L'état d'esprit est très vite devenu l'aspect le plus important de la relation de guérison. J'ai appelé cet état d'esprit « *la présence bienveillante* » et j'ai commencé à l'enseigner dans des formations et des ateliers comme le premier et le plus important élément de la méthode. L'atelier portait sur la façon dont on crée cet état d'esprit en soi-même. La présence fait référence à l'attention portée au flux de l'expérience d'un moment à l'autre (Senge et coll., 2005).

Le recours aux assistants : J'ai commencé à recourir aux services d'assistants dans mes ateliers et mes formations dans les années 80. Lorsque je faisais des démonstrations, je demandais à un ou deux observateurs de venir m'aider à prendre en charge des voix et des réactions physiques de gestion. J'ai formé de nombreux étudiants de niveau avancé en tant qu'assistant. C'est à la fois une très bonne façon d'impliquer les gens et de leur enseigner la méthode par ce type de participation. Depuis le milieu des années 90, j'ai recours à des assistants dans mon cabinet privé. Il y a beaucoup de choses que vous pouvez faire quand vous avez des assistants et que vous ne pouvez pas faire quand vous êtes seul avec un client. Pendant un certain temps, au début de l'année 2000, je faisais venir quatre clients à la fois, des gens qui se connaissaient. Je travaillais avec une personne à la fois et les trois autres assistaient. Ensuite, nous faisions une rotation et nous travaillions avec la personne suivante.

Recherche et utilisation d'indicateurs : Après avoir fait le suivi d'expériences actuelles des clients pendant de nombreuses années, j'ai commencé à remarquer et à réfléchir aux comportements habituels de la personne et aux qualités qui font régulièrement partie de sa façon d'être, des qualités comme tenir la tête en biais, hausser beaucoup les épaules, parler vite, me surveiller constamment, les expressions faciales par défaut et d'autres habitudes persistantes. Il existe un nombre infini de ces qualités importantes. J'ai appris que ces qualités reflètent souvent des adaptations précoces et sont l'expression extérieure de croyances implicites. Une des premières choses que je fais quand je commence une séance avec quelqu'un est de rechercher ces qualités, que j'appelle des indicateurs, et je conçois des expérimentations possibles. Je n'enseigne plus la théorie des caractères et je considère les traits de caractère comme un sous-ensemble limité d'indicateurs.

Appeler le travail « *L'étude de soi accompagnée* **» :** c'est l'affinement le plus important de tous. J'ai cessé de considérer ce travail comme faisant partie du modèle médical de traitement des problèmes ou des maladies psychologiques. J'ai commencé à penser à la méthode comme un moyen d'aider une personne à poursuivre la connaissance de soi. Lorsque cette quête est réussie, le soulagement de la souffrance s'ensuit généralement. Connaître la vérité sur soi-même, rendre conscientes les croyances implicites, reconnaître les comportements automatiques de l'inconscient adaptatif est la voie la plus directe pour se changer soi-même à un niveau profond. Dans le cadre de ce changement de perspective, j'ai commencé à requérir que les clients comprennent le travail comme une étude de soi, qu'ils soient capables d'entrer dans des états de pleine conscience et de participer aux expérimentations qui sont vitales pour le processus. Je donne aux nouveaux clients une description d'une page de ce à quoi ils peuvent s'attendre lors d'une séance Hakomi.

Adaptation à l'inconscient adaptatif : L'inconscient adaptatif est devenu courant au cours des deux dernières décennies. Des livres ont été écrits à ce sujet (Wilson, 2002). Contrairement à l'inconscient freudien, il est bien plus une aide qu'un « chaudron de pulsions érotiques et violentes ». Il est là pour « conserver la conscience » et c'est ce qu'on appelle la théorie de la charge cognitive. En apprenant à connaître l'inconscient adaptatif, j'ai commencé à reconnaître et à travailler avec cette partie de l'esprit qui interprète les situations et initie des actions et des réactions, agissant complètement en dehors des décisions et de la conscience consciente. En sachant cela, je peux comprendre et répondre au comportement d'une personne de manière plus précise, plus appropriée et plus sensible, obtenant ainsi un niveau de coopération qui aide grandement à poursuivre le travail.

Irritations : En 1903, Pierre Janet a écrit sur les événements qui accablent une personne, les événements qui ne peuvent être intégrés et avoir un sens, les événements qui se produisent lorsque nous sommes vulnérables, et surtout en bas âge. Les émotions et les souvenirs de tels événements peuvent finir, selon ses termes, « encapsulés » dans l'inconscient. Ils y restent, causant irritation et souffrance et influençant les émotions et le comportement. Ce sont ces irritations que nos expérimentations en pleine conscience font souvent apparaître. Et c'est exactement ce que nous voulons. Une fois conscientes, avec le soutien émotionnel approprié, on peut enfin leur donner un sens et l'irritation peut enfin être dissoute. (voir Rossi, 1996)

Se laisser guider (utilisation des impulsions et des comportements spontanés) : conformément à une nouvelle prise de conscience du fonctionnement de l'inconscient adaptatif, je vois maintenant les impulsions et les pensées spontanées qui surgissent pendant le travail comme des signaux de l'inconscient adaptatif qui indiquent la façon dont le travail pourrait se dérouler. Lorsque quelque chose surgit dans la conscience d'un client, une impulsion ou un souvenir, je l'utilise dans le cadre de la toute prochaine expérimentation.

Honorer le besoin de silence : Une chose qui ressort des démonstrations que je fais est la longue période de silence et d'attente que le client réagisse. Les observateurs font souvent des commentaires à ce sujet. Lorsque je travaille, je recherche les signes que la personne est à l'intérieur : à penser, ressentir, se souvenir, intégrer. Les signes sont simples. En général, les yeux sont fermés. La tête peut être tournée sur le côté ou le client fait un signe de la tête. Le visage peut montrer des signes que la personne pense ou réalise des prises de conscience. Lorsque cela se produit, j'attends simplement en silence. Mon attention reste sur la personne. Lorsque la personne ouvre les yeux, je suis présent et j'attends qu'elle parle en premier. Ces comportements simples contribuent à façonner le type de relation que nous aurons. Ils indiquent que je donnerai à la personne tout le temps dont elle a besoin pour traiter ses expériences. Cela est particulièrement important lorsque des émotions sont apparues spontanément ou en réaction à une expérimentation. J'ai appris que les clients ont besoin de temps pour se souvenir et comprendre les choses, pour intégrer les souvenirs et les sentiments qui sont apparus au cours du processus de guérison. L'intégration est en cours et doit être protégée contre toute interruption. Donc, je reste silencieux. Nous restons silencieux pour permettre à la personne d'approfondir l'expérience. Nous offrons le réconfort lorsque ces mêmes émotions se manifestent librement chez la personne et que les souvenirs douloureux sont en train d'être intégrés, ce qui se produit spontanément s'il n'y pas d'interférence. Dans ces moments-là, nous gardons le silence.

Toucher et réconforter : J'ai commencé il y a de nombreuses années à offrir un contact physique d'une manière généralement mal vue dans les cercles professionnels de psychothérapie. Bien sûr, ils ont de bonnes raisons pour cela. Le déséquilibre du pouvoir, l'intimité de l'interaction entre deux personnes, la nature intime de la relation, tout cela fait qu'il est assez facile de violer les limites. Lorsque j'utilise le toucher et que j'offre du confort, c'est toujours en présence de témoins, parfois une centaine ou plus. En général, ce n'est pas moi qui touche la personne ou qui la tiens. Mes assistants le font et toujours avec la permission de la personne. Nous touchons les gens, généralement doucement sur le bras ou l'épaule, au premier signe physique de tristesse ou de chagrin, des signes comme la formation de larmes et le changement de voix. En le faisant, nous signalons que nous sommes conscients des sentiments de la personne et que nous lui témoignons de la sympathie.

Croyances implicites : Les croyances sont implicites lorsqu'elles ne sont pas récupérables en tant que souvenirs d'événements. Il s'agit de procédures et d'habitudes mémorisées. Elles sont équivalentes aux croyances en ce sens que les comportements habituels peuvent être considérés comme l'adoption de règles implicites : « *si ceci, alors faites cela* ». Ils sont en dehors de la conscience, non pas parce qu'ils sont nécessairement réprimés ; ce sont simplement des actions qui peuvent être effectuées sans attention consciente, préservant ainsi la conscience pour des tâches qui nécessitent du temps pour être réfléchies et mises en œuvre. Comme toutes les habitudes qui sont par nature procédurales, elles sont des fonctions de l'inconscient adaptatif. Certaines sont des adaptations à des situations qui étaient douloureuses et/ou non résolues. Ce sont ces adaptations ultérieures que nous aidons à amener à la conscience, afin de les résoudre et de les changer.

Entretiens sur le Hakomi affiné

La vision

Ma vision originale du Hakomi était d'enseigner à tout le monde, professionnels et laïcs. J'ai choisi de les former en raison de leurs qualités personnelles. J'ai rarement refusé quelqu'un. J'ai quitté l'Institut Hakomi et j'ai démissionné de la direction vers 1990. Il est maintenant dirigé par un conseil d'administration qui a changé la vision que j'avais. Ils préfèrent désormais enseigner à des professionnels. Leur but est de faire partie de l'ordre établi, de devenir une branche reconnue de la psychothérapie. Ce n'est pas une mauvaise idée, mais ce n'était pas mon idée. Je n'avais pas de diplôme d'études supérieures ni de permis d'exercer. Je n'ai reçu que récemment un diplôme honorifique, 46 ans après avoir commencé mes études supérieures. J'ai toujours été un rebelle.

Quelque chose que Salvador Minuchin a dit m'a vraiment touché : « *Pour créer quelque chose de nouveau, ou pour commencer quelque chose de nouveau, vous devez vous opposer à quelque chose qui est déjà là.* » J'avais définitivement cette attitude. J'ai essayé beaucoup de choses, mais je n'ai pas aimé ce que j'ai trouvé, ni en psychothérapie,

286

ni en Gestalt, ni en Bioénergétique. J'étais opposé à la violence, à la tyrannie de l'expertise, et cette opposition me donne encore l'énergie pour continuer à créer.

Un de mes étudiants, assis au bord de ma piscine à Ashland, m'a dit un jour « *Vous vous fichez de ce que les gens pensent* ». Cela m'a surpris. Il fallait que j'y réfléchisse. D'une certaine manière, il a raison, mais je ne m'en étais pas rendu compte quand il l'a dit. Je pense par moi-même. Je l'ai toujours fait. Donc, j'accepte dans mes formations toute personne ayant les bonnes qualités personnelles, certaines d'entre eux professionnelles, d'autres pas.

J. P. Morgan, industriel célèbre, est décédé en 1913. L'une des plus grandes banques du monde porte encore son nom. J.P. Morgan disait : « *Toutes choses étant égales par ailleurs, je choisis l'homme qui goûte sa nourriture avant de la saler.* » Toutes choses étant égales par ailleurs, je choisis une personne qui fait ce qui doit être fait, sans qu'on me le demande. Je veux enseigner à des gens qui ont la qualité d'être conscients de ce qui se passe et de ce qui est nécessaire et qui ont l'habitude d'intervenir pour aider. C'est mon critère. Si je vois cela chez une personne qui a ces autres qualités, je sais que je peux la former. Les diplômes ne m'intéressent pas.

Il y a quelques-unes de mes citations que j'aime particulièrement :

> « *Un bon thérapeute partage le contrôle avec tout ce qui est présent, parfois en s'enfonçant profondément dans l'action qui se déroule, parfois en attendant tranquillement que l'autre fasse un travail intérieur, surfant avec grâce sur les amplitudes changeantes de l'intimité.* »

(Kurtz)

Il s'agit d'être non intrusif. Vous n'avez pas le contrôle.

Vous partagez le contrôle avec tout ce qui est présent. En d'autres termes, parfois vous intervenez et faites ce qui doit être fait, et parfois vous restez assis et attendez.

Milton Erickson avait une théorie appelée le principe d'utilisation (Erickson, 1980). Il utilisait tout ce qui était présent dans son travail avec les clients. Il a travaillé dans des hôpitaux psychiatriques. Voici un exemple d'utilisation de tout ce qui est présent. Il avait un client qui insistait sur le fait qu'il était Jésus-Christ. Erickson s'est approché de lui dans le hall et lui a dit : *« J'ai entendu dire que vous avez de l'expérience en tant que charpentier. »* Le type était d'accord et Erickson l'a mis au travail dans l'atelier de menuiserie. Il n'a pas essayé d'en dissuader le gars, il l'a juste accepté et l'a utilisé. Le travail dans l'atelier l'a aidé à se rétablir.

Voici une autre de mes citations sur le fait d'être non intrusif :

> *« L'impulsion de guérir est réelle et puissante et se trouve chez le client. Notre travail consiste à évoquer ce pouvoir de guérison, à répondre à ses tests et à ses besoins et à le soutenir dans son expression et son développement. Nous ne sommes pas guérisseurs. Mais, nous pouvons être le contexte dans lequel la guérison peut se produire. La meilleure façon d'être ce contexte est d'être en présence bienveillante, d'être non intrusif. »*

(Kurtz)

Au fil des années, ma vision de la méthode a évolué. On pourrait s'attendre à cela après plus de quarante ans. Elle a évolué non seulement dans ses moindres détails, mais aussi dans un sens plus large. Je vois maintenant la méthode plus comme un processus naturel, pas comme quelque chose de très compliqué. Je la vois comme un moyen par lequel quelqu'un qui a développé des compétences en matière de soins et de relations interpersonnelles puisse aider une personne qui a le courage et l'intention de rechercher une manière plus heureuse d'être en se connaissant davantage.

Parce que j'étais libre de changer les choses et parce que j'ai continué à apprendre, j'ai changé les choses. J'ai laissé tomber ce qui me semblait inutile ou j'ai ajouté ce qui fonctionnait mieux. La source de ces changements, comme vous pouvez vous en douter, a été la grande variété d'expériences qui découlent du travail avec toutes sortes de clients, dans des cultures différentes et la tendance naturelle à vouloir rendre quelque chose que nous faisons à répétition plus facile, plus simple et plus efficace. Et c'est ce qui s'est passé. Le travail est devenu plus naturel, plus beau et plus efficace. J'ai été façonné par lui et lui par moi dans une sorte de danse de développement.

Je veux faire une sorte d'analogie entre faire du Hakomi et jouer de la musique. Il y a des compétences qui doivent être maîtrisées dans les deux disciplines. Si les musiciens s'entraînent autant, c'est pour ne pas avoir à réfléchir aux notes à jouer. Ils traduisent immédiatement quelque chose dans leur esprit ou quelque chose sur papier en une expression physique et musicale. Et une fois que cette compétence est complètement habituelle, une fois que vous n'avez plus besoin de penser aux notes à jouer, parce que tout cela se fait à un niveau inconscient, alors vous pouvez être en relation avec la musique à partir de votre personnalité et de vos sentiments. Vous n'avez pas besoin de vous concentrer sur les notes à jouer.

Il y a quelque chose de similaire en Hakomi. Il y a des compétences, des compétences qui doivent devenir habituelles. Lorsque vous connaissez les techniques et la méthode à un niveau inconscient, vous pouvez rencontrer le client différemment, d'une façon plus intime, plus directe et plus connectée. Lorsque vos compétences sont très développées, vous n'êtes pas distrait par votre propre réflexion. Vous pouvez être très présent lorsque vous n'avez pas à réfléchir.

J'aimerais faire une autre analogie : les grands musiciens donnent à leur jeu une allure presque magique. Cela semble si facile et si simple quand ils jouent. Cela semble sans effort. Une bonne thérapie semble également sans effort. Ayant fait ce travail pendant quarante ans, à raison d'environ trois heures par jour en moyenne, j'ai appris beaucoup de choses qui sont maintenant gérées par mon inconscient. Si on me le demande, je peux généralement revenir en arrière et expliquer pourquoi j'ai fait quelque chose, mais à l'époque où je l'ai fait, je n'y pensais pas consciemment. Au moment où je l'ai fait, je l'ai juste fait. Je me souviens d'avoir participé à un atelier à Esalen il y a 10 à 15 ans. À la toute fin, quand les gens disaient à quel point ils aimaient ça, je me suis rendu compte que j'avais l'impression de n'avoir rien fait. J'avais l'impression que c'était arrivé comme ça.

D'une certaine manière, après quarante ans de pratique, le travail est devenu beaucoup plus simple. Non seulement parce que les compétences avaient mûri, mais aussi parce que, comme Picasso l'a dit un jour, *« l'art est l'élimination du superflu »*. J'ai appris à éliminer ce qui n'était pas nécessaire.

Au cours de ces quarante années d'apprentissage de mon métier, j'ai adopté beaucoup de nouvelles choses, mais j'en ai abandonné encore plus. Par conséquent, le travail est devenu simple pour moi.

Ces derniers temps, j'ai pensé à adapter la psychothérapie aux capacités humaines dont nous avons hérité. Un livre qui parle des capacités héritées s'appelle **Le génie de l'intuition :**

intelligence et pouvoirs de l'inconscient (Gigerenzer, 2011). Par exemple, chez l'homme, la capacité de langage est héritée ; nous naissons avec la capacité d'apprendre une langue. Cependant, la langue que nous apprenons dépend de notre lieu de naissance et de la langue de notre famille et de la société. Nous sommes nés avec cette capacité, mais c'est l'expérience qui façonne nos capacités. Je veux examiner les capacités héritées qui sont les plus importantes pour devenir psychothérapeute.

Offrir du réconfort à une personne dont nous nous occupons est une capacité humaine héritée. C'est une aptitude qui doit être développée en une habilité parce qu'elle est essentielle au travail que nous faisons. Elle est intégrée à la méthode du début à la fin, de la présence bienveillante au processus de guérison.

Une autre capacité que nous devons développer en tant que praticiens Hakomi est la compréhension des signaux et des signes non verbaux. Un thérapeute doit comprendre les expressions du visage et le ton de la voix. Nous sommes nés avec un cerveau qui a évolué dans ce but. Lorsque ces parties de notre cerveau ne se développent pas en capacités, nous ne nous développons pas socialement. Nous ne développons pas ce que Stephen Porges appelle le système d'engagement social, du moins pas en un système qui fonctionne bien.

Une autre capacité inhérente au développement est la capacité à comprendre l'esprit d'autrui, ce que j'appelle la modélisation. Rebecca Saxe est neuroscientifique cognitive au Saxelab du MIT. Elle étudie la façon dont nous pensons aux pensées des autres en utilisant l'IRMf pour identifier ce qui se passe dans notre cerveau lorsque nous considérons les motifs, les passions et les croyances des autres. (voir Saxe, 2009)

La présence bienveillante

J'ai ajouté cela il y a une quinzaine d'années. La présence bienveillante est l'état d'esprit idéal pour le thérapeute. Elle donne le ton général de la relation. C'est très significatif. J'ai parlé récemment des grandes erreurs du monde occidental. Je pensais que l'une des grandes erreurs était la notion que nous sommes des êtres séparés. C'est le contraire de la vision bouddhiste qui est : tout est sans un moi séparé du tout. Comme me l'a dit un jour un grand scientifique, Carver Mead, « *Rien ne peut être séparé* ». Nos idées sur la séparation commencent avec les Grecs. Un merveilleux livre, intitulé **The Geography of Thought** (Nisbett, 2003) commence par la phrase « *Les Grecs ont inventé la nature* ». En d'autres termes, ils se sont séparés de la nature. Ils se sont également séparés les uns des autres et se sont crus des êtres indépendants. Vous pouvez voir cette idée sous sa pire forme dans le massacre et l'exploitation sans fin des humains par les humains.

Dans la théorie quantique, il y a une découverte étonnante appelée non-localité. Elle dit que si deux molécules ont interagi dans le passé et qu'elles se sont séparées dans l'espace de disons un million d'années-lumière, quand quelque chose arrive à l'une d'entre elles, l'autre le reflète instantanément. Bien sûr, la lumière ne peut pas aller aussi vite, mais la non-localité est réelle. Une telle pensée ne peut pas avoir de sens pour l'esprit occidental ordinaire. Comment ces deux choses peuvent-elles s'affecter instantanément l'une l'autre à des distances aussi incroyables. Il y a donc de bonnes raisons de croire que la séparation était une erreur.

La présence bienveillante reflète la position bouddhiste selon laquelle nous ne sommes pas séparés. Si vous vous asseyez avec un client et ressentez cette connexion, si vous ressentez la non-séparation (je veux dire ressentir, quand le client est triste, je peux ressentir cette tristesse), si vous portez ce modèle, si vous portez cette façon d'être qu'on appelle la présence bienveillante, alors vous avez créé un contexte sécuritaire et sensible pour le travail. Tout ce qui se passe se passe à l'intérieur de ce contexte. Et cela a un effet énorme. Une présence bienveillante est en soi une guérison.

La capacité à ne pas être intrusif est un aspect très important de la présence bienveillante. Vous n'êtes pas bienveillant et présent quand vous êtes intrusif, quand vous prenez le contrôle et dirigez tout. Lorsque vous dirigez tout ou posez beaucoup de questions, ces choses empiètent sur le processus naturel du client.

J'aime cette expression taoïste : « *Le sage travaille en laissant les choses suivre leur cours naturel.* » C'est une expression parfaite de non-intrusivité. Le sage n'empiète pas sur la nature. Dans le monde occidental, notre tradition est tout le contraire. Nous pensons que nous sommes ici pour conquérir la nature. Nous avons cette attitude. Nous pensons que nous pouvons contrôler la nature. Vous pouvez vous le demander. Quel en est le résultat ?

La présence bienveillante a deux qualités de base. Il faut être radicalement présent, ce qui signifie que vous n'êtes pas occupé. Pour être présent, votre attention doit se porter sur le client. C'est comme si vous gardiez les mains sur le volant et les yeux sur la route. Pas de SMS ! Il faut donc être radicalement présent. Votre conscience, votre attention ne quitte jamais le client. C'est une partie de la présence. C'est ainsi que vous pouvez suivre l'expérience du client. Vous ne manquez jamais rien.

L'autre chose fondamentale, c'est d'être bienveillant. Il s'agit juste de trouver quelque chose à aimer, à apprécier, à se sentir bien à propos de ce client particulier. Il s'agit de ne pas être absorbé en soi, de ne pas être égocentrique.

La présence bienveillante, même si le client ne la remarque pas consciemment, a un effet énorme sur le processus. Les gens savent quand quelqu'un est compatissant et attentif.

L'utilisation du silence et se laisser guider

L'utilisation du silence est un bon exemple des affinements que j'ai apportés au Hakomi. Au fil des ans, j'ai commencé à laisser de plus en plus de temps au client pour qu'il se tourne simplement vers son intérieur pendant que j'attends sans l'interrompre. Pour les personnes qui m'observent pendant les séances, c'est l'une des choses qu'elles remarquent et qu'elles commentent le plus souvent. Cela semble tellement évident maintenant, mais il m'a fallu trente ans pour le comprendre réellement.

Ce n'est pas seulement l'utilisation du silence qui est importante. Il faut aussi abandonner l'idée qu'il faut toujours diriger et être responsable. Quand vous abandonnez cette idée, vous découvrez que vous êtes vraiment là pour soutenir quelque chose de positif qui se passe chez le client. Le client a des ressources. Si vous n'êtes pas intrusif, si vous ne prenez pas les choses en main tout le temps et si vous ne les dirigez pas, vous lui donnez du respect et de la place pour utiliser ces ressources. Le client n'est pas nécessairement conscient que vous faites cela, mais cela aura néanmoins un effet significatif. Ceci encourage l'émergence de processus spontanés. C'est l'une des clés de la méthode affinée ; elle est engagée à être non intrusive. Je le décris comme « *se laisser guider par le déroulement du processus, ou "se laisser guider" tout court* ». Vous vous synchronisez avec l'inconscient adaptatif et vous suivez ses directions, les directions spontanées qu'il prend lorsque vous signalez par votre comportement que vous suivez le client.

Une fois que vous avez aidé le client à se sentir en sécurité et que vous lui avez signalé que vous allez vous taire lorsqu'il a besoin que vous vous taisiez, il est probable que quelque chose de spontané se produise chez le client. Une bonne expérimentation en pleine conscience y contribuera certainement. Les réactions aux expérimentations sont meilleures lorsque ce qu'elles évoquent est surprenant, inattendu et non planifié. C'est la définition même du spontané.

Apprendre à se concentrer sur le spontané et à travailler avec lui a probablement été l'amélioration la plus significative que j'ai apportée à la méthode. Cela fait partie d'un changement général qui implique l'état d'esprit du thérapeute. En cela, il est lié à la présence bienveillante. Le changement dit : « *Soyez non intrusifs ! Reconnaissez le pouvoir de guérison du client et le pouvoir de l'inconscient adaptatif !* » Il dit : « *Prenez un recul ! Vous n'êtes qu'un assistant ici !* »

Indicateurs

Il y a plusieurs années, j'ai cessé de penser au modèle de structures de caractères. Bien sûr, je les ai beaucoup étudiés avant cela, donc ils sont là, au fond de mon esprit. Je ne l'utilise pas quand je travaille et je ne l'enseigne plus. Au lieu du modèle de structures de caractères, j'utilise et j'enseigne les indicateurs. Les indicateurs sont des signes extérieurs, qui se manifestent dans les schémas de comportement du client, dans le type de situations et les adaptations à ces situations que le client a pu connaître dans ses premières expériences de vie. Les indicateurs suggèrent quelles croyances fondamentales peuvent contrôler la vie du client.

Vous pouvez repérer un indicateur très rapidement, en quelques secondes parfois. Une fois que je vois un indicateur, j'ai l'habitude de deviner ce qu'il signifie. Je ne vois qu'un comportement superficiel, une petite habitude personnelle. L'idée, c'est que quelque chose de plus profond l'anime. Il existe des centaines de ces habitudes et, ayant travaillé avec elles pendant des années, j'ai généralement une bonne idée de ce qu'elles signifient pour les clients qui les ont.

En Hakomi, deviner la réalité d'autrui s'appelle « modeler ». Dans votre esprit, vous construisez un modèle de l'histoire et des croyances du client. C'est comme de la rétro-ingénierie : vous avez le produit (l'indicateur) et vous devez comprendre comment il a été fabriqué. Dans ce cas, comment il a servi dans la situation de vie du client au début de sa vie. Vous devez vous faire une idée de la signification pour pouvoir faire une expérimentation. En vous basant sur votre estimation de la signification de l'indicateur, vous pouvez ensuite créer une expérimentation. L'expérimentation permettra non seulement de tester votre hypothèse, mais aussi, si elle est bonne, de faire avancer le processus thérapeutique comme aucune autre intervention ne pourrait le faire.

Je ne sais pas quand je suis devenu si curieux de ces petites habitudes que j'appelle indicateurs. Lorsque j'observe quelqu'un, je peux remarquer une habitude ou une qualité. Cette habitude peut apparaître jusqu'à quatre ou cinq fois au cours de la première minute. Au début d'une séance, la nervosité n'est peut-être pas un indicateur, mais elle peut quand même être un élément de travail. Toutefois, si elle apparaît fréquemment au cours d'une conversation ordinaire, elle peut être un élément de réflexion et de travail.

Une petite habitude qui s'exprime fréquemment, automatiquement, sans délibération consciente, est un indicateur. Un autre type d'indicateur est ce que j'appellerais « une qualité ». Imaginez une personne qui semble très contenue, n'exprimant rien avec une quelconque intensité. Les mouvements de la personne sont petits. La voix de la personne est calme. On pourrait dire que la personne a l'habitude de contenir son expression — c'est un indicateur.

Il y a encore une autre source d'indicateurs. Il s'agit de ce qu'ils font quand ils ne font rien. Un article paru dans Science (Mason et coll., 2007) fait référence au mode par défaut du cerveau. Dans cette étude, les scientifiques ont enregistré les ondes cérébrales des gens. Lorsque les gens ne se concentrent pas, qu'ils ne sont occupés à aucune tâche, qu'ils n'ont de relations avec personne, ils ont l'habitude d'entrer dans un état particulier du cerveau appelé mode par défaut. Si vous remarquez une personne dont le cerveau est dans son mode par défaut, c'est une qualité qui révèle comment est la personne. Et c'est un indicateur.

C'est le genre de choses que vous recherchez et que vous écoutez : les habitudes, les qualités, les modes par défaut. Vous observez, vous remarquez à quoi ressemble cette personne, à quoi ressemblent la qualité et le ton de sa voix, sa façon de bouger. Quels sont les gestes qu'elle fait ? Quel genre d'expression faciale a-t-elle lorsqu'elle n'est pas en relation avec quelqu'un, lorsqu'elle ne fait rien de particulier ?

Certains indicateurs ne sont que de petites parties de schémas de comportement plus larges. Les indicateurs sont simplement des expressions externes de croyances et d'adaptations de la personne qui sont devenues sa façon de percevoir et d'être dans le monde. Les indicateurs ne sont que la partie visible de l'iceberg du soi.

Les habitudes et les qualités que nous pouvons observer sont les expressions superficielles des comportements adaptatifs développés pour gérer les situations et les émotions vécues dans la vie, généralement en bas âge.

Les indicateurs sont automatiques. Les gens ne les font pas délibérément ou consciemment. Je vais vous donner quelques exemples. Il y a des gens qui terminent presque chaque phrase par un point d'interrogation. Si ce sont des Canadiens, c'est normal. Pour les Canadiens, il semble que ce soit une habitude culturelle de rechercher un accord. Chez les Américains, cela signifie généralement autre chose. Ce que j'ai souvent constaté, c'est qu'il y a deux questions sous-jacentes possibles qui sont posées. L'une concerne le fait d'être compris, peut-être une histoire où l'on ne s'attend pas à être écouté ou compris. La question qu'implique le son interrogatif à la fin d'une déclaration est la suivante : *« Est-ce que vous me comprenez ? »* Les personnes qui entendent cela répondent généralement par un hochement de tête ou un *« oui »* de manière tout aussi automatique.

Parfois, une question beaucoup plus profonde est posée. La personne demande, encore une fois inconsciemment, *« Est-ce que c'est bien que je sois là ? » ; « Est-ce que c'est bien que j'existe ? »* C'est une situation grave. Il s'agit d'être désiré, d'être accueilli dans le monde ou de naître dans le monde, si cela remonte à si loin. Quelque chose comme ça peut être le signe d'un traumatisme ou de quelque chose qui s'y rapproche.

Un autre indicateur courant et facile à comprendre est le haussement des épaules. Il s'agit généralement de dire quelque chose comme *« Je ne suis pas responsable » ; « Je ne sais pas. » ; « Ce n'est pas ma faute. »* Voici un exemple. Vous demandez à une amie : *« Comment avez-vous aimé le film ? »* Votre amie répond : *« J'ai aimé le film. »* Mais quand elle dit cela, elle hausse aussi les épaules. Vous pouvez parier qu'elle n'a pas beaucoup aimé le film. Pour moi, cet indicateur parle d'une habitude d'éviter les responsabilités et l'histoire est probablement celle du blâme et du fait que quelqu'un lui a fait se sentir coupable. C'est mon avis, basé sur une grande expérience de travail avec cet indicateur.

Un autre indicateur courant est le fait qu'une personne ne vous regarde pas directement. Elle tourne la tête un peu à gauche ou à droite et vous regarde d'un certain angle. Elle peut tourner la tête et parfois l'incliner légèrement. Vous pouvez faire plusieurs types d'expérimentations avec l'un de ces indicateurs.

Un autre indicateur courant est de se toucher. Les clients s'y prennent de plusieurs façons lors des séances de thérapie. Ils se frottent les mains. Ils se caressent le menton ou se frottent les jambes. Ces indicateurs ont pour but de réconforter, d'un besoin du toucher pour se calmer. Si vous travaillez avec *[cet indicateur]*, une chose que vous pouvez faire est de demander à un assistant de prendre le relais. Lorsque le toucher est pris en charge, vous pouvez demander au client : *« Qu'est-ce que cette main semble vous dire ? »* Comme la plupart des types de touchers, se toucher est significatif — ce n'est pas seulement une sensation physique.

Il existe des centaines d'indicateurs. Beaucoup sont écrits sur le visage. L'expression faciale par défaut est probablement la plus facile à détecter. Il devrait être facile de se faire une idée de la croyance ou de la façon dont l'habitude sert la personne en remarquant à quoi ressemble son visage lorsqu'elle n'est pas en relation avec quelqu'un d'autre. Qu'est-ce que le visage en mode par défaut ? Quelle est l'expression du visage lorsqu'il n'y a pas de visages autour dont il faut s'inquiéter ? Quelle est l'expression lorsque l'on ne fait rien ?

Il y a un indicateur avec lequel vous ne voulez pas du tout travailler. Lorsqu'une personne a l'habitude de fermer les yeux et/ou de détourner le regard tout en se taisant, cela signifie généralement qu'elle réfléchit ou qu'elle se souvient. Cet indicateur vous indique que la personne a besoin de temps pour elle-même et ne veut pas être dérangée. Attendez donc patiemment qu'elle ouvre les yeux, vous regarde et se mette à parler.

Il existe un autre type d'expression faciale qui n'est pas un indicateur. Il s'agit de ce qu'on appelle les micro-expressions, qui ont fait l'objet de nombreux écrits de Paul Ekman (2003). Les micro-expressions sont micro parce qu'elles passent très vite. Elles concernent des activités et des expériences momentanées. Les indicateurs sont à long terme. Ils parlent de la personnalité et du développement.

Je n'utilise pas les indicateurs pour faire des diagnostics, je les utilise pour concevoir des expérimentations. Quand je découvre un indicateur, il va me suggérer deux sortes de choses. Tout d'abord, il va suggérer quelque chose sur la façon dont le client gère sa relation avec le monde et les croyances fondamentales qui le façonnent. Deuxièmement, il va suggérer la ou les situations qui ont rendu cette façon de faire face au monde nécessaire et réussi. Je fais une sorte de rétro-ingénierie. Je me demande comment cette habitude peut servir cette personne. Dans quel genre de situation cela aurait-il été utile ? Je pense que c'est une adaptation à une sorte de situation, une sorte de pression. Alors, je me demande, *« quelle est la source de cette chose ? »* Et j'appelle cette partie de la méthode « modeler ou obtenir un sens ». J'avais l'habitude de poser des questions aux clients pour obtenir des significations. Maintenant, je ne fais qu'y penser. Les clients ne connaissent pas toujours consciemment les sources de leurs comportements.

Les indicateurs sont des données, des observations sur

lesquelles on peut émettre des hypothèses. Il faut avoir une attitude expérimentale, penser comme un scientifique. Compte tenu de ces données, qu'est-ce qui pourrait l'expliquer ? Comme tout scientifique, vous devez faire des suppositions sur ce qui expliquera vos observations, vos données. Dans votre esprit, vous vous demandez, « *pourquoi cette personne a-t-elle cette qualité ? »* ; « *Comment est-elle apparue dans la vie de cette personne ? »*. Si vous avez une bonne idée, vous faites une expérimentation pour la tester. Vous pouvez vous entraîner à penser de cette façon. C'est la méthode scientifique et la façon dont la science fonctionne. On examine certaines données et on se demande, « *quel genre de théorie explique ces données ? »* Les scientifiques veulent non seulement expliquer les données, mais ils veulent aussi tester leurs théories.

Expérimentations

La contribution unique de la méthode Hakomi est la suivante : la méthode contient, comme élément nécessaire, des expérimentations précises faites avec le client dans un état de pleine conscience, le but étant d'évoquer des émotions, des souvenirs et des réactions qui révéleront ou aideront à accéder aux croyances, expériences et adaptations qui influencent les comportements habituels de la personne.

L'indicateur me permet de me faire une idée des croyances et de l'histoire, et de décider des expérimentations que je pourrais faire pour tester mes idées. Une bonne expérimentation a une chance d'évoquer un processus de guérison. Les expérimentations sont conçues pour susciter des réactions. Nous voulons dire ou faire ce qui évoque quelque chose d'inattendu et qui touche aux croyances fondamentales du client. Nous voulons inviter des souvenirs anciens et douloureux à remonter à la conscience, afin de pouvoir les rejouer et leur donner une nouvelle fin. Nous voulons faire prendre conscience des croyances fondamentales afin de pouvoir les changer. Ainsi, nous faisons quelque chose qui crée une conscience autour d'elles.

Étant donné la sécurité créée par la présence bienveillante, pendant et après une expérimentation, un client peut être dans un état d'esprit très ouvert. L'accès aux sentiments, aux images et aux souvenirs d'expériences intenses est beaucoup plus facile dans cet état et la réaction à une expérimentation peut facilement être le début d'un processus de guérison. Les signes qu'une telle chose se produit sont les suivants : des émotions apparaissent, un sentiment spontané de tension ou une impulsion qui incite à bouger, une image ou un souvenir chargé d'émotion se présente. L'expérimentation et la volonté du client de permettre des réactions ont accédé à cette matière inconsciente. C'est du matériau qui a probablement été maintenu inconscient parce qu'il est associé à des événements qui ne pouvaient pas être gérés au moment où ils se sont produits. Des adaptations ont fort probablement été créées pour faire face à la situation, des adaptations qui évitent d'avoir à ressentir la douleur qui faisait partie de ces événements. Une fois que les souvenirs ou les sentiments douloureux sont revenus à la conscience, vous pouvez aider la personne à guérir.

Nous faisons nos expérimentations avec notre client dans un état de pleine conscience. L'état de pleine conscience est un état calme et sensible, dans lequel le client est concentré sur sa propre expérience du moment présent. Le client sera tout à fait capable de remarquer toute réaction à l'expérimentation. Si votre expérimentation suscite une réaction, le client la remarquera très probablement.

Quels types d'expérimentations voulons-nous créer ? Tout d'abord, nous voulons tester nos suppositions. C'est vrai pour toutes les expérimentations. Mais pour nous, il y a un autre but, un but plus profond. Nous voulons évoquer un processus de guérison. Pour ce faire, nous devons amener à la conscience quelque chose qui a besoin de guérison.

Une bonne expérimentation fait échouer les attentes du client. Nous essayons de proposer des expérimentations qui ne correspondent pas au modèle de monde du client et d'y créer de la conscience. Comme nous recherchons des indicateurs qui reflètent les adaptations du client à des expériences émotionnellement douloureuses, ces expériences et sentiments douloureux sont pris en compte. Lorsqu'ils le font, vous avez le début d'un processus de guérison.

Il existe un merveilleux livre intitulé **On Intelligence** (Hawkins, 2004). Hawkins est à la fois concepteur électronique et neurologue, a conçu le Palm et le Trio et dirige un institut où les gens étudient le néocortex. Dans son livre, il décrit ce que fait le néocortex dans une théorie qu'il appelle le *Memory Prediction Framework* (le cadre de la prédiction de la mémoire).

Le *Memory Prediction Framework* postule que le néocortex enregistre nos expériences. Il se souvient d'elles et de ce qui les a suivies. Il se souvient des séquences. Lorsqu'une expérience présente se produit et qu'elle est similaire à l'une de celles dont on se souvient, le néocortex fait une prédiction sur ce qui suivra la nouvelle expérience. Il prédit automatiquement ce qui va se passer ensuite. Hawkins, dans un de ses exposés, donne cet exemple : *« Tout le monde dans cette salle sait exactement comment je vais mettre fin à cette... »* et il s'arrête là. Ce qui se passe, c'est que, pour presque tout le monde, le mot « phrase » leur vient à l'esprit. Ils l'ont prédit. Ils prédisent le mot « phrase » parce que c'est exactement ce qui devrait suivre, ce qui a toujours suivi des

303

phrases similaires dans le passé.

Hawkins dit que c'est comme ça que le cerveau fonctionne. Hawkins donne également des exemples de ce qui se passe lorsqu'une prédiction automatique échoue. Voici son exemple : si, pendant que nous sommes ici, un menuisier se rend chez vous, il déplace la poignée de la porte d'entrée d'un pouce par rapport à l'endroit où elle a toujours été. Lorsque vous rentrerez chez vous, que se passera-t-il ? Vous connaissez cette poignée de porte et l'endroit où elle se trouve sur votre porte depuis vingt-cinq ans. Vous n'avez pas besoin de réfléchir consciemment à l'endroit où se trouve la poignée de porte. Votre néocortex, avec toutes ces années d'expérience, peut gérer la situation sans vous déranger pour que vous y prêtiez beaucoup d'attention. Vous pourriez être totalement en train de penser à autre chose. Vous allez atteindre la poignée de porte en utilisant le souvenir de l'endroit où elle a toujours été. Votre cerveau a prédit qu'elle serait là, mais quand vous l'aurez attrapée, elle ne sera plus là où vous l'aviez prédite. Ce qui se passe, c'est que vous êtes surpris. Vous êtes soudain conscient que quelque chose a changé, à laquelle vous ne vous attendiez pas. Votre prédiction a échoué et vous en êtes maintenant conscient.

Vous n'étiez pas conscient de votre prédiction avant qu'elle n'ait échoué. Vous auriez juste pris la poignée de porte par habitude. Vous n'auriez pas eu besoin d'y penser. C'est à cela que servent les habitudes, elles font gagner du temps. Elles conservent la conscience pour qu'elles puissent gérer les pensées qui nécessitent une réflexion.

Nous concevons des expérimentations qui feront échouer les prédictions du client. Si l'indicateur suggère que le client va s'attendre (prédire) à être blâmé, quand il sera conscient et prêt, je lui dirai : *« S'il vous plaît, remarquez ce qui se passe quand je vous dis : "Ce n'est pas votre faute"* ». C'est l'expérimentation que je vais faire. « *Ce n'est pas votre faute.* » Et si j'ai raison, la poignée de porte du client ne sera pas là où il pensait qu'elle était. Métaphoriquement, mon expérimentation va s'écraser sur ce que le système de croyances du client va prédire. S'ils s'attendent à être blâmés et que je leur dis que ce n'est pas leur faute, je devrais obtenir une réaction. C'est le concept. C'est le cœur même de la méthode. Faire des suppositions et créer des expérimentations qui font échouer la prédiction.

Le processus de guérison

Le but en Hakomi est d'évoquer et de soutenir un processus de guérison et la guérison est un processus spontané. Il se déroule et est dirigé de l'intérieur du client. Si votre expérimentation fonctionne, des sentiments et/ou des souvenirs sont évoqués. C'est le meilleur résultat pour une expérimentation parce qu'elle vous dit que vous avez touché quelque chose d'important. Que se passe-t-il ensuite ? Ce que je fais maintenant est différent de ce que je faisais avant. C'est une autre façon de simplifier la méthode. Lorsqu'une expérimentation suscite une réaction émotionnelle, disons de la tristesse, il y a deux choses à faire. L'une de ces choses est de garder le silence ! La raison en est que dès qu'une émotion est ressentie, un processus automatique s'ensuit dans lequel l'esprit essaie de donner un sens à l'émotion. Si un client commence à ressentir quelque chose comme de la tristesse, son esprit va chercher des associations. Si vous n'interrompez pas le processus, un souvenir ou une pensée peut surgir. Vous pouvez faire un court contact, comme « *Un peu de tristesse* ». Si vous commencez à poser des questions telles que « *Pourquoi êtes-vous si triste ?* » ou, pire encore, « *Où ressentez-vous cela dans votre corps ?* », vous empiétez sur un processus naturel et spontané et vous ferez sortir le client de ce processus pour qu'il réponde à des questions et donne des explications.

Je faisais ce genre de choses. J'appelais cela l'approfondissement. C'était censé aider le client à rester en phase avec son expérience. J'ai appris que les clients font généralement cela automatiquement si vous n'intervenez pas. Donc, aujourd'hui, je reste silencieux, surtout si le client ferme les yeux et reste silencieux lui aussi. Pour moi, c'est un signe que le client fait un travail intérieur et c'est le début du processus de guérison.

Je vais vous donner quelques signes simples qui vous indiqueront de garder le silence :

- lorsqu'un client ferme les yeux, et a l'air de penser, taisez-vous et attendez ! ;
- et quand le client ouvre les yeux et vous regarde, attendez aussi ! Laissez l'occasion au client pour qu'il puisse organiser ses pensées et ensuite, donnez-lui le temps de vous dire ses pensées. Lorsqu'un client est entré dans son for intérieur pendant un certain temps et qu'il en ressort et me regarde, je serai là à le regarder et à attendre ce qu'il a à me dire. C'est important. Le client doit savoir que je suis intéressé et attentif. Le client n'a pas besoin d'y penser, mais à un certain niveau, il s'en rend compte. Et si vous êtes là à attendre, patiemment, attentivement, le client vous dira ce qui s'est passé quand il était à l'intérieur et qu'il avait les yeux fermés. ;
- un autre moment très important pour garder le silence est lorsque quelqu'un commence à vivre des émotions, il est normal de faire un contact, mais ne vous imposez

pas. Permettez au processus de se développer sans essayer de le diriger.

Ces choses simples sont un excellent moyen de construire des relations.

La guérison est un processus spontané. Les clients n'ont pas besoin de vous donner des explications, et vous n'avez pas besoin de leur donner des explications. Il existe des moyens de se laisser guider et de soutenir le processus de guérison, une fois que vous avez reconnu qu'il a commencé. Lorsque vous suivez et soutenez le déroulement spontané du processus de guérison, une guérison profonde peut avoir lieu. Cela peut prendre des minutes, des heures ou des jours, mais cela peut arriver. Il existe quelques lignes directrices pour ce faire.

Offrez et donnez du réconfort. Touchez et prenez votre client dans vos bras, s'il vous en donne la permission et répond par le soulagement ou la libération continue de l'émotion. L'un des aspects les plus tristes de la psychothérapie aux États-Unis est la question juridique qui entoure le fait de toucher les clients. Cette idée est absurde et obscène. Le réconfort est ce que nous, les humains, offrons et utilisons lorsque quelqu'un ressent de la douleur. Nous en avons alors besoin. Même les animaux le font. Nos copains primates le font, les chimpanzés, les bonobos, les gorilles. Les chiens le font. Les ours. Les mammifères. Nos compagnons mammifères se réconfortent entre eux. C'est une capacité héritée de chacune de ces espèces.

Après une expérimentation, quand vous remarquez des signes, même subtils, que le client devient triste, vous lui proposez de le toucher, vous lui proposez de mettre une main sur son épaule ou son bras. Avant de faire cela, vous vérifiez s'il est d'accord. Vous lui demandez ou vous remarquez simplement les hochements de tête et les expressions faciales non verbales qui lui signalent la permission. Lorsque vous posez votre main sur le client, vous ne commencez pas à parler ou à poser des questions ! Vous gardez le silence — le calme et le silence. Vous attendez. Il peut avoir envie de parler ou il peut simplement fermer les yeux et rentrer à l'intérieur pour suivre le déroulement de son expérience.

Une fois que le processus de guérison commence et continue d'être soutenu, il se déroule spontanément. Après que votre client ait été à l'intérieur pendant un certain temps, quelque chose de nouveau émerge. Il ouvre les yeux et vous regarde. Vous attendez, vous la regardez et il commence à vous parler de son expérience. Un souvenir douloureux, longtemps enfoui, prend conscience. Alors qu'il vous en parle, une nouvelle vague de sentiments le submerge. Ses sentiments sont maintenant plus profonds. Vous lui proposez de le prendre dans vos bras. Il accepte, vient dans vos bras et se met à sangloter. Une fois de plus, vous ne dites rien pendant un certain temps. Vous le tenez simplement dans vos bras. Puis, doucement, vous lui offrez des mots réconfortants. Le processus est maintenant pleinement enclenché. Vous avez fait ce qu'il fallait pour le soutenir et vous n'avez rien fait qui aurait interrompu le processus, comme poser des questions ou entamer une conversation.

Le recours aux assistants

Une autre chose que j'ai introduite dans la méthode affinée est le recours aux assistants. Ils apportent leur aide lorsqu'un client éprouve une émotion douloureuse à la suite d'une expérimentation. Ils offrent un réconfort. Si c'est accepté, ils le fournissent. Parfois, il s'agit simplement d'une main sur le bras ou l'épaule du client. Parfois, il s'agit d'être pris dans les bras de quelqu'un pendant un certain temps. Lorsque mes assistants proposent de le toucher ou de le prendre dans leurs bras, comme moi, ils restent silencieux. Quoi qu'il en soit, cela ne se fait jamais sans acceptation et cela se fait en silence.

On m'a demandé à maintes reprises comment faire sans assistants. Je ne sais pas ; je suis rarement confronté à cette situation. J'ai toujours au moins un assistant. Si je ne peux pas rassembler des assistants réguliers, je demande au client de se faire accompagner. Parfois, très rarement, je travaille seul avec le client, mais je préfère de loin recourir à des assistants. Les assistants peuvent aider à contenir le processus lorsque des émotions fortes sont exprimées. Avec les assistants, il y a un aspect semi-public de la thérapie. Le processus se déroule en présence de témoins. Il n'y a pas que le thérapeute et le client. Il se déroule dans un groupe d'une certaine taille, de trois ou quatre personnes à un atelier complet. Cela a un effet puissant sur l'esprit du client. Vous avez raconté votre histoire et d'autres l'ont entendue. Des gens sympathiques connaissent votre histoire.

Le Hakomi simplifié

« Rendre tout aussi simple que possible, mais pas plus simple. »

(Einstein)

« La beauté est un critère très efficace pour choisir la bonne théorie, une théorie belle ou élégante a plus de chances d'être juste qu'une théorie inélégante. Pourquoi diable cela pourrait-il en être ainsi ? »

(Murray Gell-Mann, 2007)

« L'art est l'élimination du superflu. »

(Picasso)

Mon travail est très simple. Il m'a fallu juste quarante ans pour le rendre ainsi. Maintenant, je pense qu'il ne peut plus être simplifié. J'ai beaucoup lu et réfléchi pendant ces quarante ans. J'ai fait beaucoup de changements. Pendant les dix premières années, j'ai eu un cabinet privé. J'ai commencé par la Gestalt, puis je suis passé à la Bioénergie. Mon amour du taoïsme et du bouddhisme a commencé dix ans auparavant. Lorsque j'ai quitté mon cabinet privé et que j'ai commencé à enseigner, mon travail était devenu une méthode complète. Elle contenait des éléments uniques et déterminants. En 1981, lors de l'une des premières formations, je l'ai appelée la méthode Hakomi.

Juste après cette première formation, j'ai fondé l'Institut Hakomi.

Au fur et à mesure que l'Institut s'est développé, la méthode s'est également développée. De nouvelles techniques et théories ont été ajoutées. Des manuels ont été rédigés. Le travail devenait complexe. Des graphiques ont été produits, des listes ont été établies. Beaucoup d'écriture aussi ! Des dizaines de nouveaux exercices expérientiels ont été créés. La plupart de ces développements ont été couverts dans mon livre, ***Body Centered Psychotherapy : The Hakomi Method*** (Kurtz, 1990). Tout au long de cette période, un grand nombre de publications scientifiques ont influencé les changements que j'apportais à la méthode.

On peut s'attendre à ce que la méthode devienne de plus en plus complexe. Ce n'est pas ce qui s'est passé. Des années d'enseignement et de thérapie m'ont aidé à comprendre ce qui était réellement nécessaire et ce qui ne l'était pas. La littérature scientifique croissante était pleine de découvertes et d'idées qui donnaient un sens à ce que j'essayais de faire en tant que thérapeute. Elles m'ont aidé à réduire ma compréhension de la méthode à quelques vérités générales. Rodolfo Llinás m'a influencé lorsqu'il a décrit le cerveau comme une machine de réalité virtuelle (Llinás, 2002). L'idée de Jonah Lehrer (2011) selon laquelle tout souvenir est inséparable du moment où il est remémoré m'a influencé.

J'ai eu la chance de bénéficier de plusieurs types de soutien qui sont rares pour un psychothérapeute. Par exemple, j'ai fait des dizaines de séances de thérapie en démonstration dans les cours que je donnais. J'ai fait des vidéos de ces séances. J'ai visionné ces vidéos avec d'autres personnes. J'ai reçu beaucoup de commentaires. En classe, j'ai vu comment les gens réagissaient aux démonstrations. J'étais toujours prêt à changer les choses si je voyais un meilleur moyen. J'ai été le créateur de la méthode et je n'ai jamais cessé de créer. D'année en année, j'ai appris de plus en plus ce qui aidait et ce qui était nuisible ou inutile. Le résultat est que la méthode est devenue simple. Beaucoup plus simple qu'elle ne l'était auparavant. Lentement, sur une dizaine d'années ou plus, je l'ai affinée.

Cette nouvelle méthode simplifiée est le meilleur moyen que je connaisse pour soutenir la guérison mentale-émotionnelle d'une personne. Étant simple, la méthode n'interfère pas. Étant simple, elle est gracieuse et efficace. Étant simple, elle agit en accord avec la nature. La nouvelle méthode offre une profonde gentillesse, une vraie présence et les compétences nécessaires pour aider sans rien forcer.

Ce qui suit est une description des éléments de base de la version affinée du Hakomi.

Dix éléments de base de la méthode affinée

1. Se concentrer sur l'expérience actuelle

Kahneman (2018) fait référence à deux moi, un « moi » qui fait l'expérience et un autre qui se souvient. La théorie postule un moi qui vit des expériences qui changent d'un moment à l'autre et un autre moi qui se souvient de ces expériences. Le moi qui vit l'expérience est, dans une certaine mesure, capable de ce qu'il appelle revivre une expérience. Il appelle aussi cela « refaire l'expérience ». Voici comment Kahneman décrit les deux « moi » :

> « ... nous pourrions penser à nous-mêmes et aux autres en termes de deux "moi". Il y a un "moi qui fait l'expérience", qui vit dans le présent et sait que le présent est capable de revivre le passé, mais en fait, il n'a que le présent. C'est le "moi expérimental" que le médecin aborde — vous savez, quand le médecin demande : "Est-ce que ça fait mal maintenant quand je vous touche ici ?" Et puis il y a le moi qui se souvient, et le moi qui se souvient est celui qui tient les comptes, et qui maintient l'histoire de notre vie, et c'est celui que le médecin aborde en posant la question "Comment vous êtes-vous senti dernièrement ?" ou "Comment s'est passé votre voyage en Albanie ?" ou quelque chose comme ça. Ce sont deux entités très différentes, le moi qui fait l'expérience et le moi qui se souvient, et confondre l'un avec l'autre fait partie du désordre de la notion de bonheur.
>
> Maintenant, le moi qui se souvient est un conteur. Et cela commence vraiment avec une réponse de base de nos souvenirs — cela commence immédiatement. Nous ne racontons pas seulement

313

des histoires quand nous nous mettons à raconter des histoires. Notre mémoire nous raconte des histoires, c'est-à-dire que ce que nous retenons de nos expériences est une histoire. »

*(Kahneman, **2010**)*

Penser en termes de deux « moi » est l'un des fondements théoriques de la méthode affinée et en plus, c'est un fondement très pratique. Tout d'abord, la méthode exige que le thérapeute soit constamment attentif à ce que vit son client. L'expérience du moment présent d'un client est la façon dont le thérapeute obtient les informations dont il a besoin pour soutenir le processus qui se déroule. La relation principale du thérapeute est avec le moi qui fait l'expérience. Il est « en conversation » avec lui en permanence.

Par exemple, lorsque je travaille, je reste conscient de ce que mon client vit et j'y réagis. Je suis continuellement en relation avec le moi qui fait l'expérience. Il y a des signes clairs si vous y prêtez attention. Dans les formations, nous apprenons aux étudiants à être attentifs à ces signes et à y répondre, parfois par un contact, parfois par le silence. Parfois, cela indique que la phase de guérison a commencé ou qu'elle est terminée. Ce que nous faisons et quand nous le faisons dépend de ce que notre client vit à ce moment-là. C'est une façon de montrer notre respect pour le pouvoir de guérison du client.

Nous prêtons également attention au moi que se souvient, surtout lorsqu'un souvenir douloureux survient et que le client revit une expérience douloureuse. Ainsi, nous écoutons le client qui se souvient et nous recherchons les souvenirs ou les petits fragments de souvenirs qui ont une chance de se transformer en un processus de guérison. Mais nous n'avons pas le type de conversation habituel sur le passé que l'on peut avoir dans un cadre non thérapeutique. Il ne s'agit pas seulement de questions et de réponses. Nous ne demandons pas une histoire sur ce qui s'est passé. Ce n'est pas ce genre de conversation. La « vraie » conversation, c'est ce qui se passe entre ce que le client vit et ce que nous faisons en réponse à cela.

Un autre aspect définissant la méthode affinée concerne le moi qui vit l'expérience et ce qui constitue la guérison.

2. Guérison et reconsolidation

> *« Bon, en thérapie, on construit une nouvelle mémoire. Mais comment changer des réseaux de neurones qui peuvent avoir des modèles originaux qui ne sont pas si positifs ? » Sa réponse a été : « Quand il y a une étiquette affective attachée à une expérience connue, vous créez une nouvelle mémoire. »*

> *(Bruce Perry, 2007)*

> *« De nombreux indices suggèrent qu'une fois récupérés, les objets de la mémoire à long terme entrent dans un état spécial transitoire, dans lequel ils peuvent devenir sujets à des changements. Le processus qui génère cet état est appelé "reconsolidation". »*

> *(Yadin Dudai, 2006)*

La méthode affinée fonctionne avec un certain type de problème que vivent les clients : certaines expériences positives, émotionnellement nourrissantes, ne leur sont pas accessibles. La raison en est qu'il s'agit d'expériences puissantes, généralement précoces et douloureuses, qui ont laissé aux clients des adaptations qui évitent toute répétition de ces expériences douloureuses. En évitant ces expériences, les expériences positives connexes sont également évitées. Les clients ont des habitudes bien ancrées et des croyances trop générales qui les protègent de toute une série d'expériences, à la fois douloureuses et nourrissantes. Par exemple : Si vous avez été abandonné par un parent, vous éviterez ce genre de résultat en ne vous attachant plus à personne. En évitant cela, vous n'aurez jamais la satisfaction et le plaisir profond d'appartenir à quelqu'un ou d'être amoureux.

Notre objectif en thérapie est d'aider les clients à apprendre qu'ils ne doivent pas toujours éviter les choses qu'ils ont évitées, que leurs croyances sont trop généralisées, que leurs habitudes les empêchent de se nourrir émotionnellement, s'ils peuvent les différencier. Les clients ont des croyances implicites comme « *Je ne suis pas aimable* ». Ils ont des habitudes qui résultent des expériences qui les ont amenés à cette croyance. Par conséquent, ils ne peuvent pas se rendre compte de l'amour qui leur est offert. Nous les aidons à en prendre conscience. Nous les aidons à devenir capables d'avoir certaines expériences émotionnellement nourrissantes qui leur manquaient en raison des croyances et des habitudes qu'ils ont acquises à cause d'expériences douloureuses de leur jeune âge.

Nous aidons les clients à élargir leurs possibilités d'expériences personnelles pour y inclure les expériences nourrissantes qui leur ont manqué. Notre méthode est simple. Nous évoquons à nouveau l'expérience de ces premiers souvenirs douloureux et, pendant une période de reconsolidation, nous fournissons des étiquettes affectives émotionnellement positives pour créer un nouveau souvenir et de nouvelles croyances sur ce qui est possible pour le client. Les étiquettes que nous attachons sont les suivantes : des mots, une voix et un toucher attentionnés et réconfortants, notre présence calme, notre foi dans le résultat et un sens de l'humour sain et détendu. Ce sont les étiquettes affectives qui créent la nouvelle mémoire. Ce processus s'appelle la reconsolidation. Le résultat final de la thérapie n'est pas seulement un nouveau souvenir, c'est une nouvelle capacité d'expérience.

3. Présence bienveillante

Créer la relation de guérison exige que le thérapeute soit un certain type de personne, une personne naturellement compatissante, capable d'être radicalement présente, capable d'accorder toute son attention à l'autre, capable de voir profondément les gens et de comprendre ce qui est vu.

La présence bienveillante comme élément de base a été ajoutée à la méthode affinée en 1987. Il s'agit de l'état d'esprit du thérapeute et de l'effet que cela a sur le client. Le thérapeute se met dans un état de bienveillance en cherchant et en trouvant quelque chose chez le client qui inspire l'attention et l'appréciation. Le fait d'être dans cet état renforce le sentiment de sécurité du client, un aspect nécessaire pour se plonger dans des souvenirs et des sentiments douloureux. De nombreux indices sur le thérapeute influencent le client sans qu'il en soit conscient. Ils ont un effet important sur la façon dont le client vit et réagit à la relation thérapeutique. La personnalité du thérapeute est, bien entendu, l'aspect le plus important du cadre dans lequel se déroule la thérapie. (voir Mahoney, 1992)

Le thérapeute est également présent — radicalement présent — dans le sens où il s'occupe continuellement de l'expérience actuelle du client. Rester présent de cette manière s'appelle le suivi. Le suivi faisait partie de la version originale de la méthode et reste une partie de la nouvelle version affinée.

Le contact et le suivi des comportements spontanés du client reposent sur ce type de présence radicale.

4. Le bon usage du silence

Il y a des moments au cours d'une séance de thérapie où les clients ont besoin que le thérapeute se taise. Une bonne perception de ce moment est un autre élément nouveau qui constitue la méthode affinée. Le silence signale au client que le thérapeute est en contact et qu'il respectera ses besoins en termes de temps. Le silence donne au client le temps de réfléchir, de se souvenir, de ressentir et de trouver la prochaine chose qui veut se passer. Il aide également, le moment venu, le client à intégrer et à reconsolider la nouvelle expérience. Nous soutenons le processus du client dans des moments comme ceux-là simplement en n'étant pas intrusifs. Voici ce que Salvador Minuchin avait à dire à propos de l'intrusion :

> *« En tant que médecin, j'ai été formé pour prendre en charge, pour devenir un leader et pour assumer des responsabilités. En tant que thérapeute, j'ai également dû apprendre le langage du silence, apprendre à devenir invisible, à ne pas être intrusif et, en même temps, à être central. Atteindre une centralité qui peut attirer l'attention des gens sans être si intrusif que vous prenez trop de responsabilités est essentiel dans le processus de thérapie. »*

> *(Salvador Minuchin, 2009)*

C'est un autre élément qui rend la méthode expérientielle. Le rythme est différent. Nous ne sommes pas engagés dans une conversation, c'est-à-dire que nous n'échangeons pas simplement des mots. Nous interagissons avec l'expérience présente d'une autre personne. Nous reconnaissons ce dont l'autre a besoin de nous en ce moment. Et un autre besoin important est d'avoir du temps pour faire son travail intérieur, le travail de se souvenir, de pensée et de sentiment. Ce type de réponse consciente est rare dans une conversation ordinaire et souvent dans une psychothérapie ordinaire. Dans une conversation ordinaire, les idées sont échangées. On pose des questions et on y répond. C'est le moi qui se souvient qui se charge de la plus grande partie de ce travail. Dans la méthode affinée, nous voulons quelque chose de très différent. Nous voulons une « conversation » avec le moi qui fait l'expérience.

Si vous pouvez reconnaître le besoin de silence du client et y répondre dès le début d'une séance, la relation et le processus prendront un caractère différent de la conversation ordinaire. Le client sera préparé à prendre son temps. Il n'aura pas à partager son attention entre ce qu'il vit et le fait de devoir répondre à une conversation ordinaire. Un niveau d'intimité différent résulte de l'utilisation du silence. Que le client en soit conscient ou non, il ressent un sentiment de respect et d'attention. C'est très important.

Les signes simples de la nécessité du silence sont les suivants : le client ferme les yeux et ne parle pas pendant un certain temps. Parfois, le client détourne le regard pendant quelques instants. Ces signes simples suggèrent le besoin de silence. Des signes simples ; une réponse simple. Lorsque nous honorons le besoin de silence, nous honorons le moi qui fait l'expérience. Quelque chose chez le client, appelé *l'inconscient adaptatif* (Wilson, 2002), commencera à vous faire confiance et à vous aider au fur et à mesure que le processus se déroule.

5. Indicateurs et modélisation

Il existe des habitudes mineures, comme hausser les épaules ou regarder les gens avec méfiance, qui sont des expressions du moment et subtiles, en lien avec des événements qui peuvent s'être produits il y a longtemps. Ce sont de petits fragments d'expériences dont on se souvient, parfois des expériences douloureuses que l'on a appris à éviter. J'appelle ce genre d'habitude, un indicateur. Il y en a des centaines. Nous pouvons les considérer comme des expressions extérieures de l'inconscient adaptatif. Étant habituels, ce ne sont pas des comportements consciemment planifiés. Au mieux, elles agissent aux limites de la conscience, si tant est qu'elles soient conscientes. Et ils fournissent un moyen clair et facile de faire prendre conscience de ces expériences anciennes et douloureuses.

Un indicateur est une « qualité », comme dans, « *Pas même les mille yeux de cinq cents Bouddhas ne pourraient discerner en lui, une qualité particulière* ». C'est une vieille façon zen de dire, il est vide ou « sans d'indicateurs ». Un indicateur peut être quelque chose qu'un auteur utiliserait pour décrire un personnage sur lequel il écrit ou un acteur pour dépeindre un personnage.

La façon dont nous utilisons un indicateur une fois que nous l'avons trouvé, c'est de créer une expérimentation destinée à susciter une réaction. Nous voulons faire prendre conscience d'un aspect du souvenir douloureux. Les expérimentations sont décrites en détail ailleurs. Dans le cadre de la création d'une expérimentation, nous pouvons réfléchir au type d'histoire ou de croyances qui pourraient y être associées. Nous voulons avoir quelques idées sur la signification de l'indicateur. Nous faisons quelques suppositions sur « *quel type d'expérience a créé le besoin de ce type d'indicateur ?* » ; « *Comment cette habitude sert-elle le client ?* » ; « *Quelles croyances pourraient être associées à ce comportement ?* » Ce type de réflexion est appelé modélisation. Les expérimentations ne se contentent pas d'évoquer des réactions, elles testent les modèles que nous avons devinés. La création et la réalisation d'expérimentations faisaient également partie de la version originale de la méthode, bien que la modélisation n'était pas enseignée en tant que telle.

6. Expérimentations précises en pleine conscience

La contribution unique de la méthode Hakomi est la suivante : la méthode contient comme élément nécessaire des expérimentations précises faites avec le client dans un état de pleine conscience, le but étant d'évoquer des émotions, des souvenirs et des réactions qui révéleront ou aideront à accéder aux croyances, expériences et adaptations qui influencent les comportements habituels de la personne. Ces réactions évoquées amorcent la phase de guérison du processus.

7. Devenir conscient

Le *Memory-Predicting Framework (cadre mémoire-prédiction)* de Hawkins (2004) : L'une des nouvelles idées les plus importantes en neurologie est celle de Hawkins sur la fonction générale du cortex humain. *« Nous vivons le monde comme une séquence de schémas, nous les stockons et nous les rappelons. Et lorsque nous les rappelons, nous les comparons à la réalité. Nous faisons des prédictions tout le temps. »* (Hawkins, 2004) Le concept central de Hawkins est ce cadre mémoire-prédiction. Il affirme que le néocortex fait correspondre les entrées sensorielles aux schémas de mémoire stockés et ce processus conduit à des prédictions de ce qui se passera dans un avenir immédiat lorsqu'un modèle se produira. Par exemple, si je commence à dire « *a, b, c, d* », vous prédisez automatiquement que « *e* » sera la prochaine chose que je dirai. Vous prévoyez cela parce que vous connaissez la séquence. Elle est stockée dans votre cortex. Ce sera tellement évident pour vous que vous ne remarquerez même pas que vous prévoyez. Vous le remarqueriez si je disais « *a, b, c, d, m* ». Ce n'est pas la séquence dont vous vous souvenez et ce n'est pas ce que vous vous attendez à voir venir ensuite. Il y a quelque chose qui ne va pas. Alors, vous commencez à y prêter attention. L'idée générale est la suivante : lorsqu'un événement ne correspond pas à notre prédiction inconsciente, nous le remarquons, c'est-à-dire : nous en devenons conscients.

Voici comment cela correspond *[à la méthode]*. Nos expérimentations avec les clients sont conçues pour faire échouer les prédictions du client et cela suscite une réaction. Le type de prédictions que nous cherchons à faire échouer est celui que nous avons modélisé à partir des indicateurs du client. Si nous modélisons l'angle de la tête, par exemple, nous pourrions penser que cela nous indique un besoin historique d'être prudent. Ainsi, notre expérimentation pourrait consister à dire au client (pendant qu'il est dans un état de pleine conscience) *« Vous pouvez me faire confiance »*. Cette expérimentation verbale peut provoquer un sentiment d'incrédulité et éventuellement un léger sentiment de peur. Ce sentiment et cette sensation sont des fragments de l'ancien souvenir douloureux et peuvent être utilisés pour en prendre conscience. Une fois qu'ils apparaissent, la phase de guérison commence. Il existe des moyens de soutenir son déroulement naturel. Si faire l'expérience à nouveau devient suffisamment intense, et si le soutien adéquat est apporté, alors la reconsolidation peut avoir lieu et aura un puissant effet de guérison.

8. Se laisser guider par le déroulement du processus de guérison

En pratiquant « *se laisser guider* », soyez conscient du comportement spontané du client et lorsque vous le remarquez, faites-en quelque chose. Si un client vous dit que quelque chose lui est venu à l'esprit, une image, un souvenir ou une impulsion, faites-en quelque chose. Créez une expérimentation autour de cette information. Même si vous devez laisser tomber quelque chose d'autre que vous étiez en train de faire, faites ce qui vient pour le client. C'est ça, se laisser guider.

Je pense que ces comportements spontanés indiquent la direction que le processus pourrait prendre, qu'il s'agit de signaux de l'inconscient qui nous guident dans une direction particulière. C'est l'inconscient du client que nous suivons. Pensez-y comme quelque chose que l'inconscient du client nous dit. Nous sommes attentifs. Quelque part à l'intérieur, le client sait ce dont il a besoin. Si le cadre est bon, si la relation est bonne, alors lorsqu'un geste, une impulsion ou un souvenir surviennent spontanément, c'est probablement l'inconscient adaptatif qui fait avancer le processus vers la guérison. Lorsque vous réagissez à cela, vous soutenez le processus de guérison. Comme le dit le vieux dicton taoïste, *« le sage travaille en laissant les choses suivre leur cours naturel »*. Se laisser guider, c'est suivre le cours naturel des choses. Cela permet de faire moins d'efforts et d'obtenir de meilleurs résultats.

9. Reconsolidation à l'aide du toucher réconfortant, des assistants et de l'humour

> « *"Tout souvenir est inséparable du moment de son rappel."*
>
> *(Lehrer, 2011)*

> *"... Ce que nous tirons de nos expériences est une histoire."*
>
> *(Kahneman, 2010)*

La guérison implique de changer les souvenirs de nos clients. Nous les aidons à changer leurs histoires sur des expériences anciennes, douloureuses, formatrices — des expériences qui ont façonné leur façon d'être dans le monde. La guérison change le sens de ces expériences. Elle change la façon dont l'histoire se termine. Une fois que nous avons évoqué la reviviscence de ces expériences, nous leur apportons un toucher réconfortant, des mots apaisants, et parfois un côté ludique et des rires. Une toute nouvelle fin est attachée à l'histoire. Les anciennes croyances ne tiennent plus. Une nouvelle façon d'être devient possible. C'est ainsi que fonctionne la reconsolidation et qu'elle fait partie de la méthode affinée.

En effet, nous aidons les clients à retrouver la capacité de vivre des expériences émotionnellement nourrissantes qui étaient auparavant évitées. Nous les aidons à essayer de nouvelles croyances et de nouveaux comportements.

Lorsque des souvenirs douloureux surgissent, je demande à un ou deux assistants de réconforter le client en le touchant doucement sur l'épaule ou le dos. Si le client s'enfonce dans ses souvenirs, les ressent plus intensément et exprime ses sentiments, je demande à mes assistants de le tenir dans leurs bras comme vous le feriez pour n'importe qui ayant besoin de réconfort. L'effet est la reconsolidation. La mémoire est modifiée. Rappelez-vous que *"tout souvenir est inséparable du moment où il est remémoré"*. Les moments de remémoration du client sont remplis de soin et de réconfort. Cela modifie la mémoire et son influence sur les croyances, les pensées et les sentiments ultérieurs du client. Pendant ce temps, nous restons silencieux, ce qui donne au client le temps de faire l'expérience des intuitions spontanées et de l'intégration qui accompagnent généralement une période de reconsolidation.

Tel qu'indiqué, j'utilise des assistants. C'est un élément essentiel de la méthode affinée. J'utilise généralement un ou deux assistants. Je les utilise pour aider aux expérimentations et pendant le processus de guérison. Si je travaille devant tout un groupe, je peux même utiliser le groupe comme "un chœur grec". En général, mes assistants sont des personnes que j'ai formées, bien que je fasse parfois appel à des personnes du groupe pour m'assister. Le cadre est généralement un atelier ou une formation que j'anime. Lorsque je fais une séance privée, j'ai aussi des assistants. Je m'arrange pour que certains de mes étudiants y assistent ou je demande au client d'amener un ami ou un conjoint. Il y a deux grands avantages à utiliser des assistants. Le toucher est beaucoup plus sécuritaire dans un cadre de groupe. Plus important encore, il apporte un soutien particulier et l'expression physique de la sollicitude.

Une dernière chose sur la reconsolidation : l'humour peut être aussi puissant que réconfortant. Le rire et un côté ludique sont des fins très différentes de la douleur dont on se souvient.

10. Pratique délibérée et myélinisation

Fritz Perls a dit un jour : *"L'apprentissage est la découverte du possible"*. C'est l'une des choses qui se produit lors d'une séance de thérapie réussie. Le client découvre quelque chose qui lui manquait ; quelque chose qu'il voulait et qui lui faisait chaud au cœur est devenu possible. Le client fait l'expérience de sa réalité. Il se produit la possibilité de l'amour, de la sécurité, de la liberté d'expression, d'un nouveau sentiment agréable et de la compréhension. Mais ce qui se passe lors d'une séance n'est que le début. Le changement à long terme nécessite une répétition. Il exige de la pratique. Un nouvel ensemble de croyances, d'actions et d'expériences devra être mis en œuvre de manière répétée, au cours de la vie quotidienne du client. Le changement permanent nécessite de la pratique, et la meilleure pratique est ce que j'appelle la "pratique intentionnelle".

La pratique intentionnelle est le mécanisme par lequel les circuits neuronaux sont renforcés et mis en action plus rapidement et automatiquement. Sur le plan neurologique, il s'agit de la construction de la myéline autour des réseaux nerveux par un usage répété. Ce processus est décrit de façon magnifique dans le livre **The Talent Code** (Coyle, 2009). Une pratique intentionnelle est une pratique à la limite de son niveau de compétence. Il s'agit de répéter sans cesse les actions nécessaires pour devenir meilleur dans ce que l'on fait. Une partie de cette prise d'habitude se fait dans le cadre d'une séance de thérapie, autant que possible compte tenu des contraintes de temps.

En réalité, les clients doivent faire la plus grande partie de leur travail en dehors de la séance de thérapie. Nous pouvons encourager cela. Nous pouvons proposer des idées sur la manière de procéder, mais cette partie de la guérison est en grande partie hors de notre portée. Ce qui se passe en thérapie met en lumière une possibilité, en donne un avant-goût et indique ce qui doit être pratiqué. Les clients doivent agir en fonction de leurs nouvelles croyances et répéter les nouvelles expériences dans le monde, généralement dans des situations qui sont quelque peu difficiles au début. Le succès exige du courage et de la persévérance. Et bien sûr, le soutien de l'environnement et des personnes de bonne volonté.

Avec une pratique intentionnelle, les nouveaux comportements deviennent des habitudes. Les comportements deviennent faciles et automatiques. L'individu qui fait l'expérience de la vie trouve maintenant plus d'expériences de bonheur et de confiance dans les actes ordinaires de la vie quotidienne. Et c'est, en fin de compte, ce que la méthode permet de réaliser.

Bibliographie

Bibliographie de livres et articles en français

Damasio. A. (2010). *L'erreur de Descartes : la raison des émotions.* Traduit par A. Parrot. Paris. O. Jacob.

Damasio, A. (2008). *Spinoza avait raison : joie et tristesse, le cerveau des émotions.* Traduit par J-L. Fidel. Paris : O. Jacob.

De Waal, Frans. (2011). *L'âge de l'empathie : leçons de la nature pour une société solidaire.* Traduit par M-F. de Palomera. Paris : Les Liens qui libèrent.

Diamond, J. (2010). *De l'inégalité parmi les sociétés : essai sur l'homme et l'environnement dans l'histoire.* Traduit par P. E. Dauzat. Paris : Gallimard.

Duncan, B., Miller S., Wampold, B., and Hubble, M. (2012). *L'essence du changement : utiliser les facteurs communs aux différentes psychothérapies.* Traduction de J. Deltour. Bruxelles [Paris] : De Boeck.

Frith, C. (2010). *Comment le cerveau crée notre univers mental.* Traduit par M. Pessiglione. Paris : O. Jacob.

Gigerenzer, G. (2011). *Le génie de l'intuition : intelligence et pouvoirs de l'inconscient.* Traduit par M. Garène. Paris : Pocket. Évolution.

Gladwell, M. (2005). *Intuition : comment réfléchir sans y penser.* Traduit par D. Charron. Montréal : Éditions Transcontinental.

Gladwell, M. (2018). *Tous winners : comprendre les logiques du succès.* Traduit par M. Saint-Germain. Paris : Flammarion.

Gunaratana, H. (2014). *Méditer au quotidien : une pratique simple du bouddhisme.* Traduit par Gilbert Gauché. Paris : le Grand livre du mois.

Jaynes, J. (1994). *La naissance de la conscience dans l'effondrement de l'esprit.* Traduction de G. de Montjou. Paris : Presses universitaires de France.

Jung, C. G. (2016). *Psychologie de l'inconscient.* Paris : Librairie Générale française.

Kahneman D. (2018). *Système 1, système 2 : les deux vitesses de la pensée.* Traduction de R. Clarinard. Paris : Flammarion.

Lehrer, J. (2011). *Proust était un neuroscientifique : ces artistes qui ont devancé les hommes de sciences* Traduction de J. Dhifallah. Paris : Laffont.

Levine, P.A. (2019). *Réveiller le tigre : guérir le traumatisme.* Traduction de M. Bourseau. Paris : InterEditions.

Ogden, P., Minton, K. and Pain, C. (2015). *Le trauma et le corps : une approche sensorimotrice de la psychothérapie.* Traduction de J. Bonnel. Louvain-la-Neuve : De Boeck Supérieur.

Palmer, Helen (2020). *Le guide de l'ennéagramme : comprendre les autres et soi-même au quotidien.* Malakoff : InterÉditions.

Penzias, A. (1990). *Intelligence et informatique.* Traduction de G. de Senneville. Paris : Pion.

Perls, F. (1972). *Rêves et existence en thérapie Gestalt.* Traduction de A. Destandau-Denisov. Paris : Épi.

Ramachandran, V. S., Blakeslee, Sandra. (2002). *Le fantôme intérieur.* Traduit par Michèle Garène. Paris : O. Jacob.

Rilke, Rainer Maria. (1998). *Lettres à un jeune poète.* Poitiers : Grand-Rue.

Rogers, C. (2018). *Le développement de la personne.* Traduction de E. L. Herbert. Malakoff : InterÉditions.

Schore, Allan N. (2008). *La régulation affective et la réparation du soi.* Traduction par le groupe NeuROgestalt. Montréal : Éditions du CIG.

Schwartz, R. C. (2009). *Systèmes familial intérieur : blessures et guérison : un nouveau modèle de psychothérapie.* Traduction de M. Vazire, L. Holdship, F. Le Doze. [Issy-les-Moulineaux] : Elsevier, Masson.

Seligman, M. *Pratiquer la psychologie positive au quotidien : pour mener une vie heureuse.* Traduction de J. Lecomte. Paris : InterÉditions, 2015.

Taine, Hippolyte. (1878). *De l'intelligence.* Paris : Librairie Hachette.

Thurman, Robert. (2013). *Révolution intérieure : vie, liberté, et la recherche du véritable bonheur.* Paris : le Grand livre du mois.

Trungpa, Chogyam. (1996). *La voie de l'ultime.* Traduction de V. Bardet. Paris : Éd. Du Seuil.

Whyte, L. L. (1971). *L'inconscient avant Freud.* Traduction de J. Morche. Paris : Payot.

Wilson, Edward O. and Holldobler, B. (1996). *Voyage chez les fourmis : une exploration scientifique.* Traduction de D. Olivier. Paris : Ed. Du Seuil.

Bibliographie de livres et articles en anglais

Almaas, A. H. *"The Optimizing Thrust of Being"*
http://www.ahalmaas.com/glossary/luminosity/4802
(A. H. Almaas is the pen name of A. Hameed Ali (born 1944), an author and spiritual teacher who writes about and teaches an approach to spiritual development informed by modern psychology and therapy which he calls the Diamond Approach.)

Allport, G. (1954). *The Nature of Prejudice.* Addison-Wesley Publishing.

Bargh, J. A. and Chartrand T. L. (1999). *The Unbearable Automaticity of Being.* American Psychologist 54(7), 462–479.

Brenman-Gibson, M. (1992). *Worlds in Harmony: Dialogs on Compassionate Action.* H. H. Dalai Lama, Berkeley, CA: Parallax Press.

Bromberg, Philip M. (1998). *Standing in the Spaces: Essays on Clinical Process, Trauma and Dissociation.* Hillsdale, NJ: The Analytic Press.

Bromberg, Philip M. (2006). *Awakening the Dreamer: Clinical Journeys.* Mahwah, NJ: The Analytic Press.

Brooks, D. (2008). *"Lost in the Crowd."* The New York Times, 16 Dec.

Brooks, D. (2009). *"Genius: The Modern View."* The New York Times.

Calvin, William H. (1996). *How Brains Think: Evolving Intelligence, Then and Now*. New York: Basic Books.

Calvin, William H. (1998). *Ephemeral Levels of Mental Organization: Darwinian Competitions as a Basis for Consciousness.* Seattle: University of Washington.

Calvin, William. (2000). *Lingua Ex Machina: Reconciling Darwin and Chomsky with the Human Brain.* Bradford Books. MIT Press.

Carey, Benedict (July 31, 2007) *"Who's Minding the Mind?"* The New York Times Company, http://www.nytimes.com/2007/07/31/health/psychology/31 subl.html

Cassidy, J. (Ed.) and Shaver, P. R. (1999). *Handbook of Attachment: Theory, Research, and Clinical Applications.* New York: The Guilford Press.

Coyle, Daniel. (2009). *The Talent Code: Greatness Isn't Born. It's Grown. Here's How*. NY: Bantam Dell.

Crick, F. and Koch, C. (1995). *"Are we aware of neural activity in the primary visual cortex?"* Nature, Nature Publishing Group.

Depraz, N., Varela, F. J., Vermersch, P. In M.Velmans (Ed.), (1999). *Investigating Phenomenal Consciousness.* Amsterdam: John Benjamins Publishing Company.

Dörner R., Dietrich. (1996). *The Logic of Failure: Recognizing and Avoiding Error in Complex Situation.* New York: Metropolitan Books.

Dudai, Yadin. (2006). *"Reconsolidation: The Advantage of Being Refocused".* https://www.weizmann.ac.il/neurobiology/labs/dudai/uploads/files/Dudai2006.pdf

Duddy, Thomas. (1995). *Mind, Self and Interiority.* NY: Ashgate.

Ekman, P. (2003). *Emotions Revealed: Recognizing Faces and Feelings to Improve Communication and Emotional Life.* Macmillan.

Edelman, G. (1992). *Bright Air, Brilliant Fire: A Nobel Laureate's Revolutionary Vision of How the Mind Originates in the Brain.* BasicBooks.

Ellenberger H. (1970). *The Discovery of the Unconscious: The History and Evolution of Synamic Psychiatry.* Basic Books.

Erickson, M. In E. Rossi (Ed.). (1980). *The collected papers of Milton H. Erickson, Section III. Utilization approaches to hypnotherapy: Vol. IV. Innovative hypnotherapy (pp. 147–234)*. New York: Irvington.

Feinberg, T. E. (2001). *Altered Egos: How the Brain Creates the Self.* Oxford University Press.

Feldenkrais, M. (1981). *The Illusive Obvious.* Meta Publications.

Feynman, R. (1964). *"The Key to Science."*. https://www.youtube.com/watch?v=b240PGCMwV0

Ford, C. (1992). *Where Healing Waters Meet: Touching Mind and Emotion Through the Body.* Station Hill Press.

Gawande, Atul. (2008). *"The Itch."* The New Yorker Magazine.

Gell-Mann, Murray. (2007). *"Beauty, truth and [...] physics?"* Ted Talks.

Gendlin, E. T. (1990). *"The Primacy of Human Presence: Small Steps of the Therapy Process: How They Come and How to Help Them Come."* The Gendlin Online Library. https://www.focusing.org/gendlin/docs/gol_2110.html

Gerhardt, S. (2004). *Why Love Matters: How Affection Shapes a Baby's Brain.* Brunner-Routledge.

Goleman, D. (1991). *Tibetan and Western Models of Mental Health,* In: H. H. Dalai Lama. MindScience — An East-West Dialogue, Boston: Wisdom Publications.

Goodwin, B. (1994). *How the Leopard Changed Its Spots: The Evolution of Complexity*. Princeton University Press.

Hall, C. S. and Nordby, V. J. (1973). *A Primer of Jungian Psychology*. Signet.

Harris, S. (2004). *The End of Faith, Religion, Terror, and the Future of Reason*. W. W. Norton and Company.

Hawkins, J. and Blakeslee, S. (2004). *On Intelligence: How a New Understanding of the Brain Will Lead to Truly Intelligent Machines*. New York: Times Books.

Herbert, M. (2000). *Incomplete Science, The Body, and Indwelling Spirit*. 15 Sept. http://www.metanexus.net/essay/incomplete-science-body-and-indwelling-spirit.

Hilgard, E. R. (1996). *Divided Consciousness*. Wiley.

Holland, J. as cited in Waldrop, M. (1993). *Complexity: The Emerging Science at the Edge of Order and Chaos*. (pp 147) New York: Simon and Schuster.

Janet, Pierre. (1921). *The Fear of Action*. American Psychopathological Society.

Johnson, S. Emergence: *The Connected Lives of Ants, Brains, Cities, and Software*. Scribner, 2001.

Kaetz, D. Moshé Feldenkrais. (2007). *Making Connections: Hasidic Roots and Resonance in the teaching of Moshé Feldenkrais*. Metchosin, BC: River Center Publisher.

Kahneman, D. (2010). *"The Riddle of Experience vs Memory."*. www.ted.com/talks/daniel_kahneman

Kurtz, R., Prestera, H. (1977). *The Body Reveals. An Illustrated Guide to the Psychology of the Body*. Joanna Cotler Books.

Kurtz, R. (1990). *Body-Centered Psychotherapy: The Hakomi Method: The Integrated Use of Mindfulness, Nonviolence and the Body*. Life Rhythm.

Lewis, T., Amini, F., and Lannon, R. (2001)." *A General Theory of Love*. New York: Random House.

Lipton, B. H. (2005). *The Biology Of Belief: Unleashing The Power Of Consciousness, Matter And Miracles*. Haye House.

Llinás, R. R. (2002). *i of the vortex: From Neurons to Self*. Cambridge, MA: MIT Press.

Lowen, A. (1972). *Depression and the Body: The Biological Basis of Faith and Reality*. Penguin.

Macy, J. (1991). *Mutual Causality in Buddhism and General Systems Theory: The Dharma of Natural*

338

Systems. Albany, NY: State University of New York Press.

Mahoney, M. (1992). *Human Change Processes: The Scientific Foundations of Psychotherapy.* Basic Books.

Mason, M., Norton, M., Van Horn, J.D., Wegner, D., Grafton, S., and Macrae, N. (2007). *"Wandering Minds: The Default Network and Stimulus-Independent Thought."* Science, Vol 315, Issue 5810, pp 393–395, 19 Jan 2007.

Mead, Carver. At http://www.carvermead.caltech.edu/

Mealey, L. (1995). *"The Sociobiology of Sociopathy: An Integrated Evolutionary Model."* PhilPapers. https://philpapers.org/rec/MEATS.

Minuchin, Salvador. (2009). *"The Accidental Therapist."* Psychotherapy Networker. Sept/Oct 2009.

Mischel, W. (1968). *Personality and Assessment.* New York: Wiley.

Morales Knight, L. (2009). *"Mindfulness: History, Technologies, Research, Applications. Techniques of Psychotherapy."* Pepperdine University, Graduate School of Education and Psychology, 2009. https://allansousa.files.wordpress.com/2009/11/mindfulnessart icleluis.pdf.

Nelson, J. E. (1994). *Healing the Split: Integrating Spirit into Our Understanding of the Mentally Ill*. State University of New York Press.

Newberg, A., D'Aquili, E. G., and Rause, V. (2002). *Why God Won't Go Away : Brain Science and the Biology of Belief.* New York: Random House

Nisbett, R. (2003). *The Geography of Thought*. Free Press.

Nyanaponika Thera. *The Power of Mindfulness*. San Francisco: Unity Press, 1972.

Ogden, P. *Sensorimotor Psychotherapy: Interventions for Trauma and Attachment*. New York: W. W. Norton, 2015A.

Pandita, S. and Wheeler, K. I*n This Very Life: The Liberation Teachings of the Buddha*. Wisdom Publications, 2002.

Panksepp, J. *Affective Neuroscience: The Foundations of Human and Animal Emotions*. Oxford University Press, 2004.

Perry, Bruce. *The Boy Who Was Raised as a Dog*. Basic Books, 2007.

Pinker, S. *The Blank Slate: The Modern Denial of Human Nature*. Penguin Books, 2003.

Porges, S. *"Neuroception: A Subconscious System for Detecting Threats and Safety."* May 2004.
http://stephenporges.com/index.php/component/content/article/5-popular-articles/20-neuroception-a-subconscious-system-for-detecting-threats-and-safety-

Porges, S. *The Polyvagal Theory: Neurophysiological Foundations of Emotions, Attachment,* Communication, Self-Regulation. New York: Norton & Company, 2011.

Ramachandran, V.S. *"Perception of shape from shading."* Nature. Nature Publishing Group, 1988.

Ramachandran, V. S. *"The Emerging Mind"* Reith Lecture 2: Synapses and the Self. 2003. http://www.bbc.co.uk/radio4/reith2003/

Rhodes, R. *Why They Kill.* Knopf, 1999.

Rich Harris, J. *No Two Alike: Human Nature and Human Individuality*, New York. W. W. Norton 2006.

Rossi, E. L. *The Symptom Path to Enlightenment: The New Dynamics of Self-Organization in Hypnotherapy: An Advanced Manual for Beginners.* Palisades Gateway Publishing, 1996.

Saxe, Rebecca. *"How Brains Make Moral Judgments."* Ted Talks, July 2009.

Schwartz, J. M. and Begley, S. *The Mind and the Brain: Neuroplasticity and the Power of Mental Force.* Harper Collins, 2003.

Senge, P., Scharmer, C. O., Jaworski, J. and Flowers, B. S. *Presence: An Exploration of Profound Change in People, Organizations, and Society.* Crown Publishing, 2005.

Siegel, D. *The Developing Mind: How Relationships and the Brain Interact to Shape Who We Are.* Guilford Press, 1999.

Sterling, P. *"Principles of allostasis: optimal design, predictive regulation, pathophysiology and rational therapeutics."* In Allostasis, Homeostasis, and the Costs of Physiological Adaptation. Eds. Schulkin, Jay. Cambridge, 2004.

Sweller, J. *Cognitive Load Theory.* Springer, 2011.

Tiller, W. A., Dibble, W. E., and Fandel, J. G. *Some Science Adventures with Real Magic*, Pavior Publishing, 2005.

Waldrop, M. *The Emerging Science at the Edge of Order and Chaos.* NY: Simon and Schuster, 1992.

Wallace, A. *Genuine Happiness: Meditation as the Path to Fulfillment.* Wiley, 2005.

Wegner, D. *The Illusion of Conscious Will*. Cambridge MA: MIT Press, 2002.

Welwood, J. *Awakening the Heart*. Shambhala Publications, 1983.

Wilbur, K. *Sex, Ecology, Spirituality: The Spirit of Evolution*. Shambhala Publications, 1995.

Wilson, T. *Strangers to Ourselves: Discovering the Adaptive Unconscious*. Cambridge, MA: Belknap, Harvard University Press, 2002.

Wolinsky, Stephen. *The Trances People Live: Healing Approaches in Quantum Psychology*. Bramble Books, 1991.

Table des matières